중학
신입생
예비과정

사회

🖨 **정답과 해설 PDF 파일은 EBS 중학사이트(mid.ebs.co.kr)에서 내려받으실 수 있습니다.**

| 교 재 내 용 문 의 | 교재 내용 문의는 EBS 중학사이트 (mid.ebs.co.kr)의 교재 Q&A 서비스를 활용하시기 바랍니다. | 교 재 정오표 공 지 | 발행 이후 발견된 정오 사항을 EBS 중학사이트 정오표 코너에서 알려 드립니다. 교재 검색 ▶ 교재 선택 ▶ 정오표 | 교 재 정 정 신 청 | 공지된 정오 내용 외에 발견된 정오 사항이 있다면 EBS 중학사이트를 통해 알려 주세요. 교재 검색 ▶ 교재 선택 ▶ 교재 Q&A |

효과가 상상 이상입니다.

예전에는 아이들의 어휘 학습을 위해 학습지를 만들어 주기도 했는데,
이제는 이 교재가 있으니 어휘 학습 고민은 해결되었습니다.
아이들에게 아침 자율 활동으로 할 것을 제안하였는데,
"선생님, 더 풀어도 되나요?"라는 모습을 보면,
아이들의 기초 학습 습관 형성에도 큰 도움이 되고 있다고 생각합니다.

ㄷ초등학교 안00 선생님

어휘 공부의 힘을 느꼈습니다.

학습에 자신감이 없던 학생도 이미 배운 어휘가 수업에 나왔을 때 반가워합니다.
어휘를 먼저 학습하면서 흥미도가 높아지고
동기 부여가 되는 것을 보면서 어휘 공부의 힘을 느꼈습니다.

ㅂ학교 김00 선생님

학생들 스스로 뿌듯해해요.

처음에는 어휘 학습을 따로 한다는 것 자체가 부담스러워했지만,
공부하는 내용에 대해 이해도가 높아지는 경험을 하면서
스스로 뿌듯해하는 모습을 볼 수 있었습니다.

ㅅ초등학교 손00 선생님

앞으로도 활용할 계획입니다.

학생들에게 확인 문제의 수준이 너무 어렵지 않으면서도
교과서에 나오는 낱말의 뜻을 확실하게 배울 수 있었고,
주요 학습 내용과 관련 있는 낱말의 뜻과 용례를
정확하게 공부할 수 있어서 효과적이었습니다.

ㅅ초등학교 지00 선생님

중학
신입생
예비과정
사회

Structure

교과서 개념 정리

교과서의 핵심 개념을 알기 쉽도록 일목요연하게 정리하였습니다. 보다 자세한 학습이 필요한 내용은 '자료 분석' 코너를 통해 깊이 있게 공부할 수 있도록 하였습니다.

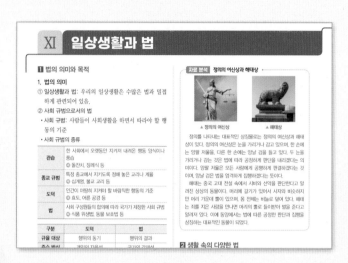

주제 탐구

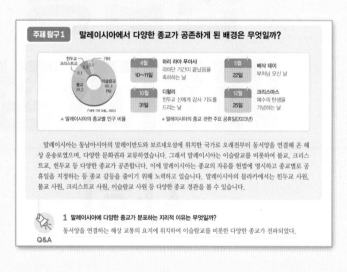

대단원의 핵심 주제를 강의식으로 자세히 설명하였고, Q&A를 통해 주요 내용을 다시 한번 정리할 수 있도록 하였습니다.

개념 확인 문제

꼭 알고 넘어가야 할 중요 개념을 쉽고 간단한 주관식 문항으로 구성하였습니다.

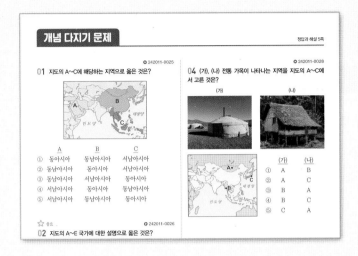

개념 다지기 문제

학습한 기본 개념을 토대로 보다 심화된 문항을 풀어보면서 학습한 내용을 확인하는 코너입니다. 다양한 유형의 문항을 통해 핵심 개념을 익혀보세요.

미리보는 서술형·논술형

더욱 확대된 서술형·논술형 평가를 대비하기 위한 코너입니다. 서술형·논술형 문항에 막연한 어려움이 있었다면 step 1, 2, 3를 단계별로 따라가면서 극복해 보세요.

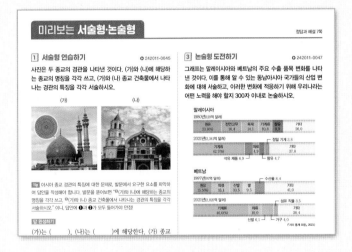

인공지능 DANCHOO 푸리봇 문|제|검|색

EBS 중학사이트와 **EBS 중학 APP** 하단의 **AI 학습도우미 푸리봇**을 통해 문항코드를 검색하면 푸리봇이 해당 문제의 해설 강의를 찾아 줍니다.

문제별 문항코드 확인

[242011-0001]

1. 아래 그래프를 이해한 내용으로 가장 적절한 것은?

242011 - 0001

문항코드 검색

Contents

초등학교와 달라지는
중학교, 이렇게 시작하세요!

수업 시간이 길어진다던데…

늘어나는 수업 시간!
많아지는 학습량

새롭게 시작되는 중학교 생활! 중학교는 수업 시간이 45분으로, 초등학교에 비해 5분 늘어납니다. 또 배우는 과목도 많아지고 과목마다 선생님이 다릅니다. 그러나 두려워할 필요는 없습니다. 달라지는 평가 방법을 파악하고 학습 전략을 제대로 수립한다면 중학교에서도 좋은 성적을 거둘 수 있습니다.

달라지는 평가 방법!
평가계획서 확인하기

중학교에서는 1년간 학습 내용과 평가 운영 계획을 작성하여 미리 안내합니다. 중학교에서의 평가는 지필평가와 수행평가로 구성되고, 반영비율을 적용하여 절대평가로 성적이 산출됩니다. 평가계획서에는 지필평가와 수행평가를 시행하는 횟수, 수행평가 방법, 반영비율 등 평가와 관련된 모든 정보가 담겨 있습니다. 각 평가계획서는 학교 홈페이지와 '학교알리미'를 통해 확인 가능합니다.

시험은 어떻게 준비하지?

[국어 평가계획서 예시]

평가 종류	지필평가			수행평가	
반영비율	60%			20%	20%
횟수 및 평가 영역	1차(중간고사)		2차(기말고사)	설명문 쓰기	고민 처방전 공유하기
	선택형	서·논술형	선택형		
만점(반영비율)	60점(18%)	40점(12%)	100점(30%)	100점(20%)	100점(20%)
평가 시기	4월 29, 30일 ~ 5월 1일		7월 3, 4, 5일	3월	6월

성공적인 중학 생활을 위한
과목별 학습 전략의 필요성

중학교는 교과목에 따른 학습 전략을 세울 필요가 있습니다. 특히 중학교의 교과는 고등학교 과목의 기초가 되기 때문에 고교까지 연결되는 교과 특성에 맞게 학습 습관을 만들어야 합니다.

어떻게 공부해야 할까?

사회 과목

중학 사회와 역사는 초등학교 때 배운 내용을 더 깊이 공부하게 되므로 전체적인 흐름을 파악하는 것이 중요합니다. 교과서를 꼼꼼히 읽어 어려운 단어와 익숙해지고, 나만의 노트를 만들어 흥미로운 사회·역사 공부를 해 보세요.

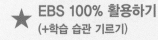

★ EBS 100% 활용하기
(+학습 습관 기르기)

· 교재에 수록된 문항코드로 모르는 문제만 골라 강의로 확인하기
· EBS에서 제공하는 다양한 내신 대비 특강 & 수행평가 대비 특강 수강하기

Ⅰ 세계화 시대, 지리의 힘

1 지역의 위치와 다양성

1. 위치의 의미와 영향
① 의미: 어떤 대상이 일정한 곳에 자리를 차지하고 있는 것
② 영향: 지역의 자연환경과 인문환경, 주변 지역과의 관계를 결정함.

2. 위치의 종류
① 절대적 위치
  • 수리적 위치: 위도와 경도로 나타냄.

위도	• 적도(위도의 기준이 되는 0° 선)로부터 남북으로 얼마나 떨어져 있는지를 나타내는 좌표 → 위도가 같은 지점을 연결한 선을 위선이라고 함. • 지역별로 기후가 달라지는 주된 원인이 됨.
경도	• 본초 자오선(경도의 기준이 되는 0° 선)을 기준으로 동서로 얼마나 떨어져 있는지를 나타내는 좌표 → 경도가 같은 지점을 연결한 선을 경선이라고 함. • 지역별 시간대를 결정하는 기준이 됨.

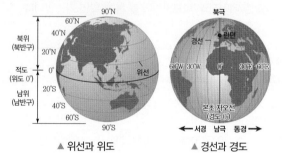

▲ 위선과 위도　　　▲ 경선과 경도

  • 지리적 위치: 대륙, 해양, 산맥 등으로 나타냄.
② 상대적 위치: 주변 지역과의 정치·문화·경제적 관계에 따라 변하는 위치

3. 지역의 특성과 모자이크로서의 세계
① 모든 지역은 다른 지역과 구별되는 해당 지역만의 특성을 갖고 있음.
② 시대나 다른 지역과의 관계에 따라 지역의 특성은 변하기도 함.
③ 다양한 특성을 가진 지역들이 모여 하나의 세계를 형성함. → 모자이크로서의 세계

4. 자연환경에 따라 달라지는 지역의 특성
① 지형에 따라 달라지는 지역의 특성
  • 산지와 고원: 해발 고도가 높음. → 인간 거주에 불리하

나, 저위도 일부 고지대에 고산 도시가 발달하기도 함.
  • 하천과 평야: 해발 고도가 낮고 평탄함. → 인간 거주에 유리하여 많은 도시가 발달함.
  • 해안: 해상 교통이 발달한 지역을 중심으로 항구가 형성되면서 인구가 집중되기도 함. → 어업, 양식업, 관광업 발달
② 기후에 따라 달라지는 지역의 특성
  • 기후: 지역에 오랜 기간에 걸쳐 나타난 기온, 강수, 바람 등의 평균적인 상태
  • 위도에 따른 기후의 차이: 적도에서 극지방으로 가면서 열대, 건조, 온대, 냉대, 한대 기후가 나타남.
  • 해발 고도가 높은 지역은 비슷한 위도의 다른 지역과 다른 기후(고산 기후)가 나타남.

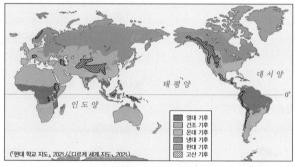

▲ 세계의 기후 분포

열대 기후	가장 추운 달의 평균 기온이 18℃ 이상
건조 기후	연 증발량이 연 강수량보다 많음.
온대 기후	가장 추운 달의 평균 기온이 −3~18℃이며, 계절의 구분이 뚜렷
냉대 기후	가장 추운 달의 평균 기온이 −3℃ 미만, 가장 따뜻한 달의 평균 기온이 10℃ 이상
한대 기후	가장 따뜻한 달의 평균 기온이 10℃ 미만

2 지역 간 연결성과 공간적 상호 작용

1. 다양한 스케일로서의 지역
① 스케일: 공간과 지역의 규모를 나타내는 것
② 위계: 도시에서 국가, 대륙, 세계로 가면서 높아짐.

2. 지역 간 연결성
① 상품의 국제 이동과 소비, 인적 교류와 이동(출장, 관광, 유학 등) 확대로 지역 간 연결성이 강화됨.

② 다양한 스케일의 지역이 교류하면서 서로 영향을 주고받는 모습을 보임.

3. 네트워크 형성
① 배경: 항공 교통 및 초고속 통신망과 같은 교통·통신 수단이 발달함.
② 결과: 활발한 공간적 상호 작용을 통하여 항공·선박·통신 네트워크가 형성됨.

승객 수(천만 명, 2019년)
○ 5 미만   ● 5~7   ● 7 이상
□ 항공 운항이 많은 지역   ― 주요 항공 노선
(국제공항 협의회, 2020.)

▲ 항공 교통에 따른 네트워크의 형성

4. 공간적 상호 작용이 이루어지는 세계
① 공간적 상호 작용의 영역: 정치, 경제, 문화, 스포츠, 여행 등 모든 영역
② 공간적 상호 작용으로 지역 간 상호 연계성이 구축됨.

황동 리벳 / 판매 영국
구리: 나미비아
아연: 오스트레일리아
바느질 튀니지
직물 아프리카
지퍼 일본
워싱 튀르키예
원단 염색
염색: 이탈리아
합성 염료: 독일
바느질 실
제조: 영국
염색: 에스파냐

▲ 청바지 생산의 공간적 상호 작용

5. 공간적 상호 작용의 다양한 측면
① 긍정적 영향
• 개인: 외국 문화와 상품의 소비로 다양한 문화를 접하고, 다채로운 소비 활동이 가능해짐.
• 국가: 기술 및 경제 협력, 무역 증진, 재해 구호 등으로 상호 협력에 따른 발전이 가능해짐.
② 부정적 영향
• 인구와 물자의 이동에 따른 문제: 감염병 확산, 외래 생물종 유입 등으로 생태 환경이 악화되며, 환경 오염 물질의 국제 이동으로 지구적 환경 문제가 발생함.
• 지나친 자원 개발과 소비에 따른 문제: 육류와 곡물의 소비량 증가로 생산 지역의 삼림 파괴, 사막화, 물 부족 등의 문제가 발생함.

3 지역의 변화와 역동성

1. 세계화의 의미와 배경
① 의미: 세계 전체가 경제, 문화 등 모든 영역에서 하나의 지역처럼 통합되는 현상
② 배경: 세계 여러 지역 간의 상호 의존성이 확대되고 국경의 제약이 완화됨.

2. 세계의 변화가 지역에 영향을 미치는 사례
① 긍정적인 사례: 상품의 국제 이동과 소비, 인적 교류와 이동(출장, 관광, 유학 등) 확대로 세계 각 지역 간 관계가 긴밀해지며 협력 수준이 높아짐.
② 부정적인 사례: 각 지역의 전통문화 소멸에 따른 문화 획일화 가능성이 높고, 선진국과 개발 도상국 간 빈부 격차가 확대됨.
③ 세계화에 대응하는 지역의 모습: 세계화 속에 지역의 특성이 반영되기도 함. → 지역의 자율성과 고유성이 드러남.

3. 지역의 변화가 세계에 영향을 미치게 되는 사례
① 배경: 지역의 고유한 전통과 특성을 살려 세계화에 능동적으로 대처 → 지역의 경쟁력을 강화함.
② 목적: 지역 소득 증대, 지역 홍보, 지역 이미지 제고
③ 종류

지역 브랜드화	지역 이미지를 상징적으로 표현하는 브랜드를 개발하여 상품화함. 예 미국 뉴욕의 'I♥NY'
지리적 표시제	지리적 특성이 반영된 우수한 특산물을 생산·판매함. 예 인도의 다르질링 차(茶)
지역 축제	지역 축제가 세계적으로 유명해지면서 지역이 널리 홍보됨. 예 브라질의 리우 카니발

④ 성공 사례의 전파: 지역의 성공 사례들이 세계적으로 전파되면서 다른 지역의 변화에 자극을 줌.

세계의 기후는 어떻게 구분될까?

기후에 가장 큰 영향을 미치는 요인은 위도입니다. 세계의 기온 분포는 1차적으로 위도의 영향을 받기 때문입니다. 저위도에서 고위도로 갈수록 일사량이 감소하고, 이는 기온 분포뿐만 아니라 강수와 바람에도 큰 영향을 미칩니다. 기후는 크게 열대 · 건조 · 온대 · 냉대 · 한대 기후로 나뉘는데, 이러한 구분은 독일의 기후학자인 쾨펜의 기준에 따른 것입니다. 쾨펜은 기후 환경을 잘 반영하는 자연 식생을 지표로 수목의 분포 여부에 따라 수목 기후(열대 · 온대 · 냉대 기후)와 무수목 기후(건조 · 한대 기후)로 구분하였습니다. 수목(樹木)은 땅 위에 목질(木質)로 된 줄기가 있는 식물을 총칭하는 용어로, 흔히 나무라고 합니다. 즉 수목 기후는 나무가 자라는 기후이고, 무수목 기후는 나무가 잘 자라지 못하는 기후를 말합니다. 쾨펜은 적도에서부터 고위도로 가면서 나타나는 기후를 'A, B, C, D, E'라 하였습니다. 한편 미국의 기후학자 트레와다는 쾨펜의 기후 구분에 해발 고도가 높은 지역에서 나타나는 고산 기후(H)를 추가하였습니다. 고산 기후는 해발 고도가 높아질수록 기온이 낮아지는 원리가 반영된 것으로, 비슷한 위도의 저지대에서 나타나는 기후와 구분됩니다.

A는 열대 기후로 가장 추운 달의 평균 기온이 18℃ 이상입니다. B는 건조 기후입니다. 연 강수량보다 연 증발량이 많고, 대체로 연 강수량은 500mm 미만입니다. C는 온대 기후로 가장 추운 달의 평균 기온이 −3~18℃입니다. D는 냉대 기후로 가장 추운 달의 평균 기온이 −3℃ 미만, 가장 따뜻한 달의 평균 기온이 10℃ 이상입니다. E는 한대 기후로 가장 따뜻한 달의 평균 기온이 10℃ 미만입니다. 여기서 가장 추운 달의 평균 기온이 18℃라는 것은 열대림의 생장 한계, 가장 추운 달의 평균 기온이 −3℃라는 것은 온대림의 생장 한계, 가장 따뜻한 달의 평균 기온이 10℃라는 것은 냉대림의 생장 한계를 말합니다.

수목 기후	열대 기후(A)	최한월 평균 기온 18℃ 이상
	온대 기후(C)	최한월 평균 기온 −3~18℃
	냉대 기후(D)	최한월 평균 기온 −3℃ 미만, 최난월 평균 기온 10℃ 이상
무수목 기후	건조 기후(B)	연 강수량보다 연 증발량이 많음. (대체로 연 강수량 500mm 미만)
	한대 기후(E)	최난월 평균 기온 10℃ 미만

* '최한월'은 가장 추운 달, '최난월'은 가장 따뜻한 달을 의미함.

▲ 기후 구분의 기준

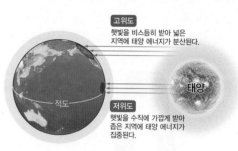

고위도
햇빛을 비스듬히 받아 넓은 지역에 태양 에너지가 분산된다.

태양

적도

저위도
햇빛을 수직에 가깝게 받아 좁은 지역에 태양 에너지가 집중된다.

▲ 위도에 따른 일사량 차이

Q&A

1 세계의 기후 분포에 가장 큰 영향을 미치는 요인은 무엇일까?

지구는 구체이기 때문에 위도에 따라 일사량의 차이가 나타나고, 이로 인해 기온이 달라지며 강수와 바람 차이도 나타난다. 따라서 세계의 기후 분포에 가장 큰 영향을 미치는 요인은 위도이다.

2 건조 기후와 한대 기후는 왜 무수목 기후일까?

건조 기후는 너무 건조하여 나무가 자라기 어렵고, 한대 기후는 너무 추워 나무가 자라기 어렵다. 이들 기후는 나무가 자라기는 어렵지만 키가 작은 풀이 자라면서 초지가 형성되기도 한다.

지리적 표시제는 무엇일까?

세계화 시대에 보편적인 문화 요소가 전 세계적으로 공유되면서 특정 지역의 문화 요소가 약화되는 문제가 나타나고 있습니다. 그러나 어떤 지역은 뛰어난 전략을 수행함으로써 해당 지역의 특성이 세계적으로 전파되는 경우도 있습니다.

이러한 전략 중에는 지리적 표시제라는 것이 있습니다. 이는 특정 지역의 기후, 지형, 토양 등 지리적 특성을 반영한 우수한 상품에 대해 그 지역에서 생산, 제조, 가공된 상품임을 나타내는 표시를 할 수 있도록 인정해 주는 제도를 말합니다. 지리적 표시제의 대상이 되려면 다음과 같은 요건을 충족시켜야 합니다. 우선 해당 품목의 우수성이 국내나 국외에 널리 알려져야 하고(유명성), 해당 품목이 대상 지역에서 생산된 역사가 깊어야 하며(역사성), 해당 품목의 생산 및 가공 과정이 해당 지역에서 이루어져야 합니다(지역성). 또한 품목의 특성이 대상 지역의 자연환경적 요인에 기인하며(지리적 특성), 해당 품목의 생산자들이 모여 하나의 법인을 구성해야 합니다(생산자의 조직화). 지리적 표시제는 생산물의 차별화된 품질을 보증해 주는 제도로 생산자를 보호해 지역 경제를 발전시키고, 농산물의 품질 향상을 위한 생산자들의 노력을 촉진시킵니다. 소비자들은 지리적 표시제에 의해 믿을 수 있는 상품을 구매할 수 있으며, 국가적·지역적 차원에서는 지역의 문화유산을 보전하는 방안이 될 수 있습니다.

▲ 세계의 주요 지리적 표시제 상품

▲ 우리나라의 지리적 표시제 마크

Q&A

1 지리적 표시제 상품이 지역의 특성을 어떻게 부각시킬 수 있는가?

지역의 이름이 표기됨은 물론 고유한 지리적 요소가 반영된 상품이 소비됨으로써 지역의 이름과 이미지가 널리 홍보된다. 그리고 엄격한 심사에 의해 품질이 보증된 상품이므로 지역의 우수한 특성이 자연스레 널리 알려지게 된다.

2 지리적 표시제는 지적 재산권이 보호되는 제도인가?

타 지역에서 생산된 유사한 상품에 지역의 이름을 허위로 기재하여 판매하는 경우 법의 제재를 받아 처벌될 수 있다. 지리적 표시제는 해당 지역의 이름과 상품명을 상표처럼 엄격하게 보호하고 있다.

1 지역의 위치와 다양성

01 다음 개념을 나타낼 때 사용되는 요소를 연결하시오.

(1) 수리적 위치 •　　　　　　• ㉠ 대륙, 해양, 산맥

(2) 지리적 위치 •　　　　　　• ㉡ 위도, 경도

(3) 상대적 위치 •　　　　　　• ㉢ 주변 지역과의 관계

02 다음 설명이 옳으면 ○표, 틀리면 ×표 하시오.

(1) 산지는 평야보다 대체로 인간 거주에 유리하다. (　　)

(2) 해발 고도가 높아질수록 기온은 낮아진다. (　　)

(3) 농업은 주로 산지보다 평야에서 발달한다. (　　)

03 괄호 안의 내용 중 알맞은 말에 ○표 하시오.

(1) 저위도에서 고위도로 가면서 기온이 (높아, 낮아)진다.

(2) 경도는 각 지역의 (시간대, 기후)를 결정한다.

(3) 경도 값의 범위는 0°에서부터 (90, 180)°까지이다.

04 표는 기후별 특징을 나타낸 것이다. 빈칸 ㉠~㉤에 들어갈 내용을 쓰시오.

기후	특징
(㉠) 기후	적도 및 그 주변 지역에서 나타나고, 가장 추운 달의 평균 기온이 18℃ 이상임.
(㉡) 기후	극지방 및 그 주변 지역에서 나타나고, 가장 따뜻한 달의 평균 기온이 10℃ 미만임.
(㉢) 기후	가장 추운 달의 평균 기온이 −3℃ 미만이고, 가장 따뜻한 달의 평균 기온이 10℃ 이상임.
(㉣) 기후	가장 추운 달의 평균 기온이 −3~18℃이고, 주로 중위도 지역에서 나타남.
(㉤) 기후	연 강수량보다 연 증발량이 많으며, 대체로 연 강수량이 500mm 미만임.

2 지역 간 연결성과 공간적 상호 작용

05 괄호 안의 내용 중 알맞은 말에 ○표 하시오.

(1) 도시와 국가는 대륙보다 (작은, 큰) 스케일의 지역이다.

(2) 지역 간 연결성을 살펴볼 수 있는 자료로는 (항공 노선망, 지각판의 분포와 경계)이/가 있다.

(3) 통신 네트워크는 국제적 영향력이 큰 (선진국, 개발 도상국)의 도시 간에 밀접하게 연결되어 나타난다.

06 다음 설명이 옳으면 ○표, 틀리면 ×표 하시오.

(1) 공간적 상호 작용이 활발해지면서 국가 간 무역량이 감소하고 있다. (　　)

(2) 지역 간 인구와 물자의 이동이 많아지면서 외래 생물종이 유입되는 경우가 늘고 있다. (　　)

(3) 세계화 시대에 접어들면서 우리나라 국민이 소비하는 농산물의 수입 의존도는 이전보다 낮아졌다. (　　)

3 지역의 변화와 역동성

07 다음 설명에 해당하는 것을 〈보기〉에서 고르시오.

보기
ㄱ. 세계화　　　　　　ㄴ. 랜드마크
ㄷ. 지리적 표시제　　　ㄹ. 지역 브랜드화

(1) 세계가 경제, 문화 등의 영역에서 하나의 지역처럼 통합되는 현상 (　　)

(2) 지역 이미지를 상징적으로 표현하는 슬로건을 개발하여 상품화함 (　　)

(3) 지역의 고유한 특성이 반영되어 생산, 가공, 유통되는 특산물이 법적 보호를 받는 것 (　　)

08 괄호 안의 내용 중 알맞은 말에 ○표 하시오.

(1) 세계 여러 지역 간 상호 의존성이 확대되면서 국경의 제약이 (강화, 약화)되고 있다.

(2) 세계화가 진행되면서 선진국과 개발 도상국 간 소득 수준의 격차가 (커지고, 작아지고) 있다.

(3) 경제의 세계화가 진행되면서 세계 여러 지역의 제품을 다양하게 소비할 수 있는 기회가 (감소, 증가)하고 있다.

09 다음 설명이 옳으면 ○표, 틀리면 ×표 하시오.

(1) 지역의 변화는 세계에 영향을 미치지 않는다. (　　)

(2) 미국 뉴욕의 'I♥NY'은 지역 브랜드화의 사례이다. (　　)

(3) 지역 축제의 개발은 세계 각 지역을 동질화시키는 데 기여한다. (　　)

개념 다지기 문제

242011-0001

01 위도와 경도에 관한 설명으로 옳지 <u>않은</u> 것은?

① 위도의 기준은 적도이다.
② 경도의 기준이 되는 선은 영국을 지난다.
③ 경도의 범위는 0°부터 최대 180°까지이다.
④ 위도는 지역의 기후 특성을 결정하는 주된 요인이다.
⑤ 동경에 위치한 지역은 서경에 위치한 지역보다 시간대가 늦다.

242011-0002

02 대륙과 해양을 이용하여 지리적 위치를 표현한 사례로 적절한 것만을 〈보기〉에서 고른 것은?

> **보기**
> ㄱ. 이탈리아는 반도국이다.
> ㄴ. 몽골은 아시아의 내륙에 위치한다.
> ㄷ. 이집트는 북위 20°~32°에 위치한다.
> ㄹ. 대한민국은 영국보다 일출 시각이 이르다.

① ㄱ, ㄴ   ② ㄱ, ㄷ   ③ ㄴ, ㄷ
④ ㄴ, ㄹ   ⑤ ㄷ, ㄹ

242011-0003

03 지도를 통해 파악할 수 있는 내용으로 옳은 것만을 〈보기〉에서 고른 것은?

> **보기**
> ㄱ. 아일랜드는 반도국이다.
> ㄴ. 포르투갈은 프랑스와 국경을 접한다.
> ㄷ. 스위스는 영국보다 저위도에 위치한다.
> ㄹ. 영국은 체코보다 해양의 영향을 크게 받는 기후가 나타난다.

① ㄱ, ㄴ   ② ㄱ, ㄷ   ③ ㄴ, ㄷ
④ ㄴ, ㄹ   ⑤ ㄷ, ㄹ

[04-06] 지도는 세계의 기후 분포를 나타낸 것이다. 물음에 답하시오.

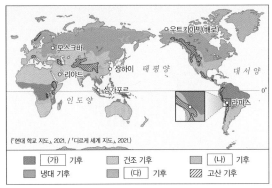

(『현대 학교 지도』, 2021. / 『디르케 세계 지도』, 2021.)

☆ 중요

242011-0004

04 지도의 (가)~(다)에 들어갈 내용으로 옳은 것은?

	(가)	(나)	(다)		(가)	(나)	(다)
①	온대	열대	한대	②	온대	한대	열대
③	열대	온대	한대	④	열대	한대	온대
⑤	한대	온대	열대				

242011-0005

05 지도를 통해 파악할 수 있는 내용으로 옳은 것은?

① 냉대 기후는 주로 남반구에서 나타난다.
② 북부 아프리카는 건조 기후가 넓게 나타난다.
③ 북극해 연안은 대부분 냉대 기후가 나타난다.
④ 적도가 지나는 지역은 모두 열대 기후만 나타난다.
⑤ 건조 기후는 아시아보다 북아메리카에서 넓게 나타난다.

242011-0006

06 지도에 표시된 도시들에 대한 설명으로 옳은 것은?

① 라파스는 상하이보다 해발 고도가 낮다.
② 리야드는 모스크바보다 연 강수량이 적다.
③ 싱가포르는 리야드보다 가장 추운 달의 평균 기온이 낮다.
④ 우트키아빅(배로)은 가장 따뜻한 달의 평균 기온이 10℃ 이상이다.
⑤ 우트키아빅(배로)과 모스크바는 모두 연 강수량보다 연 증발량이 많다.

07 그래프와 같은 기온 및 강수 분포가 나타나는 기후 지역에 대한 설명으로 옳은 것은? ▶ 242011-0007

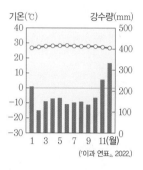

① 계절의 변화가 뚜렷하다.
② 연 강수량보다 연 증발량이 많다.
③ 활엽수보다는 침엽수가 넓게 분포한다.
④ 전통 가옥으로는 지열을 피하기 위한 고상 가옥이 있다.
⑤ 주민들은 추위를 견디기 위해 주로 두꺼운 털옷을 입는다.

08 사진은 두 지역의 전통 가옥을 나타낸 것이다. (가), (나) 지역에 대한 설명으로 옳은 것은? (단, (가), (나)는 각각 모로코, 몽골에 속한 지역 중 하나임.) ▶ 242011-0008

(가)	(나)

① (가)는 여름에 고온 다습한 기후가 나타난다.
② (가)에는 순록을 사육하는 유목민이 거주한다.
③ (나)의 주민들은 주로 라마, 알파카를 사육한다.
④ (나)는 가장 추운 달의 평균 기온이 18℃ 이상이다.
⑤ (가), (나)는 모두 연 강수량보다 연 증발량이 많다.

☆ 중요
09 다음 글의 밑줄 친 ㉠을 탐구할 수 있는 조사 자료로 옳은 것은? ▶ 242011-0009

> 오늘날 세계는 도시, 국가, 대륙을 넘어서는 활발한 ㉠ 공간적 상호 작용으로 거대한 네트워크를 이루게 되었다.

① 황사의 이동 경로
② 국가별 철광석 매장량
③ 사막화 피해 지역 범위
④ 종교별 신자 분포 범위
⑤ 국가 간 천연가스 수출입량

10 사진과 같은 시설물이 설치되는 이유로 가장 적절한 것은? ▶ 242011-0010

▲ 해저 광케이블

① 인터넷과 국제 전화의 이용
② 해양 생태계의 보전 및 관리
③ 해상 교통을 이용한 무역액 증대
④ 광물 및 에너지 자원의 신규 매장지 탐사
⑤ 지진 및 화산 활동과 같은 자연재해 연구

☆ 중요
11 다음 자료는 청바지의 생산과 판매를 담당하는 국가를 나타낸 것이다. 이를 이용한 탐구 주제로 가장 적절한 것은? ▶ 242011-0011

① 지역 간 공간적 상호 작용
② 고급 기술 노동력의 국제 이동
③ 지역의 변화가 세계에 미치는 영향
④ 지역의 자연환경이 인문 환경에 미치는 영향
⑤ 산업 구조의 고도화에 따른 지역별 대응 방안

● 242011-0012

12 그래프와 같은 추세가 나타나게 된 직접적인 원인으로 적절한 것만을 〈보기〉에서 있는 대로 고른 것은?

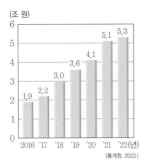

▲ 우리나라의 해외 온라인 쇼핑 직접 구매액 변화

· 보기 ·
ㄱ. 인터넷 이용 증가　　ㄴ. 합계 출산율 감소
ㄷ. 대체 에너지 개발　　ㄹ. 항공 및 해상 교통 발달

① ㄱ, ㄴ　　② ㄱ, ㄹ　　③ ㄴ, ㄷ
④ ㄱ, ㄷ, ㄹ　　⑤ ㄴ, ㄷ, ㄹ

● 242011-0013

13 지역 간 공간적 상호 작용에 대한 설명으로 옳지 <u>않은</u> 것은?

① 외래 생물종의 유입으로 지역의 생태 환경 안정성이 좋아진다.
② 외국인 관광객의 소비 활동 증가는 외화의 유입 효과로 이어진다.
③ 햄버거의 세계화로 세계 각 지역에서 목초지 면적이 확대되고 있다.
④ 노동력의 국제 이동은 주로 개발 도상국에서 선진국으로 나타난다.
⑤ 해양 기름 유출 사고 증가는 국가 간 선박 교통량 증가와도 관련이 깊다.

● 242011-0014

14 다음 자료의 (가)에 해당하는 국가를 지도의 A~E에서 고른 것은?

기름야자에서 추출되는 팜유는 각종 식재료에 들어가는 필수 원료이다. 이를 위해 열대림이 파괴되면서 (가) 의 생태 환경이 크게 변화하고 있다.

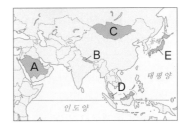

① A
② B
③ C
④ D
⑤ E

☆ 중요　　● 242011-0015

15 다음은 두 국가에서 동일한 영화가 상영되는 모습을 나타낸 것이다. 이를 통해 탐구할 수 있는 학습 주제로 가장 적절한 것은?

① 문화의 세계화　　② 인구의 국제 이동
③ 지역의 경쟁력 강화　　④ 국가 간 경제적 격차
⑤ 교통의 발달에 따른 무역 증대

● 242011-0016

16 다음 글의 (가)에 들어갈 내용으로 가장 적절한 것은?

세계 여러 지역 간의 상호 의존성이 확대되고 국경의 제약이 약화되면서 여러 지역이 경제, 문화 등 모든 영역에서 긴밀하게 연결되는 (가) 가 나타나고 있다.

① 산업화　　② 정보화　　③ 지역화
④ 나비 효과　　⑤ 네트워크화

○ 242011-0017

17 다음 자료를 통해 판단할 수 있는 내용으로 가장 적절한 것은?

> 1959년 미국에서 탄생하여 세계에 널리 판매되고 있는 B 인형은 세계 각 지역의 고유한 전통 의상을 입은 형태로 판매되기도 한다.

네덜란드	대한민국	캐나다	페루

① 경제적 원인의 인구 이동이 활발해지고 있다.
② 신흥 공업국의 경제 성장이 두드러지고 있다.
③ 국가 간 체제와 이념의 장벽이 존재하고 있다.
④ 지구촌 문제 해결을 위한 국제 협력이 요구된다.
⑤ 세계화 과정에 지역의 고유한 특성이 반영되기도 한다.

☆ 중요

○ 242011-0018

18 다음 자료는 티셔츠에 지역 슬로건이 새겨진 모습을 나타낸 것이다. 이러한 상품의 제작 및 판매 효과로 가장 적절한 것은?

① 제품의 운송비 절감
② 지역 홍보 효과 증대
③ 생산의 분업화와 전문화
④ 국토의 균형 개발과 인구 분산
⑤ 제조업 중심의 산업 구조 강화

○ 242011-0019

19 다음 글에서 설명하는 작물로 옳은 것은?

> 아프리카 에티오피아의 고원에서 발견되었으며, 17세기 유럽의 카페(cafe)가 급증하게 된 원인이 되었다. 세계화의 대표적인 상품으로 언급되는 식료품의 원료이다.

① 차(茶)   ② 커피   ③ 카카오
④ 카사바   ⑤ 사탕수수

○ 242011-0020

20 다음 글의 (가)에 해당하는 국가로 옳은 것은?

> ⎡(가)⎤의 다르질링(Darjeeling)은 네팔에서 남쪽으로 뻗은 히말라야산맥 자락에 위치하며, 세계적인 차(茶) 생산지로 유명하다. 19세기 ⎡(가)⎤은/는 영국의 식민 지배를 받았는데, 중국으로부터 막대한 양의 차를 수입해야 했던 영국이 ⎡(가)⎤의 다르질링에서 차 재배에 성공하게 되면서 명성을 얻기 시작하였다. 다르질링 차는 우수한 품질을 인정받아 지리적 표시제 상품으로 등록되어 세계 각지에서 판매되고 있다. 지리적 표시제는 세계지적재산권기구가 상품의 품질과 명성이 생산지의 기후, 지형 등 지리적 특성과 밀접한 관련이 있다고 인정되는 경우에 한해 등록을 허가하고 있다.

① 미국   ② 인도   ③ 캐나다
④ 프랑스   ⑤ 사우디아라비아

☆ 중요

○ 242011-0021

21 다음 진술의 내용이 옳으면 ○표, 틀리면 ×표로 나타낸다고 할 때, ㉠~㉢에 들어갈 내용으로 옳은 것은?

> • 경제적인 측면에서 세계화가 진행됨에 따라 세계 각 지역의 소비자가 같은 종류의 상품을 소비하는 경우가 늘고 있다. ⸻⸻ (㉠)
> • 지역의 변화가 세계에 영향을 미치면 해당 지역의 정체성이 강화되는 긍정적 효과가 나타난다. ⸻⸻ (㉡)
> • 지리적 표시제는 특정 지역의 상품이 세계 각지에서 대량 생산되는 것을 전제로 한다. ⸻⸻ (㉢)

	㉠	㉡	㉢		㉠	㉡	㉢
①	○	×	×	②	○	×	○
③	○	○	×	④	×	○	×
⑤	×	○	○				

1 서술형 연습하기

● 242011-0022

사진은 적도 주변 지역의 전통 가옥을 나타낸 것이다. 이 지역에서 나타나는 기후의 명칭을 쓰고, 가옥의 바닥이 지면에서 띄워진 이유를 서술하시오.

> **Tip** 전통 가옥을 통해 해당 지역의 기후 특성을 추론한 후 발문에서 요구한 요소를 파악하여 답안을 작성해야 합니다. 발문을 뜯어보면 "**❶**기후의 명칭을 쓰고, **❷**가옥의 바닥이 지면에서 띄워진 이유를 서술하시오." 이니, 답안에 **❶**과 **❷** 가 모두 들어가야 만점!

답 완성하기

이 지역은 (   ) 기후가 나타난다. 전통 가옥의 바닥이 지면에서 띄워진 이유는 많은 비로 인한 (   )와/과 강한 일사로 인한 (   )을/를 차단하고 (   )의 유입으로 인한 피해를 줄이기 위함이다.

2 서술형 훈련하기

● 242011-0023

다음 글의 밑줄 친 ㉠에 들어갈 내용을 서술하시오.

> 지형 조건은 인간 거주에 있어 중요한 요인이 된다. 하천과 평야는 산지와 고원에 비해 인간 거주에 유리하다. 그러나 저위도의 일부 고산 지대에는 대도시가 발달하기도 한다. 그 이유는 비슷한 위도의 저지대에 비해 _____
>
>   ㉠

3 논술형 도전하기

● 242011-0024

(가)의 ㉠에 해당하는 사례 및 (나)의 교사의 질문에 대한 의견을 200자 이내로 논술하시오.

> **(가)**
> 세계화에 따라 전 세계의 문화가 비슷해지고 ㉠ 자국의 전통문화가 거의 사라지면서 전 세계적으로 같은 문화를 공유하는 현상이 나타나기도 한다.
>
> **(나)**

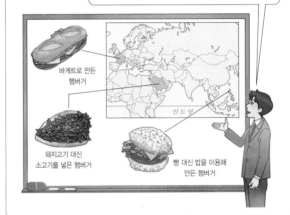

> 세계화의 상징인 햄버거에 지역의 고유성이 반영되고 있습니다. 이에 따라 햄버거의 메뉴가 다양해지면 소비자 입장에서는 어떤 점이 좋을까요?
>
> 바게트로 만든 햄버거
> 인도양
> 돼지고기 대신 소고기를 넣은 햄버거
> 빵 대신 밥을 이용해 만든 햄버거

> **핵심 개념** 세계화의 영향, 세계화에 대응하는 지역의 모습
>
> (1) 세계화 (2) 지역성 (3) 문화의 획일화

Ⅱ 아시아

1 아시아의 여러 국가와 자연환경

1. 아시아의 위치와 지역 구분
① 아시아의 위치: 서쪽으로 유럽, 서남쪽으로 아프리카, 남쪽으로 인도양, 동쪽으로 태평양과 접함.
② 아시아의 지역 구분과 주요 국가

지역	특징 및 주요 국가
동아시아	• 유교와 불교, 젓가락 문화가 나타남. • 대한민국, 중국, 일본 등
동남아시아	• 주로 열대 기후가 나타나며, 종교와 민족이 다양함. • 타이, 필리핀, 인도네시아 등
남부 아시아	• 히말라야산맥 이남의 인도반도를 중심으로 한 지역 • 인도, 네팔 등
중앙아시아	• 유라시아 대륙의 내륙에 위치한 지역 • 카자흐스탄, 우즈베키스탄 등
서남아시아	• 주로 건조 기후가 나타나며, 유럽과 아시아, 아프리카가 만나는 길목에 위치함. • 이라크, 사우디아라비아, 아랍 에미리트 등

▲ 아시아의 주요 국가

2. 아시아의 주요 도시
① 각 국가의 수도: 대한민국의 서울, 중국의 베이징, 타이의 방콕, 인도의 뉴델리, 방글라데시의 다카, 카자흐스탄의 아스타나, 카타르의 도하 등
② 세계적인 경제 중심 도시: 중국의 상하이, 일본의 도쿄, 인도의 뭄바이, 아랍 에미리트의 두바이 등

3. 아시아의 지형
① 산맥과 고원: 히말라야산맥, 시짱고원(티베트고원) 등과 같은 높은 산지와 고원이 나타남.

② 하천과 평야: 창장강, 메콩강, 갠지스강 등의 대하천에 의해 형성된 비옥한 평야 지역 → 세계적인 곡창 지대

4. 아시아의 기후

기후	분포 지역
냉대 기후	중국 북동부 지역
온대 기후	중국 중남부와 일본, 동남아시아의 북부 지역
열대 기후	동남아시아의 중남부와 인도 남부 지역
건조 기후	서남아시아와 중앙아시아

2 아시아의 종교와 문화 다양성

1. 아시아의 종교

종교	분포 지역
불교	동아시아, 동남아시아의 타이, 미얀마, 라오스 등
힌두교	남부 아시아의 인도, 네팔 등
이슬람교	서남아시아와 중앙아시아, 동남아시아의 인도네시아, 말레이시아, 남부 아시아의 파키스탄, 방글라데시 등
크리스트교	동남아시아의 필리핀 등

자료 분석 아시아의 종교 분포

(『디르케 세계 지도』, 2023.)

□ 불교 ■ 힌두교 □ 이슬람교 □ 크리스트교 □ 기타

• 불교: 남부 아시아에서 기원하여 동남아시아의 인도차이나반도와 동아시아로 전파되었다.
• 힌두교: 남부 아시아에서 기원하여 인도와 네팔의 주민들이 주로 믿고 있다.
• 이슬람교: 서남아시아에서 기원하여 서남아시아와 중앙아시아의 주민들이 주로 믿고 있다. 이슬람 상인들의 활동으로 말레이시아와 인도네시아 등지로 전파되었다.
• 크리스트교: 에스파냐 식민 지배의 영향으로 전파되어 필리핀의 주민들이 주로 믿고 있다.

2. 종교의 다양한 문화 경관

① 불교
- 석가모니의 가르침에 따라 수행하여 깨달음을 얻는 것을 중시
- 불상과 탑이 있는 불교 사원
- 길거리에서 탁발하는 승려 등을 볼 수 있음(타이, 미얀마, 라오스 등).

② 힌두교
- 고행을 통한 수련을 중시하며 여러 신을 믿는 다신교
- 다양한 신의 모습이 표현된 조각상과 그림으로 꾸며진 힌두교 사원
- 소를 신성시하여 소고기를 먹지 않음.
- 갠지스강에서 몸을 씻는 의식을 행함.

③ 이슬람교
- 알라를 유일신으로 섬기며 경전인 쿠란의 가르침에 따라 신앙의 의무를 실천함.
- 둥근 돔과 첨탑을 가진 사원인 모스크
- 5대 의무(신앙 고백, 기도, 자선 활동, 성지 순례, 라마단 금식)를 지켜야 함.
- 돼지를 부정하게 여겨 돼지고기를 먹지 않음.

④ 크리스트교
- 예수를 구원자로 믿으며 이웃 사랑을 중시함.
- 십자가를 세운 성당이나 교회
- 주로 일요일에 예배하고 성경의 가르침을 따름.

3. 종교 갈등과 공존

① 아시아의 종교 갈등
- **이스라엘–팔레스타인**: 이슬람교도와 유대인 간의 갈등
- **카슈미르 지역**: 인도의 힌두교도와 파키스탄의 이슬람교도 간 갈등
- **미얀마 라카인주**: 대다수 불교를 믿는 미얀마 정부와 이슬람교를 믿는 로힝야족 간 갈등
- **필리핀 민다나오섬**: 대다수 크리스트교를 믿는 필리핀 정부와 이슬람교도 간 갈등

② 아시아의 종교 공존: 다양한 종교와 문화가 평화롭게 공존할 수 있도록 노력
    예 인도네시아, 말레이시아, 싱가포르 등

③ 문화 다양성의 존중과 수용: 문화 상대주의 관점에서 문화 다양성을 인정하고 수용하는 세계 시민의 자질을 길러야 함.

3 아시아의 인구 특징과 지역 변화

1. 아시아의 인구 분포
① 세계 대륙 중 인구가 가장 많고, 인구 밀도가 가장 높음.
② 아시아 전체 인구: 약 47억 명(2022년 기준), 전 세계 인구의 약 60%
③ 세계 인구 상위 10개국에 속하는 아시아 국가 → 인도, 중국, 인도네시아, 파키스탄, 방글라데시(2023년 기준)
④ **평야 지역에 인구 집중**: 동아시아, 동남아시아, 남부아시아의 평야 지역에 인구 집중 → 계절풍이 불어 벼농사에 유리

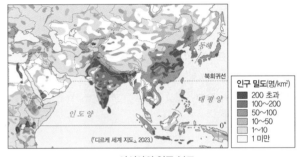

▲ 아시아의 인구 분포

2. 아시아의 인구 이동
① 복잡하고 다양한 요인에 의한 인구 이동이 나타나며, 특히 경제적 요인에 의한 인구 이동이 활발함.
② 경제적 요인에 의한 인구 이동
- 인구 유출 지역: 동남아시아, 남부 아시아 등 소득 수준이 낮고 고용 기회가 적은 지역
- 인구 유입 지역: 동아시아, 서남아시아 등 일자리가 풍부한 지역
③ 정치적 요인에 의한 인구 이동: 시리아, 아프가니스탄 등의 분쟁 지역에서는 인구 유출이 나타남.

3. 아시아의 지역별 인구 구조
① 합계 출산율이 높은 국가
- 파키스탄, 필리핀 등
- 기대 수명 증가와 함께 빠른 속도로 인구 증가
- 상대적으로 유소년층 인구 비율이 높음.
- 도로, 학교 등의 사회 기반 시설 부족 문제 발생
- 생산 활동 가능 인구 비율이 높아 경제 성장 잠재력이 높음.

② 저출산 · 고령화가 나타나는 국가
- 대한민국, 일본 등
- 결혼과 자녀에 대한 가치관 변화 등 → 저출산
- 65세 이상 인구 비율이 차지하는 비율이 높아지는 고령화가 나타남.
- 노동력 부족, 경제 성장률 둔화, 노인 복지 비용 상승 등의 문제 발생
- 해결 노력: 출산과 양육 지원, 노인 복지 제도 마련

③ 인구 유입이 많은 국가
- 사우디아라비아, 카타르 등 → 방글라데시, 인도, 파키스탄 등의 젊은 남성 노동자 유입
- 청장년층 인구의 남초 현상 발생

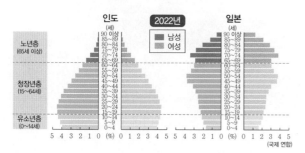

▲ 인도와 일본의 인구 구조

4 아시아의 산업 특징과 변화

1. 아시아의 산업 특징
① 천연자원 생산

자원	특징
에너지 자원	• 사우디아라비아, 카타르 등 서남아시아 지역의 석유, 천연가스 생산 및 수출이 많음. • 중국, 인도, 인도네시아 등은 석탄의 생산과 소비가 많음.
광물 자원	철광석, 희토류 등의 광물 자원 풍부

② 제조업 발달
- **우리나라와 일본**: 지하자원이 부족하지만, 원료 수입과 제품 수출에 유리한 해안 지역을 중심으로 중화학 공업 발달
- **중국**: 2010년대 '세계의 공장'으로 불릴 정도의 제조업 강국으로 성장
- **동남아시아의 베트남, 인도네시아 등**: 저렴한 인건비를 바탕으로 의류나 신발 등 노동 집약적 제조업 성장

③ 첨단 · 문화 산업
- **우리나라, 일본, 중국**: 반도체, 자동차, 디스플레이 등의 첨단 기술 제품 생산
- 우리나라의 K-Pop, 일본의 애니메이션 발달

자료 분석 **아시아의 제조업**

중국 176(32.1%)
방글라데시 35(6.5%)
베트남 31(5.4%)
이탈리아 27
독일 26

0   50   100   150   200
(억 달러)
(WTO, 2023.)

▲ 주요 국가별 의류 수출액

의류 수출 시장에서 아시아에 위치한 중국, 방글라데시, 베트남 등이 전 세계 의류 수출액 상위 3개국에 속할 만큼 노동 집약적 제조업이 발달하였다. 또한 우리나라와 중국, 일본 등의 반도체 생산량이 전 세계 생산량의 30% 이상을 차지할 만큼 첨단 산업 역시 발달하였다.

2. 아시아의 산업 변화가 우리나라에 미치는 영향
① 아시아의 산업 변화
- 동남아시아 국가들
  - 풍부한 자원과 노동력을 바탕으로 외국 자본 유치 및 공업화 추진
  - 중국의 임금이 상대적으로 높아져 중국에 있던 공장들이 이전해 옴.
- 서남아시아 일부 국가: 석유 고갈에 대비하여 제조업, 관광 산업 등의 산업에 투자하며 산업 다변화를 꾀함.

② 우리나라 산업에 미치는 영향
- 아시아 국가와의 자유 무역 협정(FTA) 체결을 통한 경제적 협력 강화
- 동남아시아 국가들로 생산 공장 이전, 서남아시아 국가에서 해외 건설 사업 추진
- 기술 혁신 등을 통해 기업 경쟁력을 강화하고, 부가 가치가 높은 첨단 산업과 서비스 산업으로의 진출을 꾀하는 노력이 요구됨.
- 한류 콘텐츠의 성장으로 우리나라의 문화 상품 수출 및 각종 상품 수출 증가, 관광객 증가를 통한 연계 효과가 발생하도록 노력

말레이시아에서 다양한 종교가 공존하게 된 배경은 무엇일까?

힌두교
크리스트교
6.3 5.0 기타
9.1
불교
19.2
이슬람교
60.4
(%)
(『세계 각국 요람』, 2023.)

▲ 말레이시아의 종교별 인구 비율

4월 10~11일	하리 라야 푸아사 라마단 기간이 끝났음을 축하하는 날	5월 22일	베삭 데이 부처님 오신 날
10월 31일	디왈리 힌두교 신에게 감사 기도를 드리는 날	12월 25일	크리스마스 예수의 탄생을 기념하는 날

▲ 말레이시아의 종교 관련 주요 공휴일(2023년)

〈말레이시아 믈라카의 다양한 종교 경관〉

▲ 스리 마하 마리암만 사원(힌두교)

▲ 쳉훈텡 사원(불교)

▲ 믈라카 교회(크리스트교)

▲ 믈라카 해상 모스크(이슬람교)

　　말레이시아는 동남아시아의 말레이반도와 보르네오섬에 위치한 국가로 오래전부터 동서양을 연결해 온 해상 운송로였으며, 다양한 문화권과 교류하였습니다. 그래서 말레이시아는 이슬람교를 비롯하여 불교, 크리스트교, 힌두교 등 다양한 종교가 공존합니다. 이에 말레이시아는 종교의 자유를 헌법에 명시하고 종교별로 공휴일을 지정하는 등 종교 갈등을 줄이기 위해 노력하고 있습니다. 말레이시아의 믈라카에서는 힌두교 사원, 불교 사원, 크리스트교 사원, 이슬람교 사원 등 다양한 종교 경관을 볼 수 있습니다.

Q&A

1 말레이시아에 다양한 종교가 분포하는 지리적 이유는 무엇일까?

동서양을 연결하는 해상 교통의 요지에 위치하여 이슬람교를 비롯한 다양한 종교가 전파되었다.

2 말레이시아에서 다양한 종교가 서로 갈등하지 않고 공존하는 이유는 무엇일까?

말레이시아에서는 종교의 자유를 헌법에 명시하고 종교별로 공휴일을 지정하여 종교 갈등을 줄이기 위해 노력하고 있다.

아시아의 국가별 인구 구조는 어떻게 다를까?

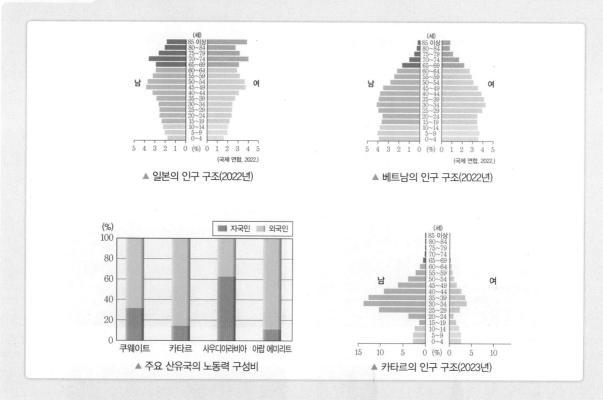

▲ 일본의 인구 구조(2022년)

▲ 베트남의 인구 구조(2022년)

▲ 주요 산유국의 노동력 구성비

▲ 카타르의 인구 구조(2023년)

아시아의 여러 국가 중 대한민국, 일본 등 경제 발전 수준이 높은 아시아의 국가에서는 결혼과 자녀에 대한 가치관의 변화, 고용 환경의 변화 등으로 태어나는 아이 수가 줄어드는 저출산 현상이 나타나고 있습니다. 또한 인구 증가율이 감소하면서 노년층 인구 비율이 증가하는 고령화 현상도 함께 나타납니다. 반면, 아시아의 개발 도상국은 기대 수명 증가와 함께 높은 출산율을 유지하고 있는 경우가 많습니다. 동남아시아와 남부 아시아는 대체로 합계 출산율이 높으며, 이에 따라 인구도 증가하고 있습니다. 이러한 국가는 청장년층 인구가 차지하는 비율이 높아 노동력이 풍부하고, 이를 통해 국가 성장 잠재력을 확보할 수 있습니다.

서남아시아의 주요 산유국인 사우디아라비아, 카타르, 아랍 에미리트 등은 석유 개발 및 국가 성장에 필요한 기반 시설 구축에 많은 외국인 노동력을 활용하였습니다. 이들 국가에 일자리 수요가 늘면서 많은 이주 노동자를 받아들였으며, 이에 젊은 남성 이민자가 많아져 청장년층 인구의 남초 현상이 나타나고 있습니다.

Q&A

1 대한민국과 일본에서 나타날 수 있는 인구 문제는 무엇일까?

저출산과 고령화로 인해 생산 가능 인구가 감소하여 경제 성장이 둔화되고, 노인 부양을 둘러싼 세대 간 갈등 문제 등이 발생할 수 있다.

2 카타르에서 청장년층 인구의 남초 현상이 나타나는 이유는 무엇일까?

일자리 수요가 늘면서 젊은 남성 이민자가 많아졌기 때문이다.

아시아와 우리나라의 산업은 어떤 영향을 주고받을까?

중국은 인구 14억 명이 넘는 거대한 소비 시장과 인적 자원을 가진 나라인 동시에 우리나라와 지리적으로 가까운 곳에 위치하여 우리나라와의 경제적 교류를 통해 상호 이익을 추구해 왔습니다.

인도는 노동력이 풍부하고, 빈곤율이 꾸준히 감소하고 있어 발전이 기대되는 곳입니다. 실제로 인도는 대형 가전제품, 자동차, 의료 기기 등에 대한 수요가 많아 우리나라에서 생산한 제품을 많이 수입하고 있습니다.

베트남은 저렴한 노동비와 풍부한 자원을 바탕으로 경제 성장 가능성이 큰 나라입니다. 베트남은 우리나라와 농산물, 전자 제품 등 다양한 분야에서 협력을 강화하고 있습니다.

사우디아라비아는 석유 판매를 통해 축적한 자본을 바탕으로 다양한 산업에 투자하고 있습니다. 최근에는 첨단 기술이 발달한 우리나라와 협력해 정보 통신 기술(IT) 기반을 구축하고 있습니다.

▲ 우리나라의 주요 무역 상대국

(『2022 한-아세안 통계집』, 2022.)

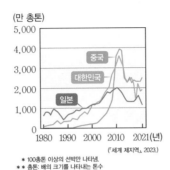

▲ 선박 생산량 변화

* 100총톤 이상의 선박만 나타냄.
** 총톤: 배의 크기를 나타내는 톤수
(『세계 제지역』, 2023.)

▲ 자동차 생산량 변화

(『세계 제지역』, 2023.)

우리나라는 경제에서 무역이 차지하는 비율이 높으며, 중국, 일본, 동남아시아, 서남아시아의 여러 아시아 국가와의 무역 비율이 높습니다. 그런데 아시아 각국은 농업 중심 국가에서 벗어나 제조업과 서비스업을 육성하고 있으며, 이는 우리나라 경제 상황에도 많은 영향을 미칩니다. 특히 중국의 제조업이 고도화되면서 중국산 핵심 부품의 경쟁력이 높아졌고, 우리나라 관련 업체들이 타격을 입기도 하였습니다. 남부 아시아의 인도와 동남아시아의 베트남 등도 풍부한 자원과 노동력을 바탕으로 외국 자본을 유치하고 각각 공업화를 빠르게 추진하고 있습니다. 또한 서남아시아의 사우디아라비아, 아랍 에미리트 등은 석유를 수출해서 얻은 자본을 바탕으로 관광 산업과 첨단 산업 등을 육성하고 있습니다. 이런 변화 속에서 우리나라는 중국, 일본과 함께 선박, 자동차 등의 분야에서 치열하게 경쟁하고 있습니다.

Q&A

1 사우디아라비아, 아랍 에미리트 등의 산업 구조가 변화하는 이유는 무엇일까?

석유를 통해 많은 수익을 얻었으나 석유 고갈 및 탈석유 시대에 대비하여 관광 산업과 첨단 산업 등을 육성하고 있다.

2 우리나라가 중국, 일본과의 무역 경쟁에 대응하기 위해 어떤 노력이 필요할까?

연구 개발 및 기술 혁신을 추구하고 다른 국가들과의 교류와 협력을 강화하며 균형 있는 산업 생태계 조성을 위해 노력해야 한다.

1 아시아의 여러 국가와 자연환경

01 다음 지역에 해당하는 국가를 연결하시오.

(1) 동아시아 •　　　　• ㉠ 대한민국, 중국, 일본
(2) 동남아시아 •　　　• ㉡ 인도, 네팔, 스리랑카
(3) 서남아시아 •　　　• ㉢ 타이, 필리핀, 베트남
(4) 남부 아시아 •　　　• ㉣ 이라크, 사우디아라비아

02 빈칸 ㉠, ㉡에 들어갈 알맞은 말을 쓰시오.

> (㉠) 기후 지역은 적도와 가까운 동남아시아와 남부 아시아에서 주로 나타나며 차, 커피, 카카오 등이 대규모로 재배된다. (㉡) 기후 지역은 서남아시아와 중앙아시아에 넓게 분포하며 연 강수량이 적어 주로 사막과 초원을 이룬다.

2 아시아의 종교와 문화 다양성

03 빈칸 ㉠~㉣에 들어갈 종교의 명칭을 쓰시오.

(㉠)	동남아시아의 타이 주민들이 주로 믿으며, 불상과 탑이 있는 종교 사원이 나타남.
(㉡)	남부 아시아의 인도 주민들이 주로 믿으며, 여러 신을 섬기고 소를 신성시함.
(㉢)	서남아시아의 사우디아라비아 주민들이 주로 믿으며, 유일신을 섬기고 쿠란의 가르침을 따름.
(㉣)	동남아시아의 필리핀 주민들이 주로 믿으며 십자가를 세운 성당이나 교회가 나타남.

04 다음과 같은 갈등이 나타나는 지역을 〈보기〉에서 고르시오.

> **보기**
> ㄱ. 카슈미르 지역　　　　ㄴ. 필리핀 민다나오섬
> ㄷ. 이스라엘-팔레스타인

(1) 유대교와 이슬람교 간 갈등　　　　(　　)
(2) 힌두교와 이슬람교 간 갈등　　　　(　　)
(3) 크리스트교와 이슬람교 간 갈등　　　(　　)

3 아시아의 인구 특징과 지역 변화

05 괄호 안의 내용 중 알맞은 말에 ○표 하시오.

(1) 세계에서 인구가 가장 많은 대륙은 (유럽, 아시아)이다.
(2) 일자리가 풍부한 동아시아와 서남아시아 지역은 인구의 (유입, 유출)이 활발하게 나타난다.

06 다음 내용이 옳으면 ○표, 틀리면 ×표 하시오.

(1) 필리핀은 일본보다 합계 출산율이 높다.　　(　　)
(2) 파키스탄은 우리나라보다 저출산 및 고령화가 뚜렷하게 나타난다.　　　　　　　　　　(　　)
(3) 인구 유입이 많은 사우디아라비아는 청장년층 인구의 남초 현상이 나타난다.　　　　　(　　)

4 아시아의 산업 특징과 변화

07 다음 설명에 해당하는 국가를 〈보기〉에서 고르시오.

> **보기**
> ㄱ. 중국　　　　　　　ㄴ. 베트남
> ㄷ. 대한민국　　　　　ㄹ. 사우디아라비아

(1) 지하자원은 부족하지만 중화학 공업과 첨단 및 문화 산업 성장　　　　　　　　　　(　　)
(2) 석유 수출을 통해 성장하였으며 석유 고갈에 대비하여 산업 다변화를 꾀함.　　　　(　　)
(3) 석탄의 생산과 소비가 많으며 '세계의 공장'으로 불릴 정도로 제조업 강국으로 성장　　(　　)
(4) 중국의 인건비 상승 이후 공장 유입이 활발해져 의류나 신발 등 노동 집약적 제조업 성장　(　　)

08 괄호 안의 내용 중 알맞은 말에 ○표 하시오.

(1) 우리나라와 자유 무역 협정(FTA)을 체결한 국가 간에는 경제 협력 관계가 (강화, 약화)되었다.
(2) 사우디아라비아, 아랍 에미리트 등은 (석유, 석탄) 고갈에 대비하여 제조업, 관광 산업 등의 투자에 힘쓰고 있다.

○ 242011-0025

01 지도의 A~C에 해당하는 지역으로 옳은 것은?

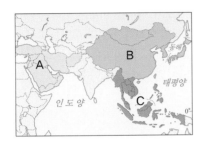

	A	B	C
①	동아시아	동남아시아	서남아시아
②	동남아시아	동아시아	서남아시아
③	동남아시아	서남아시아	동아시아
④	서남아시아	동아시아	동남아시아
⑤	서남아시아	동남아시아	동아시아

☆ 중요

○ 242011-0026

02 지도의 A~E 국가에 대한 설명으로 옳은 것은?

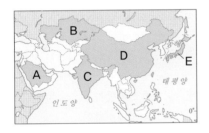

① A는 이란이다.
② B는 국토의 대부분이 열대 기후에 속한다.
③ C에는 룹알할리 사막이 있다.
④ D의 수도는 베이징이다.
⑤ E의 국민 대부분은 이슬람교를 믿는다.

☆ 중요

○ 242011-0027

03 다음 글에서 설명하는 산맥의 이름을 쓰시오.

> 중국과 인도 사이에 위치하며 높고 험준하여 교류에 장애물로 작용한다. 두 개의 대륙판이 충돌하여 형성되었으며 세계에서 가장 높은 산인 에베레스트산이 위치한다.

○ 242011-0028

04 (가), (나) 전통 가옥이 나타나는 지역을 지도의 A~C에서 고른 것은?

(가)

(나)

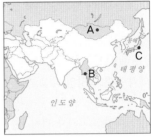

	(가)	(나)
①	A	B
②	A	C
③	B	A
④	B	C
⑤	C	A

○ 242011-0029

☆ 중요

05 (가)~(다) 기후가 나타나는 지역에 대한 설명으로 옳은 것은?

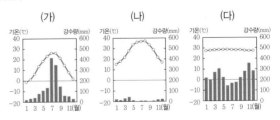

① (가)는 서남아시아에 위치한다.
② (나)에는 열대림이 넓게 분포한다.
③ (가)는 (나)보다 벼농사에 유리하다.
④ (나)는 (다)보다 연 강수량이 많다.
⑤ (다)는 (가)보다 연평균 기온이 낮다.

☆ 중요

242011-0030

06 다음 자료의 (가), (나) 종교에 대한 설명으로 옳은 것만을 〈보기〉에서 고른 것은?

〈 (가) 사원을 찾아서 떠나는 여행〉

▲ 쉐다곤 파고다 사원(미얀마) 중앙에 큰 탑과 탑 주변에 여러 불상이 있다.

〈 (나) 사원을 찾아서 떠나는 여행〉

▲ 스리미낙시 사원(인도) 사원 외벽과 내부에 조각된 다양한 신의 모습을 볼 수 있다.

보기
ㄱ. (가)는 석가모니의 가르침을 따른다.
ㄴ. (가)의 신자들은 성지 순례와 같은 신앙의 다섯 가지 의무를 실천한다.
ㄷ. (나)의 신자들은 소를 신성시하여 소고기를 먹지 않는다.
ㄹ. (나)는 성경의 가르침을 따르고 예수를 구원자로 믿는다.

① ㄱ, ㄴ   ② ㄱ, ㄷ   ③ ㄴ, ㄷ
④ ㄴ, ㄹ   ⑤ ㄷ, ㄹ

242011-0031

07 지도는 아시아의 종교 분포를 나타낸 것이다. A~C에 해당하는 종교로 옳은 것은?

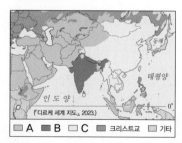

	A	B	C
①	불교	힌두교	이슬람교
②	힌두교	불교	이슬람교
③	힌두교	이슬람교	불교
④	이슬람교	불교	힌두교
⑤	이슬람교	힌두교	불교

242011-0032

08 다음 글의 (가) 지역을 지도의 A~E에서 고른 것은?

크리스트교도가 다수를 이루는 필리핀에서 (가) 지역의 이슬람교도인 모로족이 분리 독립을 요구하면서 분쟁이 계속되고 있다. (가) 지역은 정부군과 반군 간의 갈등이 끊이지 않아 2015년 12월 이후 여행 금지 지역으로 지정되었다.

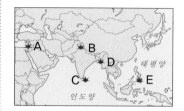

① A
② B
③ C
④ D
⑤ E

242011-0033

09 다음 글의 (가)에 해당하는 지역으로 옳은 것은?

영화 '(가)의 소녀'는 힌두교를 주로 믿는 인도와 이슬람교를 주로 믿는 파키스탄 간의 갈등을 배경으로 제작되었다. 영화 제목의 (가) 역시 두 종교 간 갈등이 발생하는 지역의 명칭에서 따왔다. '(가)의 소녀'는 길 잃은 이슬람교도 소녀가 힌두교를 믿는 가족을 만나 종교적 갈등을 극복하고 집으로 돌아가는 과정을 표현한 영화이다.

① 라카인주   ② 스리랑카   ③ 카슈미르
④ 민다나오섬   ⑤ 팔레스타인

☆ 중요

242011-0034

10 다음 자료의 (가) 국가로 옳은 것은?

▲ (가)의 종교별 인구 비율

(가)는 민족과 종교가 다양하며, 종교의 자유를 헌법에 명시하고 있다. (가)는 이슬람교, 불교, 크리스트교, 힌두교 등 종교 관련 공휴일을 지정하여 종교 갈등을 줄이고 있다. 또한 도시 안에 여러 종교의 사원이 함께 공존하는 모습도 볼 수 있다.

① 인도   ② 미얀마   ③ 필리핀
④ 말레이시아   ⑤ 사우디아라비아

11 그래프는 대륙별 인구 변화를 나타낸 것이다. 아시아에 해당하는 것을 A~E에서 고른 것은? ◐ 242011-0035

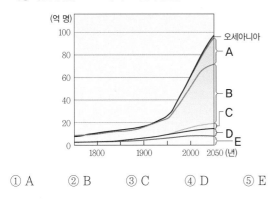

① A　　② B　　③ C　　④ D　　⑤ E

12 그림은 세계 인구수 상위 7개국을 나타낸 것이다. 이 중에서 아시아에 속한 국가의 개수를 쓰시오. ◐ 242011-0036

※ 원의 면적은 각 나라의 인구수에 비례함.
(국제 연합, 2022.)

☆ 중요

13 아시아에서 농경에 유리한 환경으로 인구 밀도가 높은 두 지역을 지도의 A~D에서 고른 것은? ◐ 242011-0037

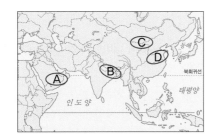

① A, B　　② A, C　　③ B, C
④ B, D　　⑤ C, D

☆ 중요

14 그래프는 두 국가의 인구 구조를 나타낸 것이다. (가), (나) 국가에 대한 설명으로 옳은 것은? (단, (가), (나)는 각각 인도, 일본 중 하나임.) ◐ 242011-0038

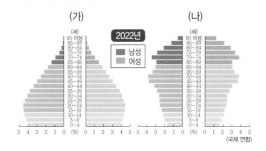

① (가)는 노년층 인구가 유소년층 인구보다 많다.
② (나)는 저출산 및 고령화 현상이 나타난다.
③ (가)는 (나)보다 1인당 평균 소득이 높다.
④ (나)는 (가)보다 유소년층 인구가 많다.
⑤ (가)는 동아시아, (나)는 남부 아시아에 위치한다.

15 다음 자료의 (가) 국가로 옳은 것은? ◐ 242011-0039

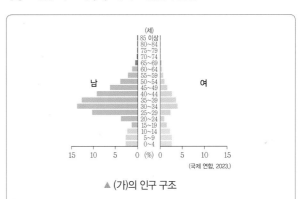

▲ (가)의 인구 구조

(가)는 이주 노동자들을 받아들여 젊은 남성 이민자가 많고 청장년층의 성비가 높다. 특히 2022년 월드컵 축구 대회에 필요한 기반 시설 구축을 위해 많은 남성 이주 노동자들을 산업 현장에 고용하였다.

① 인도　　② 카타르　　③ 필리핀
④ 파키스탄　　⑤ 방글라데시

▶ 242011-0040

16 그래프는 두 에너지 자원의 아시아 상위 3개국 생산 비율을 나타낸 것이다. (가), (나)에 해당하는 자원으로 옳은 것은?

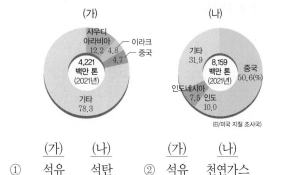

(가)

(나)

	(가)	(나)		(가)	(나)
①	석유	석탄	②	석유	천연가스
③	석탄	석유	④	석탄	천연가스
⑤	천연가스	석탄			

▶ 242011-0042

18 다음 글에서 설명하는 국가로 옳은 것은?

> 석유 수출을 통해 축적한 자본을 바탕으로 다양한 산업에 투자하고 있다. 최근에는 석유 화학 공업 육성, 재생 에너지 개발, 관광 산업 개발 등 산업 다변화에 힘쓰고 있다. 특히 이슬람교의 성지인 메카의 순례자 수를 더 늘리기 위해 노력하고 있으며, 미래형 신도시 '네옴 프로젝트'를 계획하기도 하였다. 또한, 첨단 기술이 발달한 대한민국과 협력해 정보 통신 기술(IT) 기반을 구축하고 있다.

① 몽골   ② 인도   ③ 일본
④ 파키스탄   ⑤ 사우디아라비아

☆ 중요

▶ 242011-0043

19 아시아 여러 국가의 산업 특징에 대한 설명으로 옳지 <u>않은</u> 것은?

① 일본은 풍부한 지하자원을 바탕으로 중화학 공업이 발달하였다.
② 중국은 '세계의 공장'이라 불릴 정도로 제조업 강국으로 성장하였다.
③ 베트남은 저렴한 인건비를 바탕으로 노동 집약적 제조업이 성장하였다.
④ 인도는 우수한 과학 인재가 많아 정보 통신 기술(IT) 산업이 발달하고 있다.
⑤ 아랍 에미리트는 석유 고갈에 대비하여 관광 및 첨단 산업 육성에 힘쓰고 있다.

☆ 중요

▶ 242011-0041

17 그래프는 아시아 세 국가의 상품군별 수출액 비율을 나타낸 것이다. (가)~(다)에 해당하는 국가를 지도의 A~C에서 고른 것은?

(가)

(나)

(다)

(세계 무역 기구, 2022.)

(티, 미국 지질 조사국)

	(가)	(나)	(다)		(가)	(나)	(다)
①	A	B	C	②	A	C	B
③	B	A	C	④	B	C	A
⑤	C	A	B				

▶ 242011-0044

20 아시아의 산업 변화에 대비한 우리나라의 성장 노력으로 옳지 <u>않은</u> 것은?

① 일부 국가에 대한 무역 의존도를 높인다.
② 다양한 산업의 균형적인 성장을 추구한다.
③ 첨단 및 서비스 산업의 해외 진출을 확대한다.
④ 연구 개발 및 기술 혁신을 통해 기업 경쟁력을 강화한다.
⑤ 한류 콘텐츠를 다양한 산업에 연계할 수 있도록 노력한다.

1 서술형 연습하기　　　⟶ 242011-0045

사진은 두 종교의 경관을 나타낸 것이다. (가)와 (나)에 해당하는 종교의 명칭을 각각 쓰고, (가)와 (나) 종교 건축물에서 나타나는 경관의 특징을 각각 서술하시오.

(가)　　　　　　　　(나)

Tip 아시아 종교 경관의 특징에 대한 문제로, 발문에서 요구한 요소를 파악하여 답안을 작성해야 합니다. 발문을 뜯어보면 ❶(가)와 (나)에 해당하는 종교의 명칭을 각각 쓰고, ❷(가)와 (나) 종교 건축물에서 나타나는 경관의 특징을 각각 서술하시오." 이니, 답안에 ❶과 ❷가 모두 들어가야 만점!

답 완성하기

(가)는 (　　　), (나)는 (　　　)에 해당한다. (가) 종교

건축물에서는 (　　　)을/를 볼 수 있으며, (나) 종교 건

축물에서는 (　　　)을/를 볼 수 있다.

2 서술형 훈련하기　　　⟶ 242011-0046

다음 글의 ㉡ 국가에 대한 ㉠ 국가의 유소년층 및 노년층의 인구 비율을 비교하고, 이와 같은 인구 특성이 ㉠ 국가의 경제에 미칠 영향에 대해 서술하시오.

　아시아의 인구 구조는 지역별·국가별로 다르게 나타난다. ㉠ 인도, 파키스탄, 방글라데시 등은 식량 생산량 증가, 위생 시설 확충 등으로 인구가 꾸준히 증가하고 있다. 반면, ㉡ 우리나라, 일본, 싱가포르 등은 결혼과 자녀에 대한 가치관 변화 등으로 저출산 및 고령화 현상이 나타나고 있다.

3 논술형 도전하기　　　⟶ 242011-0047

그래프는 말레이시아와 베트남의 주요 수출 품목 변화를 나타낸 것이다. 이를 통해 알 수 있는 동남아시아 국가들의 산업 변화에 대해 서술하고, 이러한 변화에 적응하기 위해 우리나라는 어떤 노력을 해야 할지 300자 이내로 논술하시오.

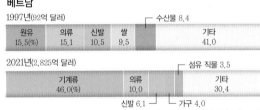

("지리 통계 요람』, 2023.)

핵심 개념 동남아시아의 산업 변화와 우리나라의 노력

(1) 천연자원 (2) 산업화 (3) 기술 혁신, 첨단 산업

Ⅲ 유럽

1 유럽의 여러 국가와 자연환경

1. 유럽의 위치와 주요 국가

① 유럽의 위치: 유라시아 대륙 서부에 위치하며, 북쪽으로는 북극해, 서쪽에는 대서양, 남쪽으로는 지중해와 접함.

② 유럽의 지역 구분과 주요 국가

지역	주요 국가
북부	노르웨이, 아이슬란드, 스웨덴, 핀란드 등
서부	독일, 영국, 아일랜드, 네덜란드, 벨기에 등
동부	러시아, 우크라이나, 폴란드, 루마니아 등
남부	에스파냐, 포르투갈, 이탈리아, 그리스 등

▲ 유럽의 주요 국가

2. 유럽의 주요 도시

구분	주요 도시
세계 경제의 중심지	영국 런던, 프랑스 파리 등
국제기구 본부가 위치한 도시	스위스 제네바, 벨기에 브뤼셀 등
역사 유적이 유명한 도시	그리스 아테네, 이탈리아 로마 등

3. 유럽의 지형

① 산지

• 남부: 해발 고도가 높은 알프스산맥 등

• 북부: 해발 고도가 상대적으로 낮은 스칸디나비아산맥

• 동부: 아시아와 경계를 이루는 우랄산맥

② 평야 및 해안 지형

• 유럽의 중앙부
  - 프랑스 평원, 북독일 평원 등 평야 발달
  - 라인강 등의 하천들이 운하로 연결

• 노르웨이, 아이슬란드 등: 빙하의 영향을 받은 피오르 해안 발달

4. 유럽의 기후

① 서안 해양성 기후

• 분포: 대서양 연안의 서부 유럽

• 영향: 연중 불어오는 편서풍과 난류의 영향

• 특징: 일 년 내내 습윤하고, 우리나라에 비해 여름이 서늘하고 겨울이 따뜻함.

• 농업

혼합 농업	식량 작물 재배 + 목초나 사료 작물 재배 + 가축 사육
낙농업	대도시 근교나 교통이 편리한 지역 중심으로 발달

② 지중해성 기후

• 분포: 지중해 연안의 남부 유럽

• 특징: 여름에 고온 건조, 겨울에 온난 습윤함.

• 농업

농업	계절	주요 작물
수목 농업	여름	올리브, 포도, 오렌지 등 재배
곡물 농업	겨울	밀 재배

▲ 유럽의 기후 분포

2 유럽 도시의 다양성과 지속가능한 도시

1. 다양한 유럽의 도시

구분	분포 지역
자연환경이 아름다운 도시	• 지중해 연안의 휴양 도시: 프랑스의 니스, 칸, 크로아티아의 두브로브니크 등 • 알프스 산지의 관광 도시: 스위스의 체어마트, 인터라켄 등
문화유산이 많은 도시	이탈리아의 로마와 피렌체, 그리스의 아테네, 체코의 프라하 등

2. 산업 변화와 기능에 따른 도시 구분

구분	특징
산업 구조가 달라진 도시	제조업 중심에서 서비스업 중심으로 변화함. 📋 독일의 에센, 에스파냐의 빌바오, 영국의 맨체스터 등
첨단 산업이 발달한 도시	산업 클러스터를 중심으로 첨단 산업이 발달함. 📋 프랑스의 소피아 앙티폴리스, 핀란드의 오울루 테크노폴리스, 스웨덴의 시스타 사이언스 시티, 영국의 케임브리지 사이언스 파크 등
세계 도시	기업의 본사나 금융 기관, 국제기구의 본부, 문화·예술 기관 등이 모여 있어 세계의 중심지 역할을 함. 📋 영국의 런던, 프랑스의 파리

3. 지속가능한 도시의 등장 배경

① 환경 문제 및 기후 변화로 인한 피해 증가
  • 유럽의 제조업 성장 과정에서 스모그, 산성비 등의 환경 문제 심화
  • 공장과 산업 시설의 노후화로 인한 주민들의 불편 심화
  • 이상 기후 현상으로 인한 폭염, 홍수 등 자연재해 증가
② 지속가능한 도시를 만들기 위한 노력
  • 도시 재생 사업을 통해 낡은 시설 재정비
  • 기후위기에 대응할 수 있는 도시를 만들기 위한 노력

4. 유럽의 지속가능한 도시

① 탄소 중립을 실천하여 기후위기에 대응하고 지속가능한 도시를 만들고자 함.
  📋 독일의 프라이부르크, 덴마크의 코펜하겐, 스웨덴의 말뫼, 네덜란드의 암스테르담 등
② 도시 내 녹지 공간이 차지하는 비율을 높임.
③ 태양광 발전이나 풍력 발전 등 재생 에너지를 활용한 전력 생산 비율을 높임.

④ 이산화 탄소와 온실가스 배출량을 줄일 수 있도록 자동차 대신 자전거 이용을 장려함.

3 유럽의 통합과 분리

1. 유럽 연합(EU)의 결성과 변화

① 1993년 12개국으로 유럽 연합(EU) 출범
② 2023년 기준 총 27개국의 회원국으로 확장
③ 정치·경제적 통합 노력
  • 유럽 의회, 유럽 연합 집행 위원회 등 구성
  • 회원국 간 사람과 물자, 자본의 자유로운 이동 보장
  • 많은 회원국이 유로화를 단일 화폐로 사용
④ 탈퇴: 2020년 영국이 유럽 연합(EU)에서 탈퇴
⑤ 가입 희망 국가: 튀르키예, 우크라이나 등
⑥ 유럽 연합(EU) 가입국의 주민 생활
  • 회원국 간 물건을 관세 없이 수출·수입할 수 있음.
  • 회원국 간 입국 또는 출국 절차 없이 자유롭게 다른 국가로의 이동이 가능함.
  • 회원국 간 자본의 자유로운 이동이 보장됨.
  • 에라스뮈스 프로그램으로 대학생 간 학문 교류가 활발함.

2. 유럽의 분리 독립 움직임

① 원인: 유럽 내 개별 국가에서 문화적 차이, 경제적 상황에 따른 갈등이 남아 있음.
② 대표 지역
  • 에스파냐의 카탈루냐: 중앙 정부가 위치한 카스티야와 문화적 차이로 많은 탄압을 받아 왔으며, 경제적으로 부유한 지역으로 내는 세금에 비해 얻는 혜택이 적다는 이유로 독립을 희망함.
  • 이탈리아의 파다니아: 경제 수준이 상대적으로 높은 북부 지역으로 경제 수준이 낮은 남부 지역으로부터 분리를 희망함.
  • 벨기에의 플랑드르: 네덜란드어를 사용하는 지역으로 프랑스어를 사용하는 왈롱 지역과 언어 갈등이 나타나며, 경제 수준이 상대적으로 높아 분리 독립을 희망함.
  • 영국의 스코틀랜드: 잉글랜드와 민족, 문화가 다르기 때문에 잉글랜드로부터 독립을 희망함.

유럽은 어떻게 지속가능한 도시를 만들어 가는가?

아이슬란드 레이캬비크

친환경 에너지인 지열 발전이 전력 생산에서 가장 높은 비율을 차지한다. 도시 건물의 약 95%가 지열을 에너지원으로 하는 난방 시스템으로 연결되어 있다. 난방용 석유를 잘 쓰지 않아 굴뚝이 없는 집이 많다.

덴마크 코펜하겐

북유럽의 풍부한 바람을 활용하여 생산한 전기 비율이 전체 에너지의 약 40% 정도를 차지한다. 특히 수도인 코펜하겐은 '바람의 도시'라고 불릴 정도로 대부분의 에너지를 풍력 발전으로 충당하고 있다.

독일 프라이부르크

다양한 환경 정책으로 독일의 '환경 수도'로 불리고 있다. 여러 분야에서 신·재생 에너지를 활용하고 있다. 또한 일상용품의 재활용률을 높여 쓰레기 발생을 최소화하고 있다.

네덜란드 암스테르담

교통수단을 공유하고, 플라스틱 제품을 최소화하며, 도시 내에 넓은 녹지 공간을 조성하는 등 자연을 보호하고 있다. 또한 자전거에 최적화된 도시 구조로, 출퇴근 시 자전거를 이용하는 사람이 많다.

▲ 아이슬란드의 지열 발전

▲ 덴마크의 풍력 발전

▲ 독일 프라이부르크의 태양광 발전

▲ 자전거를 많이 이용하는 네덜란드의 암스테르담 주민들

유럽은 산업 혁명을 거치며 경제가 성장하였지만 이로 인해 스모그나 산성비 등의 환경 오염 문제가 발생하였습니다. 또한 최근에는 기후 변화로 인해 폭염, 홍수 등의 문제도 잦아지고 있습니다. 이러한 문제를 해결하기 위해 유럽의 여러 도시들은 지속가능한 도시를 만들기 위해 노력하고 있습니다.

탄소 중립을 실천하는 지속가능한 친환경 도시로는 아이슬란드의 레이캬비크, 덴마크의 코펜하겐, 독일의 프라이부르크, 네덜란드의 암스테르담 등이 있습니다. 레이캬비크는 지열 발전, 코펜하겐은 풍력 발전, 프라이부르크는 태양광 발전 등 재생 에너지를 활용하는 비율이 높습니다. 또한 코펜하겐, 프라이부르크, 암스테르담 등은 자동차 사용을 줄이고 자전거와 같은 친환경 교통수단 사용 비율을 높이기 위해 노력하고 있습니다.

Q&A

1 유럽에서 지속가능한 도시를 만들려고 하는 이유는 무엇일까?

유럽은 산업 혁명을 거치면서 스모그나 산성비 등의 환경 문제를 겪었으며, 최근 기후 변화로 인한 자연재해가 증가하는 등의 문제가 발생하기 때문이다.

2 유럽의 지속가능한 도시를 만들기 위한 방안은 무엇일까?

지열, 풍력, 태양광 등의 친환경 에너지 사용 비율을 높이고, 대중교통과 자전거 등 지속가능한 교통수단을 확대한다.

영국의 스코틀랜드

영국은 잉글랜드, 스코틀랜드, 북아일랜드, 웨일스가 잉글랜드를 중심으로 합쳐져 만들어진 국가이다. 스코틀랜드는 잉글랜드와 민족, 문화가 다르기 때문에 잉글랜드로부터의 분리 독립을 희망하고 있다.

벨기에의 플랑드르

벨기에의 플랑드르 지역은 네덜란드어를 사용하며, 경제 발달 수준이 높다. 반면 왈롱 지역은 프랑스어를 사용하며 상대적으로 경제 발달 수준이 낮다. 다른 언어와 경제적 격차로 인해 두 지역 간 갈등이 나타나고 있다.

에스파냐의 카탈루냐

에스파냐의 카탈루냐 지역은 중앙 정부가 위치한 카스티야 지역과 다른 문화적 정체성을 유지해 온 지역이다. 경제 수준도 높은 편이나 이에 맞는 권리를 누리지 못한다는 불만이 이어지며 분리 독립 움직임이 계속되고 있다.

이탈리아의 파다니아

통일 국가 형성의 역사가 길지 않은 이탈리아는 북부 지역이 남부 지역보다 소득 수준이 높다. 이에 이탈리아 북부의 파다니아 지역의 분리 독립 움직임이 이어지고 있으며 최근에는 자치권 확대, 세금 재분배 등을 주장하고 있다.

유럽은 유럽 연합(EU)의 결성 등을 통해 유럽 여러 국가의 경제 및 정치적 통합을 추구하고 있습니다. 이는 회원국 간 노동력과 자본의 자유로운 이동, 공동 화폐인 유로(EURO)화 사용, 정치 및 사회 분야의 공동 정책 확대 등을 통해 나타납니다. 이러한 유럽의 통합 움직임과 달리 한 국가 내에서 분리 움직임이 나타나는 지역도 있습니다. 국가 내 민족, 언어 등 문화적 차이와 지역 간 경제 격차가 분리 독립 움직임의 주된 원인입니다. 국가 내 분리 독립 움직임은 영국의 스코틀랜드, 벨기에의 플랑드르, 에스파냐의 카탈루냐와 바스크, 이탈리아의 파다니아 등에서 나타나고 있습니다. 또한 영국은 유럽 연합(EU)에서 얻는 이익보다 유럽 연합(EU)에 지불하는 분담금이 지나치게 많으며 이민자 수의 급증에 따른 문제가 발생하고 있다는 여론에 따라 유럽 연합(EU)에서 탈퇴하는 브렉시트(Brexit)를 결정하기도 하였습니다. 이러한 유럽 국가 내 분리 독립 움직임과 영국의 유럽 연합(EU) 탈퇴는 유럽 통합에 걸림돌로 작용하고 있습니다.

Q&A

1 벨기에의 플랑드르 지역이 왈롱 지역과 갈등하는 이유는 무엇일까?

벨기에 플랑드르 지역은 프랑스어를 사용하는 왈롱 지역과 달리 네덜란드어를 사용하여 언어 차이가 나타나며, 경제 발달 수준이 높아 두 지역 간 경제 격차가 크기 때문이다.

2 영국이 유럽 연합(EU)에서 탈퇴한 이유는 무엇일까?

유럽 연합(EU)에 지불하는 분담금이 많다고 생각하였으며, 영국으로 유입되는 이민자 수가 급증하여 자국민의 일자리가 줄어들었기 때문이다.

1 유럽의 여러 국가와 자연환경

01 다음 지역에 해당하는 국가를 연결하시오.

(1) 북부 유럽 •
(2) 서부 유럽 •
(3) 동부 유럽 •
(4) 남부 유럽 •

• ㉠ 영국, 독일
• ㉡ 노르웨이, 스웨덴
• ㉢ 폴란드, 루마니아
• ㉣ 에스파냐, 이탈리아

02 빈칸 ㉠, ㉡에 들어갈 알맞은 말을 쓰시오.

- (㉠)의 수도는 로마이며, 국토가 장화 모양을 닮았다. 고대 유적이 많으며 패션 산업이 발달하였다.
- (㉡)의 수도는 파리이며, 국토 모양은 오각형에 가깝다. 2024년 하계 올림픽이 개최되기도 하였다.

03 빈칸 ㉠~㉣에 들어갈 도시의 명칭을 쓰시오.

(㉠)	그리스의 수도이며, 파르테논 신전과 같은 역사 유적이 유명하다.
(㉡)	영국의 수도이며, 타워 브리지와 빅 벤 등의 랜드마크가 유명하다.
(㉢)	벨기에의 수도이며, 유럽 연합(EU)의 본부가 있는 유럽 정치의 중심 도시이다.
(㉣)	러시아의 수도이며, 붉은 광장과 성 바실리 대성당 등의 랜드마크가 유명하다.

04 괄호 안의 내용 중 알맞은 말에 ○표 하시오.

(1) 유럽 남부에는 해발 고도가 높고 험준한 (알프스, 스칸디나비아)산맥이 위치한다.
(2) (노르웨이, 포르투갈)은/는 빙하에 의해 형성된 피오르 해안이 발달하여 해안선이 복잡하다.
(3) 서안 해양성 기후 지역에서는 여름에 (고온 건조, 온난 습윤)한 기후 특성이 나타난다.
(4) 지중해성 기후 지역은 포도, 올리브 등을 재배하는 (수목 농업, 혼합 농업)이 발달하였다.

2 유럽 도시의 다양성과 지속가능한 도시

05 다음 설명에 해당하는 도시를 〈보기〉에서 고르시오.

보기
ㄱ. 프랑스의 칸   ㄴ. 영국의 맨체스터
ㄷ. 이탈리아의 밀라노

(1) 여름 휴가철 관광객이 많이 찾는 지중해 연안의 작은 휴양 도시 ( )
(2) 유명 패션 브랜드 본사, 의류 업체 등이 위치한 세계 패션 및 디자인 중심 도시 ( )
(3) 제조업 도시로 성장한 이후 쇠퇴하였으나 금융, 연구 시설 등의 유치로 부흥에 성공한 도시 ( )

06 다음 내용이 옳으면 ○표, 틀리면 ×표 하시오.

(1) 환경 보존보다 경제적 이익만을 우선시하는 형태의 도시를 지속가능한 도시라 한다. ( )
(2) 유럽의 지속가능한 도시들은 대중교통 및 자전거 이용 확대를 위해 노력하고 있다. ( )

3 유럽의 통합과 분리

07 빈칸 ㉠, ㉡에 들어갈 알맞은 말을 쓰시오.

(㉠)은/는 유럽의 정치·경제적 통합을 위해 결성되었으며 회원국 간 노동력, 자본, 서비스의 자유로운 이동이 가능하고, 공동 화폐인 (㉡)을/를 사용한다.

08 다음 설명에 해당하는 지역을 〈보기〉에서 고르시오.

보기
ㄱ. 벨기에 플랑드르   ㄴ. 이탈리아 파다니아
ㄷ. 에스파냐 카탈루냐

(1) 프랑스어를 사용하는 왈롱 지역과의 언어 갈등과 경제 격차로 분리 움직임이 나타남. ( )
(2) 중앙 정부가 위치한 카스티야 지역과의 문화 차이 등에 의한 갈등으로 분리 움직임이 나타남. ( )

01 유럽에 해당하는 지역을 지도의 A~E에서 고른 것은?

○ 242011-0048

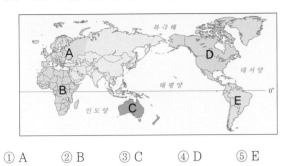

① A   ② B   ③ C   ④ D   ⑤ E

☆ 중요

○ 242011-0049

02 (가), (나)에 해당하는 국가를 지도의 A~C에서 고른 것은?

> (가) 수도는 런던이며, 금융 산업이 발달한 국가이다. 인구는 약 6,800만 명이며, 화폐는 파운드화를 사용한다.
> (나) 수도는 베를린이며, 제조업이 발달한 국가이다. 인구는 약 8,300만 명이며, 화폐는 유로화를 사용한다.

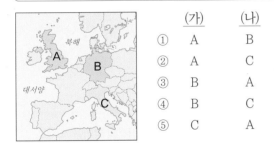

	(가)	(나)
①	A	B
②	A	C
③	B	A
④	B	C
⑤	C	A

○ 242011-0050

03 다음 글에서 설명하는 국가로 옳은 것은?

> 판의 경계에 위치한 섬나라이며, 수도는 레이캬비크이다. 화산 활동이 활발하여 지열 발전을 통해 전기를 만들고 온수를 공급하며, 온천과 다양한 화산 지형이 발달한 국가이다.

① 영국   ② 핀란드   ③ 루마니아
④ 아일랜드   ⑤ 아이슬란드

☆ 중요

○ 242011-0051

04 다음 자료의 여행 국가와 도시 이름을 모두 쓰시오.

> 루브르 박물관을 방문하여 미술 작품 모나리자를 본 후, 개선문으로 갔다. 개선문에서 샹젤리제 거리를 따라 걸었고, 센강까지 걸어갔다. 센강에서는 유람선을 타고 에펠 탑과 어우러진 경치를 즐길 수 있었다.

○ 242011-0052

05 다음 자료에 나타난 (가) 지형의 명칭을 쓰시오.

> [(가)]은/는 빙하에 침식된 계곡이 바닷물에 잠기면서 나타나는 좁고 긴 만을 말한다. 노르웨이의 서쪽 해안에는 해안을 따라 [(가)]이/가 나타나 해안선이 복잡하다. 사진 속의 바위는 '트롤퉁가'이며 '괴물의 혀'라는 뜻을 갖고 있다. [(가)]와/과 어우러진 모습이 아름다워 사진 명소로 유명하다.

○ 242011-0053

06 지도의 A~C 산맥의 명칭으로 옳은 것은?

	A	B	C
①	우랄산맥	알프스산맥	스칸디나비아산맥
②	우랄산맥	스칸디나비아산맥	알프스산맥
③	알프스산맥	우랄산맥	스칸디나비아산맥
④	알프스산맥	스칸디나비아산맥	우랄산맥
⑤	스칸디나비아산맥	알프스산맥	우랄산맥

07 그래프는 세 지역의 기온과 강수량을 나타낸 것이다. (가)~(다)에 해당하는 지역을 지도의 A~C에서 고른 것은?

● 242011-0054

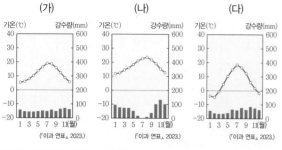

(가)　　　　(나)　　　　(다)

	(가)	(나)	(다)
①	A	B	C
②	A	C	B
③	B	A	C
④	B	C	A
⑤	C	A	B

08 다음 글의 (가)에 들어갈 단어로 옳은 것만을 〈보기〉에서 고른 것은?

● 242011-0055

대서양 연안의 서부 유럽은 　(가)　의 영향으로 서안 해양성 기후가 나타나 흐리고 비가 내리는 날이 많다. 이러한 기후 특징을 활용하여 서부 유럽은 전통적으로 밀, 호밀, 감자 등의 식량 작물과 귀리, 옥수수 등의 사료 작물을 재배하면서 소나 돼지 등의 가축을 함께 기르는 형태의 농업이 발달하였다. 또한 목초지 조성에 유리하여 최근에는 낙농업과 원예 농업이 발달하였다.

── 보기 ──
ㄱ. 대륙　　　　　ㄴ. 해류
ㄷ. 계절풍　　　　ㄹ. 편서풍

① ㄱ, ㄴ　　　② ㄱ, ㄷ　　　③ ㄴ, ㄷ
④ ㄴ, ㄹ　　　⑤ ㄷ, ㄹ

☆ 중요

09 지도의 A 지역에서 나타나는 기후에 대한 설명으로 옳은 것만을 〈보기〉에서 고른 것은?

● 242011-0056

── 보기 ──
ㄱ. 여름은 고온 건조하다.
ㄴ. 겨울은 온난 습윤하다.
ㄷ. 1월은 여름, 7월은 겨울에 해당한다.
ㄹ. 우리나라에 비해 기온의 연교차가 작다.

① ㄱ, ㄴ　　　② ㄱ, ㄷ　　　③ ㄴ, ㄷ
④ ㄴ, ㄹ　　　⑤ ㄷ, ㄹ

☆ 중요

10 다음 자료에서 설명하는 농업 형태의 명칭을 쓰시오.

● 242011-0057

지중해성 기후가 나타나는 이탈리아와 에스파냐, 프랑스 남부에서 주로 행해지는 농업 형태이다. 껍질이 두꺼운 레몬이나 오렌지, 코르크나무, 뿌리가 깊은 포도, 유분을 포함하고 있는 올리브 등 고온 건조한 여름철을 견딜 수 있는 작물을 재배한다.

▲ 올리브 농장

▲ 오렌지 농장

11 다음 자료의 (가)~(다)에 해당하는 도시를 지도의 A~C에서 고른 것은?
242011-0058

(가)

(나)

(다)

세계적인 경제와 금융의 중심지이며 빅벤, 타워 브리지가 유명한 도시

유럽 연합(EU)의 본부가 있는 유럽 정치의 중심 도시

슈베르트, 베토벤 등이 머물렀던 음악의 도시이자 세계적으로 살기 좋은 도시로 꼽히는 곳

	(가)	(나)	(다)
①	A	B	C
②	A	C	B
③	B	A	C
④	B	C	A
⑤	C	A	B

12 (가)에 들어갈 여행 주제로 가장 적절한 것은?
242011-0059

여행 주제: _____(가)_____

- **첫 번째 여행지** – 그리스 아테네: 아크로폴리스에 입장하여 파르테논 신전과 디오니소스 극장 등을 살펴본다.
- **두 번째 여행지** – 이탈리아 로마: 원형 경기장인 콜로세움과 신들에게 제사를 지내던 판테온 등을 살펴본다.
- **세 번째 여행지** – 체코 프라하: 유럽의 시기별 건축 양식을 모두 볼 수 있는 프라하의 옛 시가지와 프라하성을 둘러본다.

① 첨단 산업 클러스터를 견학하는 여행
② 아름다운 자연환경을 찾아가는 휴양 여행
③ 오랜 역사를 간직한 문화유산을 찾아가는 여행
④ 세계의 경제 중심지를 찾아가는 세계 도시 여행
⑤ 산업 변화를 겪은 도시를 찾아가는 도시 재생 여행

13 다음 글에서 설명하는 '이 도시'로 옳은 것은?
242011-0060

축구로도 유명한 이 도시는 과거 산업 혁명의 중심지였으며 특히 면직 공업이 발달했던 지역이다. 1970년대 이후 제조업이 쇠퇴하고 지역 경제가 침체되었으나, 금융 및 언론 기관, 연구소 및 각종 기업의 유치를 통해 공업 도시에서 서비스업 중심 도시로 변모하고 있다.

① 체코의 프라하
② 프랑스의 니스
③ 영국의 맨체스터
④ 그리스의 아테네
⑤ 이탈리아의 로마

☆ 중요
14 다음 글에 나타난 두 도시의 공통적인 특성으로 가장 적절한 것은?
242011-0061

- 독일의 프라이부르크는 태양광 에너지 활용을 극대화하고, 일상용품의 재활용률을 높여 쓰레기 발생을 최소화하는 등의 정책을 펼쳤다. 이러한 다양한 환경 정책으로 독일의 '환경 수도'로 불리고 있다.
- 덴마크의 코펜하겐은 온실가스 배출량을 줄이기 위해 자전거 이용을 장려하는 정책을 펼치고 있다. 또한 전체 에너지의 많은 부분을 풍력 발전을 통해 충당하고 있어 '바람의 도시'라는 별명을 갖고 있다.

① 금융 도시
② 세계 도시
③ 역사 도시
④ 친환경 도시
⑤ 첨단 산업 도시

☆ 중요
15 유럽의 지속가능한 도시를 만들기 위한 노력으로 옳은 것만을 〈보기〉에서 고른 것은?
242011-0062

보기
ㄱ. 중화학 공업 중심으로 산업 구조를 개편한다.
ㄴ. 재생 에너지를 활용한 전력 생산량을 늘린다.
ㄷ. 공원 조성 등을 통해 도시의 녹지 공간을 확대한다.
ㄹ. 교통 혼잡을 막기 위해 개인 승용차 보급 대수를 늘리는 정책을 펼친다.

① ㄱ, ㄴ
② ㄱ, ㄷ
③ ㄴ, ㄷ
④ ㄴ, ㄹ
⑤ ㄷ, ㄹ

16 지도는 유럽 연합(EU) 가입국을 나타낸 것이다. 이에 대한 설명으로 옳은 것만을 〈보기〉에서 고른 것은?

> 242011-0063

(유럽연합, 2023.)
북극해
북해
대서양
지중해
흑해

▲ 유럽 연합(EU) 가입국(2023년 기준)

출범 당시 회원국 | 탈퇴한 국가
추가 가입한 회원국 | 비회원국

● 보기 ●
ㄱ. 스위스는 유럽 연합 비회원국이다.
ㄴ. 러시아와 우크라이나는 유럽 연합 회원국이다.
ㄷ. 프랑스는 폴란드보다 유럽 연합 가입 시기가 이르다.
ㄹ. 스칸디나비아반도에 위치한 국가는 모두 유럽 연합에 가입하였다.

① ㄱ, ㄴ ② ㄱ, ㄷ ③ ㄴ, ㄷ
④ ㄴ, ㄹ ⑤ ㄷ, ㄹ

☆ 중요

17 다음 글의 ㉠, ㉡에 해당하는 국가로 옳은 것은?

> 242011-0064

(㉠)은/는 2020년 유럽 연합(EU)에서 탈퇴하였다. 그 이유는 유럽 연합(EU)에 많은 분담금을 지불하며, 이주민의 대거 유입으로 인한 갈등이 심화되었기 때문이다. 반면, (㉡)은/는 유럽 연합(EU) 가입을 희망하고 있다. 하지만 주민 대부분이 이슬람교 신자이고, 이에 따른 문화적 이질성과 난민 유입에 대한 우려 등은 유럽 연합(EU) 가입에 걸림돌로 작용하고 있다.

	㉠	㉡
①	영국	이탈리아
②	영국	튀르키예
③	이탈리아	영국
④	이탈리아	튀르키예
⑤	튀르키예	영국

☆ 중요

18 유럽 연합(EU)에 대한 설명으로 옳지 않은 것은?

> 242011-0065

① 회원국 간 경제적 통합만을 추구하고 있다.
② 회원국 간 자본의 자유로운 이동이 보장된다.
③ 많은 회원국이 유로화를 단일 화폐로 사용한다.
④ 회원국 간 관세 없이 물건을 수입·수출할 수 있다.
⑤ 주민들은 출국과 입국 절차 없이 회원국 간 국경을 넘을 수 있다.

19 다음 글의 ㉠에 해당하는 지역을 지도의 A~E에서 고른 것은?

> 242011-0066

남부의 왈롱 지역이 프랑스어를 주로 사용하는 반면 (㉠) 지역은 네덜란드어를 주로 사용한다. 또한 (㉠) 지역은 왈롱 지역보다 고부가 가치 지식 산업이 발달하였다. (㉠) 지역과 왈롱 지역은 문화적 차이와 경제적 격차로 인한 갈등이 더욱 심화되고 있다.

대서양
A
B
C
E
D
지중해

① A
② B
③ C
④ D
⑤ E

20 다음과 같은 분쟁이 발생하는 지역으로 옳은 것은?

> 242011-0067

중앙 정부가 위치한 카스티야와 문화가 다르며 역사적으로 많은 탄압을 받아 왔다. 또한 다른 지역에 비해 경제적으로 부유한 지역으로 중앙 정부로부터 분리 독립을 추진하고 있다. 대표적인 도시는 바르셀로나이며, 바르셀로나와 카스티야의 마드리드와의 축구 경기는 세계적인 라이벌 경기로 유명하다.

① 영국의 스코틀랜드 ② 벨기에의 플랑드르
③ 에스파냐의 바스크 ④ 이탈리아의 파다니아
⑤ 에스파냐의 카탈루냐

미리보는 서술형·논술형

1 서술형 연습하기
◐ 242011-0068

오른쪽 그림은 지도의 ㉠–㉡ 지점의 단면도를 그린 것이다. 그림에 표시된 A 산맥의 명칭을 쓰고, A 산맥의 특징을 북부 유럽의 스칸디나비아산맥과 비교하여 서술하시오.

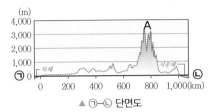

▲ ㉠–㉡ 단면도

> **Tip** 유럽에 위치한 산맥의 특징에 대한 문제로, 발문에서 요구한 요소를 파악하여 답안을 작성해야 합니다. 발문을 뜯어보면 "①A 산맥의 명칭을 쓰고, ②A 산맥의 특징을 북부 유럽의 스칸디나비아산맥과 비교하여 서술하시오." 이니, 답안에 ①과 ②가 모두 들어가야 만점!

답 완성하기

A는 (   )이다. (   )은/는 북부 유럽의 스칸디

나비아산맥보다 해발 고도가 (   )다.

2 서술형 훈련하기
◐ 242011-0069

다음 지도에 표시된 A 지역의 명칭을 쓰고, 이 지역이 분리 독립하고자 하는 이유가 무엇인지 서술하시오.

(『개념과 지역 중심으로 풀어 쓴 세계지리』, 2016.)

3 논술형 도전하기
◐ 242011-0070

다음 글을 읽고 유럽에서 지속가능한 도시를 만들기 위해 어떤 노력을 하고 있는지 300자 이내로 논술하시오.

> 기후 변화로 세계 곳곳에서는 가뭄, 홍수, 한파와 같은 자연재해가 자주 발생하고, 피해 규모도 커지고 있다. 이러한 기후위기에 대응하기 위해 세계 각 지역은 다양한 노력을 기울이고 있다. 특히 유럽은 다른 대륙에 비해 기후위기에 적극적으로 대응하고 있으며, 지속가능한 도시를 만들기 위해 노력하고 있다.

핵심 개념 지속가능한 도시를 만들기 위한 노력

(1) 온실가스 (2) 재생 에너지 (3) 대중교통

IV 아프리카

1 아프리카의 여러 국가와 자연환경

1. 아프리카의 위치와 지역 구분

① 아프리카의 위치: 서쪽으로 대서양, 동쪽으로 인도양과 홍해, 북쪽으로 지중해와 접함.

② 아프리카의 주요 국가

- 이집트: 아프리카 북동쪽의 나일강 중·하류 연안에 위치, 피라미드와 스핑크스 등 고대 유적으로 잘 알려짐.
- 세네갈: 아프리카 서부에 위치하며 대서양을 통해 활발한 무역을 하며 성장함.
- 나이지리아: 아프리카 서부의 기니만 연안에 위치하며 아프리카 내에서 인구가 가장 많음.
- 소말리아: 아프리카 동부에 위치하며 '아프리카의 뿔'이라는 별명을 갖고 있음.
- 케냐, 탄자니아: 아프리카 동부에 위치하며, 야생 동물을 볼 수 있는 사파리 관광으로 유명함.
- 마다가스카르: 아프리카 동남부에 위치한 섬나라로 독특한 동식물의 서식지로 유명함.
- 남아프리카 공화국: 아프리카 남부에 위치하며 아프리카 최초로 축구 월드컵을 개최하였음.

▲ 아프리카의 주요 국가

2. 아프리카의 주요 도시

① 각 국가의 수도: 이집트의 카이로, 나이지리아의 아부자, 케냐의 나이로비, 소말리아의 모가디슈, 에티오피아의 아디스아바바 등

② 온화한 기후로 인구가 밀집한 도시: 모로코의 카사블랑카, 튀니지의 튀니스, 남아프리카 공화국의 케이프타운 등

③ 수출입에 유리한 항구 도시: 나이지리아의 라고스, 세네갈의 다카르 등

④ 역사 유적 도시: 이집트의 카이로, 말리의 통북투 등

3. 아프리카의 지형

① 산지

- 산맥: 북서부의 아틀라스산맥, 남부의 드라켄즈버그산맥
- 고원: 동부의 아비시니아고원 → 저지대보다 온화한 기후
- 킬리만자로산: 아프리카에서 가장 해발 고도가 높은 산

② 동아프리카 지구대: 판이 갈라지면서 거대한 골짜기 형성

③ 하천: 나일강(사하라 사막을 지나감.), 콩고강·나이저강(열대림 지역을 지나감.) 등

4. 아프리카의 기후

① 적도를 중심으로 열대 기후, 건조 기후, 온대 기후 등이 비교적 대칭적으로 분포함.

② 주요 기후

기후	특징
열대 기후	• 열대 우림 기후: 적도 주변에 주로 분포하며 일 년 내내 무덥고 습함. 나무들이 빽빽하게 들어선 숲을 이룸. • 사바나 기후: 열대 우림 기후 주변에 주로 분포하며 건기와 우기가 뚜렷하게 구분됨. 넓은 초원이 발달하였으며 야생 동물의 천국으로 불림. • 플랜테이션과 이동식 화전 농업, 야생 동물을 활용한 관광 산업 발달
건조 기후	• 연 강수량보다 연 증발량이 많음. • 북부 아프리카에는 세계에서 가장 넓은 사막인 사하라 사막이 있음. • 오아시스나 하천 주변에 농업 발달
온대 기후	• 아프리카 북부의 지중해 연안: 일찍부터 유럽과 활발하게 교류함. • 아프리카 남부 해안: 유럽인들의 이주가 활발히 진행됨.

② 아프리카의 다양한 문화와 지역 잠재력

1. 아프리카의 다양한 문화
① 아프리카 문화의 특징: 수많은 민족(부족)이 고유한 생활 양식을 형성
② 기후에 따른 전통 생활 양식

기후	특징
열대 기후	• 카사바, 얌 등의 작물 재배 • 개방적인 구조의 가옥
건조 기후	• 대추야자나 밀을 이용한 음식 발달 • 진흙을 주재료로 이용하며 벽이 두껍고 창문이 작은 가옥 • 얇은 천으로 온몸을 감싸는 형태의 의복

③ 종교에 따른 다양한 문화 경관

종교	분포 지역
이슬람교	서남아시아로부터 전파되어 북부 아프리카 지역을 중심으로 널리 확산
크리스트교	유럽인의 진출과 함께 사하라 사막 이남 지역에 주로 전파

2. 아프리카 문화의 영향
① 다양한 아프리카 문화가 오늘날 세계 여러 지역에 영향을 줌.
② 사례
• 아프리카의 전통 음악: 브라질의 삼바, 미국 남부의 재즈와 블루스 음악에 영향을 줌.
• 아프리카 고유 전통 문양: 패션, 공예품 등의 디자인 요소로 활용, 입체주의 및 팝 아트 등 현대 미술에 영향을 줌.

3. 아프리카의 지역 잠재력
① 아프리카의 인적 자원
• 인구: 아시아 다음으로 인구가 많으며, 합계 출산율이 가장 높고, 경제 활동을 하는 청년층(15~24세) 인구 비율이 높음.
• 인구 증가와 공업화로 소비 시장의 규모가 점차 커지고 있음.
② 아프리카의 천연자원
• 아시아 다음으로 대륙 면적이 넓음.
• 천연자원: 석유(나이지리아, 리비아), 석탄(남아프리카 공화국), 다이아몬드, 구리 등 각종 지하자원 풍부
• 태양광, 수력 등의 재생 에너지 자원 생산에 유리

4. 아프리카에 대한 인식 개선
① 빈곤, 가난, 질병, 내전 등의 어려움을 겪음.
② 다양한 문화, 풍부한 인적 자원과 천연자원을 바탕으로 발전 가능성이 큰 대륙으로 변화

③ 지속가능한 발전을 위한 노력과 협력

1. 지속가능한 발전과 아프리카
① 지속가능한 발전: 미래 세대의 욕구를 충족할 수 있는 능력을 저해하지 않으면서 현세대의 욕구를 충족하는 발전
② 아프리카의 해결 과제와 극복 노력
• 빈곤과 기아, 경제 양극화, 불안한 정세 등
• 식량 생산 증대 및 자원 개발, 제조업 및 첨단 산업 육성 등을 위해 노력
③ 지속가능한 발전을 위한 아프리카의 노력
• 국립 공원 지정 및 관리를 통한 생태계 보존 노력
• 신·재생 에너지 보급을 늘리고 화석 연료 사용을 줄이기 위한 노력
④ 여러 국가의 노력

보츠와나	다이아몬드 개발을 통해 얻은 이익으로 생활 기반 시설, 건강 및 교육 부문에 투자
나이지리아	석유 중심의 산업 구조에서 탈피하고자 노력하며, 영화 산업을 통해 일자리 창출
르완다	오랜 내전을 겪었으나 국민 통합을 위해 노력하여 빠른 속도로 안정을 찾고 경제가 빠르게 성장

2. 협력을 통한 지속가능한 발전
① 아프리카 국가 간 협력
• 아프리카 연합(AU): 아프리카 국가들의 정부 간 연합체, 아프리카의 지속가능한 발전과 경제 통합을 추구
• 아프리카 대륙 자유 무역 지대(AfCFTA): 아프리카 내에서 관세나 무역 규제를 없애는 경제 정책 도입
② 세계와의 협력: 국제 연합(UN) 및 비정부 기구(NGO)와의 협력 강화

아프리카는 어떤 지역 잠재력을 가지고 있을까?

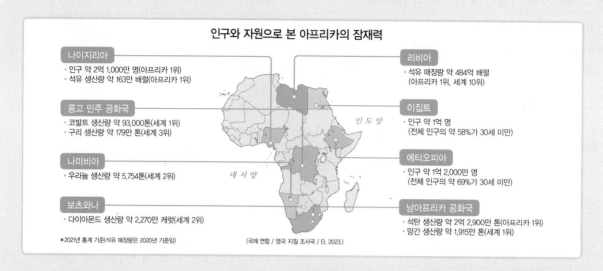

인구와 자원으로 본 아프리카의 잠재력

나이지리아
· 인구 약 2억 1,000만 명(아프리카 1위)
· 석유 생산량 약 163만 배럴(아프리카 1위)

콩고 민주 공화국
· 코발트 생산량 약 93,000톤(세계 1위)
· 구리 생산량 약 179만 톤(세계 3위)

나미비아
· 우라늄 생산량 약 5,754톤(세계 2위)

보츠와나
· 다이아몬드 생산량 약 2,270만 캐럿(세계 2위)

리비아
· 석유 매장량 약 484억 배럴
(아프리카 1위, 세계 10위)

이집트
· 인구 약 1억 명
(전체 인구의 약 58%가 30세 미만)

에티오피아
· 인구 약 1억 2,000만 명
(전체 인구의 약 69%가 30세 미만)

남아프리카 공화국
· 석탄 생산량 약 2억 2,900만 톤(아프리카 1위)
· 망간 생산량 약 1,915만 톤(세계 1위)

인도양

대서양

*2021년 통계 기준(석유 매장량은 2020년 기준임)

(국제 연합 / 영국 지질 조사국 / 티, 2023.)

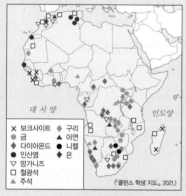

X 보크사이트   ◆ 구리
● 금   ▲ 아연
◆ 다이아몬드   ● 니켈
● 인산염   ◆ 은
▽ 망가니즈   □ 철광석
▲ 주석

(『콜린스 학생 지도』, 2021.)

대서양   인도양

▲ 아프리카의 광물 자원

아프리카는 지하자원이 풍부합니다. 기니만 연안의 나이지리아와 앙골라, 북부 아프리카의 리비아 등은 석유가 풍부하며, 남아프리카 공화국은 세계적인 석탄 생산국이자 수출국입니다. 잠비아, 콩고 민주 공화국 일대에는 세계적인 구리 광산이 있으며, 그 밖에도 아프리카는 다이아몬드, 코발트, 금 등이 풍부하여 '자원의 보고'라고 불립니다.

또한 아프리카는 다른 대륙보다 합계 출산율이 높아 지속적으로 인구가 증가하고 있으며, 주요 국가의 1인당 총소득이 빠르게 증가하고 있습니다. 인구와 국민 소득이 증가하면서 아프리카는 거대한 소비 시장으로 떠오르고 있습니다. 아프리카는 산업화와 도시화로 세계 어느 대륙보다 빠른 경제 성장을 보이는 등 지역 잠재력이 풍부한 대륙입니다.

Q&A

1 아프리카에서는 어떤 지하자원이 생산될까?

나이지리아에서는 석유, 남아프리카 공화국에서는 석탄, 잠비아와 콩고 민주 공화국에서는 구리, 보츠와나에서는 다이아몬드 등이 주로 생산된다.

2 아프리카의 지역 잠재력이 크다는 근거는 무엇일까?

석유, 석탄, 다이아몬드, 구리 등의 지하자원이 풍부하고, 합계 출산율이 높아 지속적으로 인구가 증가하고 있다는 점에서 지역 잠재력이 크다고 볼 수 있다.

지속가능한 발전을 위해 아프리카는 어떤 노력을 하고 있을까?

▲ 르완다의 수도 키갈리

오랜 내전을 겪은 르완다 정부는 외국 자본의 적극적인 유치와 고부가 가치 산업 육성을 통해 국민의 삶의 질을 높이고 경제를 성장시키기 위해 힘쓰고 있다. 이러한 노력으로 2000~2021년 경제 성장률이 7.25%에 달하는 등 빠르게 성장하고 있다.

▲ 누르 · 와르자자트 발전소(모로코)

모로코는 축구장 약 3,500개 크기의 누르 · 와르자자트 태양열 발전소를 건설하였다. 이 덕분에 재생 에너지를 활용한 전력 생산의 비율을 높여, 연간 약 76만 톤의 이산화 탄소 배출 감축 효과를 보고 있다.

▲ 헝겊 가방을 사용하는 주민
(남아프리카 공화국)

2022년 기준 남아프리카 공화국, 나이지리아, 르완다를 비롯하여 아프리카 16개 국가에서는 비닐봉지 사용을 금지하는 제도를 도입하였다.

지속가능한 발전이란 미래 세대의 욕구를 충족할 수 있는 능력을 저해하지 않으면서 현세대의 욕구를 충족하는 발전을 말합니다. 국제 연합(UN)에서는 국제 사회의 협력과 공존을 위해 사회, 경제, 환경 영역에서 2030년까지 모든 국가가 공동으로 추진해 나가는 17개의 목표를 세웠고 이를 지속가능발전 목표(SDGs)라 합니다. 지속가능한 발전을 위해 아프리카는 주체적인 노력을 펼치고 있습니다.

모로코는 건조 기후의 이점을 활용하여 태양 에너지 생산 비율을 높였으며, 남아프리카 공화국과 나이지리아 등도 재생 에너지 개발을 통해 기후 변화에 대응하고 있습니다.

모잠비크와 르완다 등은 사회 기반 시설 확충과 고부가 가치 산업 육성을 위해 힘쓰고 있으며, 남아프리카 공화국과 르완다 등 아프리카 16개 국가는 비닐봉지 사용을 금지하는 제도를 도입하였습니다. 또한 그레이트 그린 월 프로젝트를 통해 길이 약 7,800km의 초대형 숲을 만들어 기후 변화와 사막화로 황폐해진 사하라 사막 남쪽 사헬 지대를 복구하는 사업을 추진하고 있습니다.

Q&A

1 모로코와 같이 건조 기후가 넓게 분포하는 지역은 어떤 재생 에너지 생산에 유리할까?

건조 기후가 넓게 나타나는 지역은 다른 기후 지역에 비해 일사량이 풍부하여 태양광이나 태양열을 이용한 전력 생산에 유리하다.

2 지속가능한 발전을 위해 남아프리카 공화국에서는 어떤 노력을 하고 있을까?

남아프리카 공화국에서는 화석 연료 사용을 줄이고 재생 에너지 사용을 늘리고자 하며, 비닐봉지 사용 금지 제도를 도입하여 환경을 보전하고자 노력하고 있다.

정답과 해설 11쪽

1 아프리카의 여러 국가와 자연환경

01 아프리카와 접하고 있는 바다를 연결하시오.

(1) 아프리카 북쪽 •   • ㉠ 대서양

(2) 아프리카 서쪽 •   • ㉡ 지중해

(3) 아프리카 동쪽 •   • ㉢ 인도양과 홍해

02 다음 설명에 해당하는 국가를 〈보기〉에서 고르시오.

> **보기**
> ㄱ. 이집트   ㄴ. 나이지리아
> ㄷ. 마다가스카르   ㄹ. 남아프리카 공화국

(1) 나일강 중 · 하류에 위치하며 피라미드와 스핑크스로
유명한 국가   (   )

(2) 아프리카 남단에 위치하며 아프리카 최초로 월드컵 축
구 대회를 개최한 국가   (   )

(3) 아프리카 동남부의 섬나라이며 독특한 동식물의 서식
지로 유명한 국가   (   )

(4) 아프리카 서부 기니만 연안에 위치하며 아프리카에서
인구가 가장 많은 국가   (   )

03 빈칸 ㉠, ㉡에 들어갈 알맞은 말을 쓰시오.

> 아프리카 북부에 위치한 (㉠)은/는 아프리카에서
> 가장 넓을 뿐만 아니라 세계에서 가장 넓은 사막이다. 아
> 프리카에서 가장 높은 산은 (㉡)으로 해발 고도가 약
> 5,895m에 이르며, 산 정상부에서는 만년설을 볼 수 있다.

04 괄호 안의 내용 중 알맞은 말에 ○표 하시오.

(1) (열대 우림 기후, 사바나 기후)는 건기와 우기가 뚜렷
하게 구분된다.

(2) 북부 아프리카의 건조 기후 지역은 연 강수량보다 연
증발량이 (적다, 많다).

(3) 아프리카 (중서부, 남동부) 해안은 온대 기후가 나타
나 유럽인들의 이주가 활발하게 진행되었다.

2 아프리카의 다양한 문화와 지역 잠재력

05 괄호 안의 내용 중 알맞은 말에 ○표 하시오.

(1) (열대 기후, 건조 기후) 지역의 주민들은 전통적으로
이동식 화전 농업을 통해 카사바, 얌 등의 작물을 재배
하며 살아간다.

(2) 북부 아프리카는 서남아시아로부터 전파된 (이슬람교,
크리스트교) 신자 비율이 높다.

(3) 아프리카의 전통 (음악, 미술)은 브라질의 삼바, 미국
남부의 재즈와 블루스 등에 영향을 주었다.

06 아프리카의 각 국가와 해당 국가에서 풍부하게 생산되는
지하자원을 연결하시오.

(1) 나이지리아, 리비아 •   • ㉠ 구리

(2) 남아프리카 공화국 •   • ㉡ 석유

(3) 잠비아, 콩고 민주 공화국 •   • ㉢ 석탄

3 지속가능한 발전을 위한 노력과 협력

07 빈칸 ㉠에 들어갈 알맞은 말을 쓰시오.

> 아프리카 국가들은 식민 지배의 아픈 역사를 극복하고
> 평화와 경제적 통합 및 발전을 이루기 위해 아프리카 정
> 부 간 연합체인 (㉠)을/를 설립하였다.

08 다음 설명에 해당하는 국가를 〈보기〉에서 고르시오.

> **보기**
> ㄱ. 르완다   ㄴ. 보츠와나
> ㄷ. 나이지리아

(1) 다이아몬드 개발을 통해 얻은 이익을 기반 시설, 건강
및 교육 부문에 투자하며 성장함.   (   )

(2) 석유 중심의 산업 구조에서 탈피하고자 하며 '놀리우
드'라 불릴 정도로 영화 산업이 발달함.   (   )

(3) 오랜 내전 이후 국민 통합을 위해 노력하였으며 수도
키갈리는 정보 통신 기술 산업 중심지로 성장하고 있음.
                                           (   )

● 242011-0071

01 아프리카의 위치에 대한 설명으로 옳은 것만을 〈보기〉에서 고른 것은?

─ • 보기 •─
ㄱ. 아프리카의 동쪽에는 태평양이 위치한다.
ㄴ. 아프리카의 서쪽에는 대서양이 위치한다.
ㄷ. 아프리카의 남쪽에는 북극해가 위치한다.
ㄹ. 아프리카의 북쪽에는 지중해와 유럽이 위치한다.

① ㄱ, ㄴ   ② ㄱ, ㄷ   ③ ㄴ, ㄷ
④ ㄴ, ㄹ   ⑤ ㄷ, ㄹ

☆ 중요

● 242011-0072

02 다음 글에서 설명하는 국가로 옳은 것은?

아프리카 북동쪽의 나일강 중·하류 연안에 위치한 국가이며, 지중해와 홍해를 접하고 있다. 주민들은 주로 이슬람교를 신봉하고, 피라미드와 스핑크스 등의 고대 유적으로 유명하여 많은 관광객이 찾는다.

① 리비아   ② 모로코   ③ 알제리
④ 이집트   ⑤ 튀니지

● 242011-0073

03 다음 글에서 설명하는 (가), (나) 도시로 옳은 것은?

(가) 아프리카에서 인구가 가장 많은 나이지리아의 가장 큰 도시이다. 수도를 아부자로 옮기기 전까지 나이지리아의 수도였으며, 기니만 연안에 위치하여 항구 도시로 크게 성장하였다.
(나) 에티오피아의 수도이며, 아비시니아고원에 위치하여 열대 고산 기후가 나타나 인구가 많은 도시이다. 아프리카 연합(AU)의 본부가 있으며, 아프리카 항공 교통의 중심지 역할을 하고 있다.

	(가)	(나)
①	라고스	나이로비
②	라고스	아디스아바바
③	나이로비	라고스
④	나이로비	아디스아바바
⑤	아디스아바바	라고스

☆ 중요

● 242011-0074

04 다음 자료에서 설명하는 국가를 지도의 A~E에서 고른 것은?

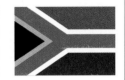

아프리카의 남부에 위치한 국가이며 아프리카 최초로 월드컵 축구 대회를 개최하였다. 행정 수도는 프리토리아이며, 케이프타운과 요하네스버그도 유명한 도시로 정치·경제·문화적으로 중요한 역할을 하고 있다.

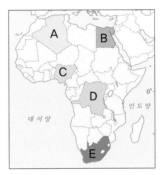

① A
② B
③ C
④ D
⑤ E

● 242011-0075

05 다음 글에서 설명하는 (가), (나) 도시를 지도의 A~C에서 고른 것은?

(가) 사바나 초원이 발달하여 사파리 관광으로 유명한 케냐의 수도이다. 수많은 스마트 기업이 모여 있어 '실리콘 사바나'라는 별명을 갖게 되었다.
(나) 나일강 하구에 위치하며 고대 문명의 유적지로 유명한 이집트의 수도이다. 북아프리카 최대의 도시로 알려져 있으며 아랍 연맹의 본부가 위치한다.

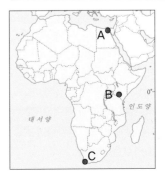

	(가)	(나)
①	A	B
②	A	C
③	B	A
④	B	C
⑤	C	A

☆ 중요　　　　　　　　　　　▶ 242011-0076

06 다음 자료에서 설명하는 (가)~(다) 지역을 지도의 A~C에서 고른 것은?

(가)　　　　　(나)　　　　　(다)

오아시스의 물을 이용하여 밀, 대추야자 등과 같은 작물을 재배한다.

고무나무, 카카오 등의 열대 작물을 상업적 목적으로 재배한다.

넓은 사바나 초원에서 야생 동물을 관찰하는 사파리 관광이 발달하였다.

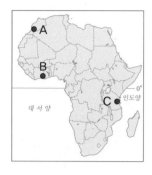

	(가)	(나)	(다)
①	A	B	C
②	A	C	B
③	B	A	C
④	B	C	A
⑤	C	A	B

▶ 242011-0077

07 다음 글에서 설명하는 산의 명칭을 쓰시오.

> 탄자니아 북동부에 있는 해발 고도 약 5,895m에 이르는 아프리카에서 가장 높은 산이다. 화산 활동으로 형성되었으며 이름은 '빛나는 산, 하얀 산'이란 뜻에서 비롯되었다. 산 정상에는 만년설이 있지만 지구 온난화로 그 규모가 줄어들고 있다.

▶ 242011-0078

08 다음 글의 ㉠에 해당하는 사막과 ㉡에 해당하는 하천의 명칭을 각각 쓰시오.

> 북부 아프리카에는 세계에서 가장 넓은 사막인 (㉠)이 펼쳐져 있다. 사막의 남쪽은 사헬 지대라고 하며, 최근 사막화가 심화되고 있다. 사막의 동쪽으로는 (㉡)이 흐른다. (㉡)은 정기적으로 범람하며 주변의 고대 이집트 문명 형성에 영향을 주었다.

▶ 242011-0079

09 지도의 ㉠에 들어갈 항목으로 옳은 것은?

① 인구 밀도　　② 연 강수량　　③ 석유 매장량
④ 연평균 기온　　⑤ 이슬람교도 비율

☆ 중요　　　　　　　　　　　▶ 242011-0080

10 사진과 같은 경관이 나타나는 기후 지역의 주민 생활 모습으로 옳은 것은?

▲ 온몸을 감싸는 전통 의상(모로코)　　▲ 대추야자(튀니지)

① 고온 다습한 기후로 벼 재배가 활발하다.
② 수목 농업을 통해 오렌지, 포도 등을 재배한다.
③ 창이 크고 지붕의 경사가 급한 고상 가옥을 짓는다.
④ 카사바, 얌 등의 작물을 이동식 화전 농업으로 재배한다.
⑤ 진흙을 활용해 창문이 작고 지붕이 평평한 가옥을 짓는다.

◐ 242011-0081

11 다음 글의 ㉠~㉢에 해당하는 종교로 옳은 것은?

> 아프리카는 다양한 민족(부족)이 고유 생활 양식을 갖고 살아왔으며 부족 중심의 (㉠)이/가 발달하였다. 그리고 북부 아프리카는 서남아시아로부터 (㉡)이/가 널리 전파되었으며, 사하라 사막 이남 아프리카에는 유럽인의 진출과 함께 (㉢)이/가 전파되었다.

	㉠	㉡	㉢
①	이슬람교	토속 신앙	크리스트교
②	이슬람교	크리스트교	토속 신앙
③	토속 신앙	이슬람교	크리스트교
④	토속 신앙	크리스트교	이슬람교
⑤	크리스트교	이슬람교	토속 신앙

◐ 242011-0082

12 다음 두 글을 통해 학습할 수 있는 주제로 가장 적절한 것은?

> • 입체주의 화가 피카소는 아프리카 전시회에 다녀와 아프리카 미술에 매료되었다. 그리고 아프리카 전통 가면이 가지는 단순하고 추상적인 형식으로 여러 그림을 표현하였다. 피카소는 이후에도 아프리카 조각 미술의 영향을 받은 작품 세계를 펼쳤다.
> • 미국 뉴올리언스에서 발생한 재즈는 즉흥적이고 다양한 리듬이 특징이다. 이는 아프리카 음악의 영향을 받았기 때문이다. 과거 뉴올리언스에 강제 이주된 아프리카계 사람들이 그들의 전통 음악을 전파했고, 이 음악이 현지 음악과 결합하여 재즈가 탄생하였다.

① 아프리카의 다양한 민족과 종교 분포
② 아프리카 문화가 세계 문화에 미친 영향
③ 지속가능한 발전을 위한 아프리카의 노력
④ 아프리카의 풍부한 인적 자원과 소비 시장
⑤ 아프리카의 천연자원 매장량과 지역 잠재력

◐ 242011-0083

13 아프리카의 인구 특징에 대한 설명으로 옳은 것만을 〈보기〉에서 고른 것은?

> **보기**
> ㄱ. 인구 고령화 현상이 뚜렷하다.
> ㄴ. 모든 대륙 중 합계 출산율이 가장 높다.
> ㄷ. 청장년층의 인구 유입이 인구 유출보다 많다.
> ㄹ. 경제 활동을 하는 청년층의 인구 비율이 높아지는 추세이다.

① ㄱ, ㄴ   ② ㄱ, ㄷ   ③ ㄴ, ㄷ
④ ㄴ, ㄹ   ⑤ ㄷ, ㄹ

◐ 242011-0084

14 다음 글의 ㉠~㉢에 해당하는 재생 에너지로 옳은 것은?

> 아프리카는 재생 에너지 자원이 풍부하다. 동아프리카 지구대에 위치하여 화산 활동이 활발한 케냐는 (㉠)에 유리하다. 콩고강과 잠베지강, 나일강 유역은 (㉡)을 활용하기에 유리하며, 사하라 사막과 칼라하리 사막은 일사량이 풍부하여 (㉢) 생산에 유리하다.

	㉠	㉡	㉢
①	수력	지열	태양광(열)
②	수력	태양광(열)	지열
③	지열	수력	태양광(열)
④	지열	태양광(열)	수력
⑤	태양광(열)	수력	지열

◐ 242011-0085

15 지도는 두 자원의 주요 생산지를 나타낸 것이다. (가), (나)에 해당하는 자원으로 옳은 것은?

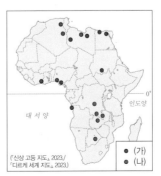

('신상 고등 지도」, 2023 /
「디르케 세계 지도」, 2023)

	(가)	(나)
①	구리	석탄
②	구리	석유
③	석유	구리
④	석유	석탄
⑤	석탄	구리

○ 242011-0086

16 다음 글의 (가), (나) 국가로 옳은 것은?

(가) 오랜 내전을 겪었으나 국민 통합을 위해 노력한 결과, 빠른 속도로 안정을 되찾았다. 정부는 외국 자본의 유치와 고부가 가치 산업 육성을 통해 경제 성장에 힘쓰고 있다. 이러한 노력으로 2000년 이후 평균 경제 성장률이 7.25%에 달하는 등 빠르게 성장하고 있으며, 수도 키갈리는 첨단 산업의 중심지로 발달하고 있다.

(나) '츠와나족의 땅'이라는 이름을 가진 국가로 다이아몬드 생산량이 많으며 이를 수출하여 많은 수익을 얻었다. 독립 이후 내전 없이 민주주의 체제가 발전하였으며 자원 개발을 통해 얻은 이익으로 사회 기반 시설을 구축하였다. 최근에는 다이아몬드 산업 이외의 다양한 산업을 육성하기 위해 노력하고 있다.

	(가)	(나)
①	르완다	이집트
②	르완다	보츠와나
③	이집트	르완다
④	이집트	보츠와나
⑤	보츠와나	이집트

☆ 중요

○ 242011-0087

17 다음 글의 (가) 국가를 지도의 A~E에서 고른 것은?

아프리카 최대 석유 생산국인 (가) 은/는 석유 중심의 산업 구조에서 탈피하고 다양한 산업을 육성하기 위해 노력하고 있다. 그 결과 2021년 기준 정보 통신 기술 산업이 국내 총생산의 약 17%를 차지할 만큼 성장했다. 또한 *놀리우드(Nollywood)라 불리는 영화 산업이 발달하여 많은 일자리를 창출하고 있다.

* 놀리우드: (가)의 국가 이름과 영화 산업이 발달한 할리우드의 합성어

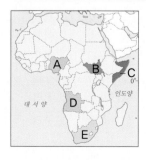

① A
② B
③ C
④ D
⑤ E

○ 242011-0088

18 (가)에 해당하는 국제 협력 기구의 명칭을 쓰시오.

아프리카 국가들의 정부 간 연합체인 (가) 이/가 2002년 출범하였으며, 2023년 기준으로 아프리카 55개국이 가입하였다. (가) 은/는 아프리카 국가들의 단결을 추구하고, 사람들의 인권과 더 나은 삶을 위해 노력하며, 경제·사회·문화적 차원에서 지속가능한 발전과 아프리카의 경제 통합을 추구한다.

○ 242011-0089

19 지속가능한 발전을 위한 아프리카의 국가별 노력 사례로 옳지 않은 것은?

① 모로코는 건조 기후 지역에 태양열 발전소를 건설하였다.
② 남아프리카 공화국은 비닐봉지 사용을 적극 장려하는 제도를 도입하였다.
③ 에티오피아는 수도에 탄소 배출을 감축하는 경전철 등의 대중교통 수단을 확대하였다.
④ 마다가스카르는 희귀 동식물을 보호하여 생물 다양성을 유지하기 위한 제도를 확충하였다.
⑤ 케냐는 자녀를 일터 대신 학교로 보낸 부모에게 태양광 전기를 공급하는 프로젝트를 도입하였다.

○ 242011-0090

20 아프리카의 지속가능한 발전을 위한 세계의 협력에 대한 설명으로 옳은 것만을 〈보기〉에서 고른 것은?

• 보기 •
ㄱ. 세계 시민으로서 공정 무역 제품 불매 운동을 실천한다.
ㄴ. 국제 연합(UN)에서 식량 보급 및 난민 지원 등의 활동을 시행한다.
ㄷ. 비정부 기구(NGO)에서 환경 보호 활동 및 의료 서비스 활동 등을 전개한다.
ㄹ. 다국적 기업의 자본으로 열대림에 대규모의 플랜테이션 농장을 조성한다.

① ㄱ, ㄴ　　　② ㄱ, ㄷ　　　③ ㄴ, ㄷ
④ ㄴ, ㄹ　　　⑤ ㄷ, ㄹ

미리보는 서술형·논술형

1 서술형 연습하기　242011-0091

그래프는 (가), (나) 지역의 월평균 기온과 강수량을 나타낸 것이다. (가)와 (나)에 해당하는 기후의 명칭을 각각 쓰고, 두 지역의 기후 특징을 각각 서술하시오.

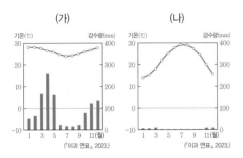

Tip 기후의 명칭과 특징에 대한 문제로, 발문에서 요구한 요소를 파악하여 답안을 작성해야 합니다. 발문을 뜯어보면 "❶(가), (나)에 해당하는 기후의 명칭을 각각 쓰고, ❷두 지역의 기후 특징을 각각 서술하시오." 이니, 답안에 ❶과 ❷가 모두 들어가야 만점!

답 완성하기

(가)는 열대 기후 중 (　　　), (나)는 (　　　)에 해당한다. (가)는 일 년 내내 기온이 높고 (　　　)하며, (나)는 (　　　)이/가 매우 적다.

2 서술형 훈련하기　242011-0092

그래프는 아프리카와 주요 지역의 합계 출산율을 나타낸 것이다. 아프리카의 합계 출산율을 다른 지역과 비교하여 쓰고, 이를 통해 알 수 있는 아프리카의 인적 자원에 대한 특징을 서술하시오.

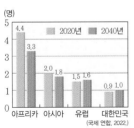

＊ 합계 출산율: 한 여성이 가임 기간(15~49세)에 낳을 것으로 기대되는 평균 출생아 수

3 논술형 도전하기　242011-0093

그림은 아프리카를 생각하면 떠오르는 단어들로 만든 단어 구름이다. 단어 구름 속의 단어를 5개 이상 활용하여 아프리카의 지역 잠재력과 지속가능한 발전 방안에 대해 300자 이내로 논술하시오.

핵심 개념 아프리카의 지역 잠재력과 지속가능한 발전 방안

(1) 분쟁, 가난, 빈곤 (2) 천연자원, 인구 (3) 신·재생 에너지, 지속가능한 발전

V 아메리카

1 아메리카의 여러 국가와 자연환경

1. 아메리카의 위치
① 형태: 적도에 걸쳐 남북 방향으로 긴 형태
② 대륙 및 해양과의 인접성: 동쪽으로는 대서양, 서쪽으로는 태평양과 접하며, 남·북극과 가까운 편임.
③ 구분
- 지리적 구분: 파나마 지협을 경계로 북아메리카와 남아메리카로 구분
- 문화적 구분: 언어, 종교 등의 차이에 따라 리오그란데강을 경계로 앵글로아메리카와 라틴 아메리카로 구분

▲ 아메리카의 구분 및 국가 분포

④ 주요 도시
- 수도: 오타와(캐나다), 워싱턴 D.C.(미국), 멕시코시티(멕시코), 브라질리아(브라질), 부에노스아이레스(아르헨티나), 보고타(콜롬비아), 산티아고(칠레) 등
- 기타 대도시: 토론토(캐나다), 뉴욕(미국), 상파울루·리우데자네이루(브라질) 등

2. 아메리카의 자연환경
① 지형
- 산맥: 로키산맥, 애팔래치아산맥, 안데스산맥
- 평야·하천: 미국 대평원, 미시시피강, 아마존강
- 사막: 모하비 사막, 아타카마 사막, 파타고니아 사막
- 빙하: 캐나다 북서 해안, 칠레 남부 → 피오르 발달

② 기후 분포

한대 기후	북극해 주변 → 농업에 불리
냉대 기후	미국 북동부, 캐나다 → 침엽수림, 임업 발달
온대 기후	미국의 동·남부, 아르헨티나 등 → 기업적 농업 발달
열대 기후	카리브해 및 멕시코 이남의 저위도 지역(북아메리카), 아마존강 유역(남아메리카)
고산 기후	적도 주변 안데스 산지 → 연중 온화하며, 고산 도시 발달
건조 기후	미국 서부, 칠레 북부, 아르헨티나 남부

2 다양한 민족(인종)으로 구성된 아메리카

1. 다양한 민족(인종)의 분포 배경
① 유럽계의 식민 지배: 15세기 이후 자원 확보와 시장 개척을 위한 식민 지배가 이루어짐.
② 민족(인종) 유입
- 유럽계 외에 자원 개발을 위한 아프리카계 노동력이 유입됨. → 원주민, 유럽계, 아프리카계 간 혼혈 증가
- 20세기 이후 아시아계의 유입이 활발함.

2. 앵글로아메리카의 민족(인종) 분포
① 캐나다
- 민족(인종) 구성에서 유럽계의 비율이 가장 높음.
- 북극해 연안은 원주민 비율이 높음.
- 퀘벡주: 프랑스 출신 유럽계의 비율이 높음. → 프랑스어 사용 비율이 높고 강한 문화 정체성을 유지함.
② 미국
- 민족(인종) 구성에서 유럽계의 비율이 가장 높음.
- 남동부 지역은 플랜테이션 노동력 공급을 위해 아프리카계가 강제 이주됨.
- 히스패닉: 라틴 아메리카 출신의 이주자로, 유럽계 다음으로 거주 비율이 높음.

3. 라틴 아메리카의 민족(인종) 분포
① 유럽계의 유입: 포르투갈과 에스파냐의 식민 지배로 유럽계가 유입됨.
② 아프리카계의 유입: 플랜테이션 노동력 확보를 위하여 아프리카계가 강제 이주됨.

③ 민족(인종) 분포

원주민	안데스산맥의 고산 지대에 주로 거주 → 페루, 볼리비아
유럽계	온대 기후가 나타나는 대서양 연안에 주로 거주 → 아르헨티나, 우루과이, 브라질
아프리카계	플랜테이션이 발달한 열대 기후 지역에 주로 거주 → 브라질, 자메이카
혼혈	라틴 아메리카 전역에 거주하나, 특정 국가 내 분포 비율이 높음. → 멕시코, 콜롬비아

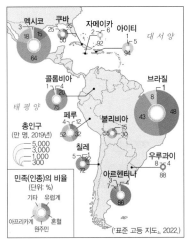
▲ 라틴 아메리카 내 민족(인종) 분포

4. 아메리카의 문화 혼종성
① 문화 혼종성: 둘 이상의 문화가 대등한 관계로 섞이면서 독자적이고 새로운 문화가 만들어지는 현상
② 특징: 원주민 문화와 외래(유럽, 아프리카)문화가 공존하면서 새로운 문화가 탄생함.
③ 아메리카의 문화 혼종성 사례
- 음악: 유럽의 음악과 아프리카의 음악이 결합 예 재즈, 탱고
- 종교: 크리스트교 문화와 원주민 문화가 결합 예 멕시코 과달루페 성모상

3 초국적 기업의 발달과 지역 변화

1. 초국적 기업의 발달
① 초국적 기업: 본사 외에 여러 국가에 다양한 기능을 수행하는 조직을 두고, 긴밀하게 연결된 네트워크를 통해 생산과 판매가 이루어지는 기업
② 초국적 기업의 발달 배경: 경제의 세계화, 교통과 통신의 발달로 기업의 활동 범위가 확대됨.

2. 초국적 기업의 글로벌 생산 체제 형성
① 공간적 분업: 기업의 조직들이 서로 다른 지역에 입지하여 각각의 기능을 수행하는 것

본사	풍부한 자본과 정보의 확보에 유리한 선진국에 주로 입지함.
생산 공장	저임금 노동력의 확보에 유리한 개발 도상국 또는 시장 잠재력이 높은 국가에 주로 입지함.
연구소	고급 기술 인력 확보에 유리한 선진국 또는 제품 관련 전문 인력 확보에 유리한 지역에 주로 입지함.

② 글로벌 생산 체제 형성: 기업의 다양한 조직이 세계 여러 지역과 복잡하게 연계되면서 나타남.

자료 분석 초국적 기업의 글로벌 생산 체제

▲ 미국 C 기업이 아메리카에서 초콜릿을 생산하는 과정

- 본사: 미국에 입지함.
- 생산 공장: 에콰도르(카카오 열매 세척, 건조), 미국 및 캐나다(원료 가공 및 초콜릿 제품 생산) 등에 입지함.
- 연구소: 초콜릿 제품 관련 인력 확보에 유리한 브라질에 입지함.
- 원료 생산지: 코트디부아르(카카오 농장 운영) 등에 입지함.

3. 초국적 기업의 해외 이전과 지역 변화
① 목적: 생산비 절감과 판매액 증대를 위함.
② 초국적 기업의 아메리카 내 입지
- 농업 제품 생산 기업: 농산물 생산량이 많은 국가
- 공업 제품 생산 기업: 선진국 외 저임금 노동력이 풍부한 개발 도상국
- 정보 통신·금융 기업: 첨단 산업 지역(정보 통신 기업), 자본이 풍부한 선진국의 대도시(금융 기업)
③ 초국적 기업의 입지가 아메리카 내 지역에 미치는 영향
- 신규 입지 지역: 일자리 창출, 지역 경제 활성화
- 시설 폐쇄 또는 철수 지역: 지역 경제 침체, 실업률 증가

아메리카의 지형은 어떤 특징이 있을까?

북아메리카의 서쪽에는 비교적 형성 시기가 오래되지 않아 해발 고도가 높고 험준한 로키산맥이 있고, 동부에는 로키산맥보다 형성 시기가 오래되어 상대적으로 해발 고도가 낮고 완만한 애팔래치아산맥이 있습니다. 중앙부의 넓은 평원에는 미시시피강이 흐르고 있는데, 이들 두 산맥이 동쪽과 서쪽에 있기 때문에 미시시피강은 북에서 남으로 흐르는 모습을 보입니다. 남아메리카 역시 북아메리카와 마찬가지로 서쪽에는 해발 고도가 높고 험준한 안데스산맥이 있습니다. 로키산맥과 안데스산맥은 판의 충돌로 형성된 환태평양 조산대에 속하며 지각이 불안정하여 지진과 화산 활동이 활발한 편입니다. 남아메리카 동쪽에는 고원이 있으며, 중앙부의 저지대에는 아마존강이 흐릅니다. 서쪽의 고지대에서 발원하는 아마존강은 동쪽으로 흐르면서 대서양으로 유입합니다.

한편 북아메리카와 남아메리카에는 빙하의 영향을 받아 형성된 지형이 나타납니다. 캐나다 북서 해안은 로키산맥에 걸쳐 있던 빙하가 계곡을 깎은 후에 해수면이 상승하면서 복잡한 해안선이 발달하였습니다. 남아메리카 역시 안데스산맥에 걸쳐 있던 빙하의 영향으로 칠레 남부에 이러한 복잡한 해안선이 발달하였습니다. 이렇게 빙하에 의해 만들어진 좁고 긴 만을 피오르라고 합니다.

▲ 아메리카의 지형

거대한 빙하가 골짜기를 따라 중력이 작용하는 방향으로 이동하면서 침식을 함.

기온 상승으로 빙하가 녹으면서 U자 모양의 골짜기가 나타남.

해수면 상승으로 골짜기에 바닷물이 들어와 좁고 길며 수심이 깊은 만이 발달함.

▲ 피오르의 형성 과정

Q&A

1 아메리카의 경우 대체로 서쪽이 동쪽보다 해발 고도가 높은 이유는 무엇일까?

아메리카의 서쪽에는 판의 충돌로 형성된 로키산맥과 안데스산맥이 있다. 반면 북아메리카의 동쪽은 비교적 해발 고도가 낮은 애팔래치아산맥이 있고, 남아메리카의 동쪽은 평탄한 고원이 발달하였다.

2 캐나다와 칠레에 복잡한 해안선이 발달한 이유는 무엇일까?

과거에 산맥에 걸쳐 있던 거대한 빙하가 골짜기를 따라 내려가면서 지면을 U자 형태로 깎은 후 빙하는 녹아 없어지고, 그 자리에 바닷물이 들어와 좁고 길며 수심이 깊은 만이 발달하였다.

앵글로아메리카의 민족(인종)은 어떻게 분포할까?

　미국과 캐나다는 유럽계의 비율이 높은 국가들입니다. 영국과 프랑스 간에 식민지 지배권을 놓고 치열하게 경쟁하였고 최종적으로 영국이 승리하여 미국과 캐나다를 통치하였습니다. '앵글로'라는 뜻은 영국계인 '앵글로–색슨족'에서 유래된 용어입니다. 미국은 유럽계가 다수를 차지하는데 남부 목화 농장에서 플랜테이션이 이루어지면서 노동력을 확보하기 위해 아프리카계를 강제 이주시켰고, 최근에는 히스패닉과 아시아계의 이민자가 증가하고 있습니다. 히스패닉은 라틴 아메리카 출신으로 미국에 거주하고 있는 이주자를 일컫는 용어입니다. 이들은 주로 에스파냐어를 사용하며 유럽계보다는 상대적으로 저임금 직종에 종사하는 경우가 많습니다. 경제적인 원인으로 이주해 오는 경우가 대부분이며, 급속도로 이주자 수가 늘면서 미국의 민족(인종) 구성에서 유럽계 다음으로 높은 비율을 차지하고 있습니다. 아메리카 원주민은 유럽의 식민지 개척 과정에서 많이 사라졌고, 현재는 대부분이 특정 보호 구역에서 살고 있습니다.

　캐나다는 전체 인구에서 영국계와 프랑스계의 비율이 높은데, 이민 개방 정책으로 이민자 비율이 계속 증가하고 있습니다. 북극해 주변에는 원주민인 이누이트가 거주하고, 동부의 퀘벡주에는 프랑스계 주민이 프랑스어를 사용하고 프랑스 문화와 전통을 유지하며 거주하고 있습니다. 퀘벡주는 문화적 정체성이 뚜렷하여 과거 분리 독립을 위한 주민 투표가 실시된 적이 있습니다.

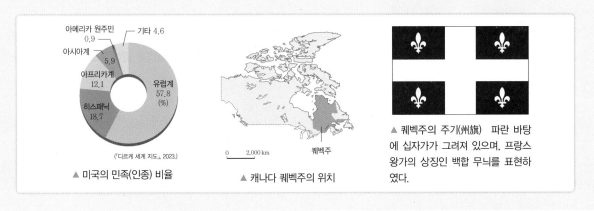

▲ 미국의 민족(인종) 비율

아메리카 원주민 0.9
아시아계 5.9
기타 4.6
아프리카계 12.1
유럽계 57.8 (%)
히스패닉 18.7

(『디르케 세계 지도』, 2023.)

▲ 캐나다 퀘벡주의 위치

0   2,000 km

퀘벡주

▲ 퀘벡주의 주기(州旗)　파란 바탕에 십자가가 그려져 있으며, 프랑스 왕가의 상징인 백합 무늬를 표현하였다.

Q&A

1 히스패닉이 미국 내 최대 소수 민족(인종)으로 부상한 이유는 무엇일까?

히스패닉은 주로 경제적인 이유로 미국으로 이주하고 있다. 미국은 상대적으로 라틴 아메리카 국가들에 비해 소득 수준이 높고, 일자리가 많기 때문이다. 특히 미국과 접해 있는 멕시코 및 가까운 거리의 카리브해 지역에서 많은 사람들이 유입하고 있다.

2 캐나다의 퀘벡주는 어떠한 문화 정체성을 보이고 있는가?

캐나다는 미국과 마찬가지로 영국의 식민 지배를 받았다. 그런데 퀘벡주는 과거 영국과 프랑스가 식민지 지배권을 놓고 충돌하는 과정에서 프랑스계의 정착이 활발하였다. 따라서 퀘벡주는 프랑스어 사용자 비율이 높고 프랑스 문화를 고수하는 특성이 나타난다.

1 아메리카의 여러 국가와 자연환경

01 다음 국가의 수도를 찾아 연결하시오.

(1) 캐나다　　•　　　　　　　• ㉠ 산티아고

(2) 칠레　　•　　　　　　　• ㉡ 오타와

(3) 에콰도르　•　　　　　　　• ㉢ 키토

02 빈칸 ㉠, ㉡에 들어갈 알맞은 내용을 쓰시오.

> 아메리카는 지리적으로 (㉠) 지협을 경계로 북아메리카와 남아메리카로 구분된다. 문화적으로는 리오그란데강을 경계로 앵글로아메리카와 (㉡) 아메리카로 구분된다.

03 다음 설명에 해당하는 국가를 〈보기〉에서 고르시오.

> ┌ 보기 ┐
> ㄱ. 미국　　　　　　ㄴ. 브라질
> ㄷ. 캐나다　　　　　ㄹ. 볼리비아

(1) 북아메리카에 속하는 두 국가　　(　, 　)

(2) 남아메리카에 속하는 두 국가　　(　, 　)

04 다음 설명이 옳으면 ○표, 틀리면 ×표 하시오.

(1) 아메리카는 동쪽으로는 태평양과 접한다.　(　)

(2) 아르헨티나는 캐나다보다 국토 면적이 넓다.　(　)

(3) 리우데자네이루는 브라질에 위치한다.　(　)

05 괄호 안의 내용 중 알맞은 말에 ○표 하시오.

(1) 로키산맥은 (북, 남)아메리카에 위치한다.

(2) 애팔래치아산맥은 로키산맥보다 평균 해발 고도가 (높다, 낮다).

(3) 안데스산맥은 (알프스-히말라야, 환태평양) 조산대에 속한다.

2 다양한 민족(인종)으로 구성된 아메리카

06 빈칸 ㉠~㉢에 들어갈 알맞은 내용을 쓰시오.

> 앵글로아메리카의 미국과 캐나다는 주로 (㉠)를 사용하나, 캐나다 동부의 퀘벡주는 주로 (㉡)어를 사용한다. 라틴 아메리카는 주로 (㉢)어와 포르투갈어를 사용한다.

07 다음 설명이 옳으면 ○표, 틀리면 ×표 하시오.

(1) 미국 내 민족(인종) 분포에서 유럽계 다음으로 분포 비율이 높은 민족(인종)은 아시아계이다.　(　)

(2) 히스패닉은 라틴 아메리카 출신의 미국 내 이주자를 일컫는다.　(　)

08 괄호 안의 내용 중 알맞은 말에 ○표 하시오.

(1) 온대 기후가 나타나는 라틴 아메리카의 대서양 연안 국가는 (유럽계, 원주민)의 분포 비율이 높다.

(2) 안데스산맥에 위치한 (페루, 우루과이)는 유럽계보다 원주민의 분포 비율이 높다.

(3) 아메리카 내 아프리카계의 유입은 (플랜테이션, 제조업) 노동력 확보가 주된 원인이었다.

3 초국적 기업의 발달과 지역 변화

09 빈칸 ㉠, ㉡에 들어갈 알맞은 내용을 쓰시오.

> (㉠) 기업은 본사 외에 여러 국가에 다양한 기능을 수행하는 조직을 두고, 긴밀하게 연결된 네트워크를 통해 생산과 판매가 이루어진다. 그리고 본사, 생산 공장, 연구소가 서로 다른 지역에 입지하여 각각의 기능을 수행하는 (㉡) 분업을 통해 경영의 효율성을 높인다.

10 괄호 안의 내용 중 알맞은 말에 ○표 하시오.

(1) 기업의 생산 공장이 개발 도상국으로 이전하는 것은 (인건비, 운송비) 절감이 주된 이유이다.

(2) 생산 공장이 새로 입지한 지역은 일자리가 (증가, 감소)하면서 지역 경제가 활성화된다.

01 아메리카에 대한 설명으로 옳지 <u>않은</u> 것은? ▶ 242011-0094

① 적도에 걸쳐 있다.

② 인도양과 접해 있다.

③ 캐나다는 북아메리카에 속한다.

④ 미국은 앵글로아메리카에 속한다.

⑤ 멕시코는 라틴 아메리카에 속한다.

☆ 중요

02 지도에 표시된 A~E 국가의 이름이 옳지 <u>않은</u> 것은? ▶ 242011-0095

① A – 캐나다

② B – 미국

③ C – 콜롬비아

④ D – 페루

⑤ E – 브라질

▶ 242011-0096

03 지도의 A~C 도시에 대한 설명으로 옳은 것은? (단, A~C는 각각 뉴욕, 멕시코시티, 토론토 중 하나임.)

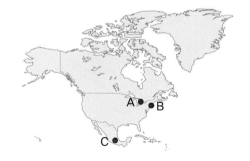

① A는 해당 국가의 수도이다.

② C에는 국제 연합(UN) 본부가 위치한다.

③ C는 B보다 세계 경제에 미치는 영향력이 크다.

④ B와 C는 모두 고산 도시에 해당한다.

⑤ A는 토론토, B는 뉴욕, C는 멕시코시티이다.

04 지도의 A 하천에 대한 설명으로 옳은 것은? ▶ 242011-0097

① 안데스산맥에서 발원한다.

② 아르헨티나와 우루과이를 지난다.

③ 대체로 동쪽에서 서쪽으로 흐른다.

④ 유역의 대부분은 건조 기후 지역이다.

⑤ 그랜드 캐니언이라는 계곡을 관통한다.

☆ 중요

05 지도의 A~C 산맥에 대한 설명으로 옳은 것은? ▶ 242011-0098

① A는 B보다 평균 해발 고도가 낮다.

② B는 A보다 형성 시기가 이르다.

③ B는 C보다 고산 도시가 많이 발달하였다.

④ C는 B보다 지각이 안정적이다.

⑤ A는 안데스산맥, B는 애팔래치아산맥, C는 로키산맥이다.

▶ 242011-0099

06 그래프는 북아메리카 어느 지역의 기후 특성을 나타낸 것이다. 이 지역에 대한 설명으로 옳은 것은?

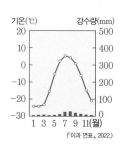

① 울창한 활엽수림이 분포한다.
② 벼 재배가 활발히 이루어진다.
③ 연 강수량보다 연 증발량이 많다.
④ 여름을 제외한 연중 대부분의 시기에 지표면이 얼어 있다.
⑤ 키가 작은 나무가 듬성듬성 분포하는 초원이 발달해 있다.

▶ 242011-0100

07 (가)~(다) 지역을 지도의 A~C에서 고른 것은?

(가) 연중 고온 다습하고 밀림이 형성되어 있다.
(나) 기업적 목축업과 밀 재배가 활발히 이루어진다.
(다) 해발 고도가 높아 연중 온화한 기후가 나타난다.

	(가)	(나)	(다)
①	A	C	B
②	B	A	C
③	B	C	A
④	C	A	B
⑤	C	B	A

☆ 중요

▶ 242011-0101

08 북아메리카에 위치한 국가들의 문화 특징에 대한 설명으로 옳은 것만을 〈보기〉에서 고른 것은?

─ 보기 ─
ㄱ. 멕시코는 에스파냐어를 공용어로 사용한다.
ㄴ. 캐나다는 영어와 프랑스어를 공용어로 사용한다.
ㄷ. 히스패닉은 주로 캐나다와 미국의 국경 지대에 거주한다.
ㄹ. 미국은 프랑스어를 사용하는 지역에서 분리 독립 움직임이 나타난다.

① ㄱ, ㄴ   ② ㄱ, ㄷ   ③ ㄴ, ㄷ
④ ㄴ, ㄹ   ⑤ ㄷ, ㄹ

▶ 242011-0102

09 다음 글의 ㉠에 들어갈 하천으로 옳은 것은?

문화적 기준으로 아메리카는 (㉠)을 경계로 하여 앵글로아메리카와 라틴 아메리카로 구분한다.

① 아마존강   ② 라플라타강
③ 미시시피강   ④ 콜로라도강
⑤ 리오그란데강

☆ 중요

▶ 242011-0103

10 다음 수업 장면의 ㉠에 들어갈 내용으로 가장 적절한 것은?

교사: 최근 라틴 아메리카에서 미국으로의 인구 이주가 활발하게 이루어지고 있습니다. 이러한 이주의 주된 목적에 대해 발표해 볼까요?
학생: _____ ㉠ _____ 위한 이주입니다.

① 일자리를 얻기
② 종교적 자유를 얻기
③ 자연재해와 재난을 피하기
④ 유학, 어학 연수 등 학업 기회를 얻기
⑤ 분쟁과 내전으로부터 안전한 장소를 얻기

▶ 242011-0104

11 지도의 A~C 지역에 대한 설명으로 옳은 것만을 〈보기〉에서 있는 대로 고른 것은?

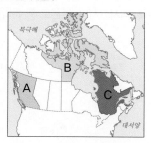

─ 보기 ─
ㄱ. A는 B보다 지역 내 원주민 거주 비율이 높다.
ㄴ. B는 A보다 지역 내 한대 기후 분포 비율이 높다.
ㄷ. C는 A보다 분리 독립 움직임이 강하다.
ㄹ. C는 B보다 지역 내 프랑스어 사용자 비율이 높다.

① ㄱ, ㄴ   ② ㄱ, ㄷ   ③ ㄷ, ㄹ
④ ㄱ, ㄴ, ㄹ   ⑤ ㄴ, ㄷ, ㄹ

◐ 242011-0105

☆ 중요

12 지도의 A~E 국가에 대한 설명으로 옳은 것은?

① A에는 파타고니아 사막이 있다.
② D의 수도는 고산 기후가 나타난다.
③ B는 C보다 국가 내 원주민 비율이 높다.
④ D는 C보다 국가 내 아프리카계 비율이 높다.
⑤ A~E는 모두 포르투갈의 식민 지배를 받았다.

☆ 중요

◐ 242011-0106

13 그래프는 세 국가의 민족(인종) 분포 비율을 나타낸 것이다. (가)~(다) 국가에 대한 설명으로 옳은 것만을 〈보기〉에서 고른 것은? (단, (가)~(다)는 각각 멕시코, 자메이카, 페루 중 하나임.)

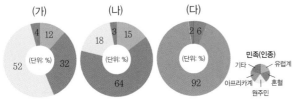

(「신상 지리 자료」, 2023.)

┌ 보기 ┐
ㄱ. (가)는 남아메리카에 위치한다.
ㄴ. (나)는 안데스산맥에 걸쳐 있다.
ㄷ. (다)는 섬나라이다.
ㄹ. (나)는 (다)보다 국토 면적이 좁다.

① ㄱ, ㄴ   ② ㄱ, ㄷ   ③ ㄴ, ㄷ
④ ㄴ, ㄹ   ⑤ ㄷ, ㄹ

◐ 242011-0107

14 다음 자료의 (가), (나) 국가로 옳은 것은?

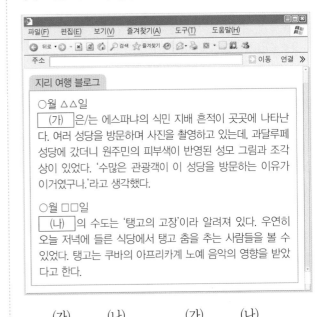

지리 여행 블로그

○월 △△일
(가) 은/는 에스파냐의 식민 지배 흔적이 곳곳에 나타난다. 여러 성당을 방문하며 사진을 촬영하고 있는데, 과달루페 성당에 갔더니 원주민의 피부색이 반영된 성모 그림과 조각상이 있었다. '수많은 관광객이 이 성당을 방문하는 이유가 이거였구나.'라고 생각했다.

○월 □□일
(나) 의 수도는 '탱고의 고장'이라 알려져 있다. 우연히 오늘 저녁에 들른 식당에서 탱고 춤을 추는 사람들을 볼 수 있었다. 탱고는 쿠바의 아프리카계 노예 음악의 영향을 받았다고 한다.

	(가)	(나)		(가)	(나)
①	미국	멕시코	②	멕시코	미국
③	멕시코	아르헨티나	④	브라질	미국
⑤	브라질	아르헨티나			

☆ 중요

◐ 242011-0108

15 다음 자료의 (가)~(다)에 들어갈 적절한 내용을 〈보기〉에서 고른 것은?

┌─────────────────────────┐
│ 〈초국적 기업의 공간적 분업〉 │
│ • 본사: ____(가)____ 선진국에 주로 입지 │
│ • 생산 공장: ____(나)____ 개발 도상국에 다수 입지 │
│ • 연구소: ____(다)____ 선진국에 주로 입지 │
└─────────────────────────┘

┌ 보기 ┐
ㄱ. 인건비 수준이 상대적으로 낮은
ㄴ. 풍부한 자본을 확보하기에 유리한
ㄷ. 고급 전문 기술 인력을 확보하기에 유리한

	(가)	(나)	(다)		(가)	(나)	(다)
①	ㄱ	ㄴ	ㄷ	②	ㄱ	ㄷ	ㄴ
③	ㄴ	ㄱ	ㄷ	④	ㄴ	ㄷ	ㄱ
⑤	ㄷ	ㄱ	ㄴ				

16 다음 글의 ㉠에 들어갈 내용으로 가장 적절한 것은? 242011-0109

> 초국적 기업은 본사와 현지 법인 간에 수평적이면서 상호 의존적인 관계에 따라 생산과 판매 전략이 이루어지는 경우가 증가하고 있다. 그 이유는 _____㉠_____ 때문이다.

① 원료와 제품의 운송비를 절감할 수 있기
② 환경 문제 해결을 위한 국제적인 협력이 필요하기
③ 선진국과 개발 도상국의 기술 격차가 완화되고 있기
④ 자원 민족주의로 인하여 국제 정세가 불안할 수 있기
⑤ 급변하는 글로벌 경영 환경에 능동적으로 대응할 수 있기

☆ 중요

17 그림의 ㉠에 들어갈 내용으로 가장 적절한 것은? 242011-0110

> 베트남은 미국보다 ㉠
> 미국의 의류 공장을 베트남으로 옮기는 게 좋겠군.

① 인건비 수준이 낮으므로
② 구매력이 우수한 소비자가 많으므로
③ 풍부한 자본을 확보하기에 유리하므로
④ 고급 기술 인력을 확보하기에 유리하므로
⑤ 초국적 기업의 본사와 연구소가 다수 입지해 있으므로

18 다음 신문 기사의 ㉠에 해당하는 국가로 옳은 것은? 242011-0111

> 2023년 A사는 미국 외에 (㉠)에 생산 설비를 새로 구축할 계획이다. 미국 내에서는 각종 규제로 인해 추가 설비 투자에 어려움이 있으나, 미국과 국경을 접하고 있으며 자유 무역 협정(FTA)을 체결한 (㉠)에서 자동차를 생산하면 미국으로 자동차를 수출하는 데 어려움이 없기 때문이다. 이에 따라 (㉠)에서는 기업 투자를 반기는 분위기이다.
> – ○○신문, 2023. ○○. ○○.

① 칠레   ② 페루   ③ 멕시코
④ 브라질   ⑤ 콜롬비아

19 다음 글에서 설명하는 산업 지역이 위치한 곳을 지도의 A~E에서 고른 것은? 242011-0112

> 정보 통신 기업과 컴퓨터 관련 첨단 기업, 항공 우주 및 생명 공학 관련 기업이 집중적으로 입지하고 있다. 세계 첨단 산업의 메카로 불리며, 세계의 혁신 성장을 주도하는 지역으로, 이름에는 반도체의 원료인 '실리콘'이 들어있다.

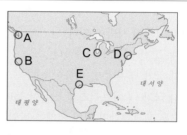

① A   ② B   ③ C   ④ D   ⑤ E

20 표는 ○○ 기업의 조직 분포를 나타낸 것이다. 이 기업에 대한 설명으로 옳은 것만을 〈보기〉에서 고른 것은? 242011-0113

국내 조직	국외 지역 본부	국외 생산 공장	국외 영업 지사
• 본사: 미국 뉴욕 • 국내 공장: 시애틀, 마이애미 등 10곳	• 남아메리카: 브라질 상파울루 • 아시아: 중국 베이징 • 유럽: 영국 런던	• 중국 12곳, 인도 2곳, 멕시코 2곳 등 총 24곳	중국 등 50개국 총 60곳

┌─ 보기 ─────────────────────┐
ㄱ. 본사는 남아메리카에 위치한다.
ㄴ. 국외 생산 공장은 대부분 개발 도상국에 위치한다.
ㄷ. 국외 지역 본부는 모두 선진국의 대도시에 위치한다.
ㄹ. 국외 영업 지사는 국외 생산 공장보다 진출 국가 수가 많다.
└────────────────────────────┘

① ㄱ, ㄴ   ② ㄱ, ㄷ   ③ ㄴ, ㄷ
④ ㄴ, ㄹ   ⑤ ㄷ, ㄹ

1 서술형 연습하기 ▶ 242011-0114

(가), (나) 국가의 이름을 쓰고, ㉠의 이유를 서술하시오.

《(가) 국가 주민》

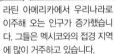
라틴 아메리카에서 우리나라로 이주해 오는 인구가 증가했습니다. 그들은 멕시코와의 접경 지역에 많이 거주하고 있습니다.

《(나) 국가 주민》

㉠ 과거 유럽계에 의해 많은 수의 아프리카계가 강제로 이주되었습니다. 대도시인 상파울루는 커피 수출항으로 유명해졌습니다.

Tip 아메리카의 민족(인종) 분포 특징을 이해하여 문제에 접근해야 합니다. 발문을 뜯어보면 "❶(가), (나) 국가의 이름을 쓰고, ❷㉠의 이유를 서술하시오."이니, 답안에 ❶과 ❷가 모두 들어가야 만점!

답 완성하기

(가)는 ( ), (나)는 ( )이다. ㉠의 이유는 열대 기후를 이용한 농업 방식인 ( )에 투입될 대규모의 저렴한 ( ) 확보를 위해서이다.

2 서술형 훈련하기 ▶ 242011-0115

지도의 A 지역은 복잡한 해안선으로 이루어진 빙하 지형이 발달하였다. 이 지형의 명칭(세 글자)을 쓰고, 형성 과정을 서술하시오.

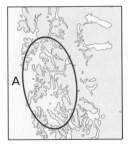

3 논술형 도전하기 ▶ 242011-0116

다음 자료에서 (가)에 들어갈 개념어를 쓰고, 본사와 생산 공장이 서로 다른 국가에 입지하게 된 배경을 200자 이내로 논술하시오.

> **수행 평가 보고서**
> ○학년 ○반 이름: ◇◇◇
>
> – 초국적 기업 활동과 관련한 신문 기사 조사하기 –
>
> 주제: [(가)]
> 미국의 휴대 전화 생산 기업인 A사의 제품에는 '디자인은 캘리포니아에서, 조립은 중국에서'라는 문구가 적혀 있다. 디자인과 소프트웨어 개발은 캘리포니아 본사에서 하지만, 가격 경쟁력을 높이기 위해 제품의 조립은 B사의 중국 공장에서 하고 있기 때문이다.
>
> … (후략) …
> – ○○신문, 2017. ○○. ○○.

핵심 개념 초국적 기업의 글로벌 경영 활동 이해

(1) 본사의 입지 조건 (2) 생산 공장의 입지 조건

1 오세아니아의 지리적 특성과 자원 수출

1. 오세아니아의 위치와 국가 및 주요 도시

① 위치: 남반구의 인도양과 남태평양 사이에 위치함.

② 국가

- 국토 면적이 비교적 넓은 국가: 오스트레일리아(오세아니아 내 국토 면적 1위), 뉴질랜드, 파푸아뉴기니
- 기타 섬나라: 키리바시, 피지, 통가, 바누아투, 나우루, 투발루, 사모아 등

③ 주요 도시

- 수도: 캔버라(오스트레일리아), 웰링턴(뉴질랜드)
- 기타 대도시: 시드니 · 멜버른(오스트레일리아), 오클랜드(뉴질랜드)

▲ 오세아니아의 국가와 도시 분포

2. 오세아니아의 지형

① 오스트레일리아

- 크게 동부의 산지(그레이트디바이딩산맥)와 서부의 고원으로 구분됨.
- 서부 지역에는 그레이트샌디 사막, 그레이트빅토리아 사막 등이 있음.

② 뉴질랜드

- 환태평양 조산대에 속하여, 지각이 불안정한 편임.
- 북섬은 화산 지형, 남섬은 빙하 지형이 발달함.

③ 기타 섬나라: 화산 활동이 활발하거나 산호초가 발달한 곳이 많음.

3. 오세아니아의 기후

① 오스트레일리아

열대 기후	북부 해안
건조 기후	국토 면적의 약 70%를 차지
온대 기후	서남부와 동부 해안

② 뉴질랜드: 국토 대부분에서 온대 기후(서안 해양성 기후)가 나타남.

③ 적도 주변의 섬나라: 대부분 열대 기후가 나타남.

4. 오세아니아와 다른 지역과의 상호 연계성

① 자원이 풍부한 오세아니아

- 오스트레일리아
  - 석탄, 철광석, 천연가스 등의 광물 및 에너지 자원의 생산이 많음.
  - 밀, 육류, 양모 등의 생산이 많음.
- 뉴질랜드: 유제품, 육류, 과일의 생산이 많음.

② 다른 지역과의 상호 연계성

- 풍부한 천연자원 및 식량 자원의 수출이 활발함.
- 공업의 생산액 비율은 비교적 낮은 편임. → 공업 제품의 수출보다 수입이 많음.
- 다른 지역과의 교류: 과거에는 유럽과의 교역 비중이 높았으나, 최근에는 지리적으로 인접한 대한민국, 중국, 일본 등 아시아 국가와의 교역 비중이 높아짐.

▲ 오스트레일리아의 자원 이동

2 태평양 지역의 환경 문제와 해결 방안

1. 해양 쓰레기 문제

원인	비닐봉지, 페트병, 어업 도구 등이 해류와 바람의 영향으로 해양에 모임. → 태평양에 쓰레기 섬이 형성됨.
영향	• 해양 오염, 해양 생물 폐사로 해양 생태계 파괴 • 미세 플라스틱의 생태계 먹이 사슬 내 순환 및 축적 → 인체에 심각한 위협 초래
해결 방안	• 개인: 어업 폐기물과 플라스틱 쓰레기 배출량 절감, 쓰레기 분리수거의 생활화 • 기업: 친환경 제품 개발 및 생산 증대 • 국가와 국제 사회: 해양 보호 구역 지정 및 해양 쓰레기 배출 감시 체계 강화

2. 해수면 상승 문제

원인	도시화와 산업화에 따른 화석 연료 사용으로 온실가스 배출이 증가함. → 지구 기온의 상승으로 빙하가 녹아 바닷물의 양이 증가함.
영향	해발 고도가 낮은 남태평양 지역의 상당수 섬이 바닷물에 잠기고 있음.
해결 방안	• 개인: 전기 에너지 절약, 대중교통 이용률 확대 • 기업: 저탄소 제품 생산, 데이터 액침 냉각 기술* 등 에너지 절감 기술 개발 및 실용화 • 국가와 국제 사회: 에너지 정책 전환 및 국제적 협력 강화, 환경 협약 체결, 삼림 보호

* 데이터 액침 냉각 기술: 데이터 센터의 발열량이 많은 저장 장비들을 비전도성 액체에 넣어 냉각시키는 기술로, 에너지 사용을 줄이는 데 기여함.

3 극지방의 지리적 중요성과 지역 개발

1. 위치와 특징
① 북극: 대부분이 얼음으로 덮여 있는 바다로, 유라시아 대륙과 아메리카, 그린란드에 둘러싸여 있음.
② 남극: 거대한 빙하로 덮여 있는 육지로, 남극해로 둘러싸여 있음.

▲ 북극의 위치

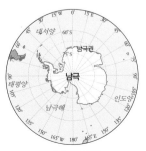

▲ 남극의 위치

2. 지리적 중요성
① 각종 지하자원이 풍부하게 매장되어 있음.
② 빙하와 토양층, 동식물 등의 연구 가치가 뛰어나고 전 지구의 기후 변화 예측에 도움이 됨.
③ 지구 온난화로 빙하가 녹으면서 북극 항로가 개통되어 항해에 소요되는 시간과 비용이 절감됨.

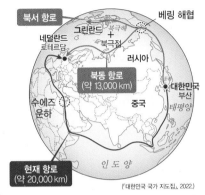

▲ 대한민국과 유럽 간 기존 항로와 북극 항로 비교

3. 극지방과 영유권 주장
① 북극: 미국, 캐나다, 덴마크, 노르웨이, 러시아 간 자원 개발을 위한 영유권 주장이 치열해짐.
② 남극: 남극 조약(1959년)에 의해 과학 조사의 자유가 보장되고 있으며, 남극에 대한 영유권 주장 및 군사 행동이 금지되어 있음.

4. 극지방을 둘러싼 다양한 이해관계
① 지역 개발 측면
• 석유, 천연가스 등의 에너지 자원과 각종 광물 자원이 풍부함.
• 깨끗하고 독특한 자연환경을 이용한 관광 상품 개발이 가능함.
② 환경 보호 측면
• 극한의 환경에 적응해 살아가는 극지방 생물들의 학술 연구 가치가 높음.
• 빙하에는 과거의 기후 정보가 간직되어 있어 지구의 환경 변화 연구에 도움이 됨.
③ 바람직한 해결 방안
• 무분별한 자원 개발은 전 지구적인 위기를 초래함을 국제 사회가 공통적으로 인식해야 함.
• 국가 간 협의를 통해 지속가능한 개발을 도모해야 함.

주제 탐구 1 　오세아니아의 기후와 인구 분포는 어떤 관계가 있을까?

오스트레일리아 북부 지역은 열대 기후가 나타납니다. 국토 대부분을 차지하는 내륙과 서부 지역은 건조 기후가 나타나고, 서남부와 동부 해안은 온대 기후가 나타납니다. 한편 뉴질랜드는 국토 대부분에서 온대 기후가 나타납니다. 뉴질랜드는 중위도의 편서풍대에 위치하여 대체로 여름이 서늘하고 겨울이 온화합니다. 편서풍은 대기 대순환에 의해 남·북반구 중위도에서 일 년 내내 부는 바람입니다.

기후는 인간의 중요한 거주 요건 중 하나입니다. 세계적으로는 온화한 기후가 나타나는 중위도의 온대 기후 지역에 많은 인구가 거주하고 있습니다. 오스트레일리아 역시 온대 기후 지역의 인구 밀도가 높고, 브리즈번, 시드니, 캔버라, 멜버른 등의 도시들 또한 온대 기후 지역에 분포합니다. 오스트레일리아의 경우 건조 기후가 나타나는 내륙과 서부 지역은 인구 밀도가 매우 낮습니다. 건조 기후가 나타나는 내륙에는 관광 산업이 발달한 앨리스스프링스 외에는 거의 도시를 찾아보기가 어렵습니다. 한편 뉴질랜드는 북섬에 수도인 웰링턴과 인구 규모 1위 도시인 오클랜드가 있습니다.

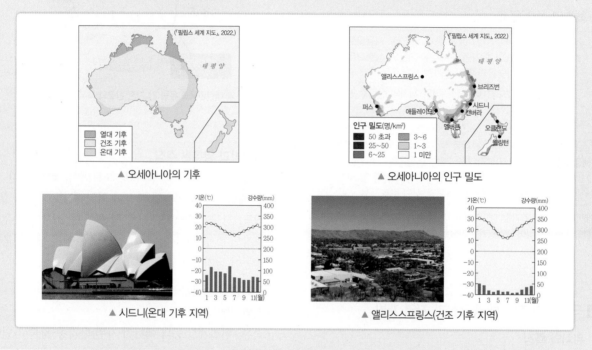

▲ 오세아니아의 기후

▲ 오세아니아의 인구 밀도

▲ 시드니(온대 기후 지역)

▲ 앨리스스프링스(건조 기후 지역)

Q&A

1　오스트레일리아의 주요 도시는 어디이며, 어떤 기후가 나타나는가?

오스트레일리아는 서남부와 동부 지역을 중심으로 퍼스, 브리즈번, 시드니, 캔버라, 멜버른 등의 도시들이 분포한다. 이들 도시는 모두 온대 기후가 나타난다.

2　오스트레일리아 내륙의 인구가 희박한 이유는 무엇일까?

오스트레일리아 내륙은 건조 기후가 나타나고, 사막과 초원이 발달하였다. 따라서 인간이 거주하기에 불리한 자연환경이 나타난다.

주제 탐구 2 ### 해양 쓰레기의 문제점과 해결 방안은 무엇일까?

　해양으로 유입된 쓰레기는 해류를 따라 이동, 순환하면서 특정 지점에 모여서 섬과 같은 형태를 이루게 됩니다. 쓰레기 섬은 자연 분해가 거의 되지 않는 플라스틱이나 비닐로 구성되어 있어 해양 환경을 파괴하고 있습니다. 해양 쓰레기는 해수면 위에 떠 있는 것뿐만 아니라 해저로 가라앉은 플라스틱 쓰레기까지 포함하면 그 양이 엄청날 것입니다. 더욱 심각한 것은 해양 쓰레기가 해양 생물의 생존에도 위협을 주지만 쓰레기를 먹이로 오인하고 삼킨 해양 생물을 섭취하는 인간도 피해를 입을 수 있다는 점입니다. 눈에 잘 보이지 않는 미세 플라스틱은 먹이 사슬을 통해 우리 몸에 흡수되기 때문에 생태계 전체에 큰 피해를 줄 수 있습니다.

　그렇다면 해양 쓰레기 배출을 줄이고 생태계의 안전을 지킬 수 있는 방안은 무엇일까요? 개인은 페트병과 비닐봉지 등의 쓰레기 배출을 줄여야 하고, 쓰레기 분리수거를 적극 실천해야 합니다. 그리고 어민들은 어업에 사용되는 스티로폼이나 플라스틱 도구를 함부로 버리지 않고 분리하여 폐기해야 합니다. 기업은 친환경 제품 개발을 위한 연구 및 생산 강화에 힘써야 합니다. 국가는 플라스틱의 생산과 소비를 억제하기 위한 법적 규제를 마련해야 하며, 국제 사회는 플라스틱 규제를 위한 협약을 마련하고 각국의 동참을 이끌며 실천 과정을 감시해야 합니다.

▲ 태평양의 거대 쓰레기 지대

(미국 해양 대기청, 2023.)

▲ 인터셉터　바다로 유입하는 강에 구조물을 설치해 플라스틱 폐기물을 비롯한 부유물을 유도하여 수거한다.

미세 플라스틱이 포함되어 있는 생선, 새우, 조개 등을 섭취하면 인체 건강에 좋지 않은 영향을 미친다.

사람들이 버린 플라스틱 쓰레기가 바다로 흘러가면 작은 입자로 쪼개진다.

해양 생물들이 미세 플라스틱을 먹이로 착각해 섭취하여 체내에 쌓이고 먹이 사슬을 통해 미세 플라스틱이 순환된다.

미세 플라스틱이 산호에 달라붙으면 폐사하는 산호의 수가 많아져 주변 해양 생태계까지 파괴된다.

▲ 해양 쓰레기의 순환

Q&A

1 태평양 쓰레기 섬의 형성에 해류의 흐름이 어떤 영향을 미치는가?

태평양 주위의 해류는 크게 원을 돌며 흐르는데, 해류로 둘러싸이는 대양 내부에 쓰레기가 모여 섬을 이루게 되었다.

2 해양 쓰레기가 인체에 위협이 되는 이유는 무엇일까?

해양 쓰레기의 대부분을 차지하는 플라스틱은 파도와 해류에 의해 잘게 쪼개져 미세 플라스틱이 된다. 해양 생물들은 미세 플라스틱을 먹이로 오인하여 섭취하고, 이러한 해양 생물을 인간이 섭취함에 따라 체내에 미세 플라스틱이 축적된다.

1 오세아니아의 지리적 특성과 자원 수출

01 다음 설명에 해당하는 국가를 〈보기〉에서 고르시오.

> ─ 보기 ─
> ㄱ. 투발루　　　　ㄴ. 뉴질랜드
> ㄷ. 파푸아뉴기니　ㄹ. 오스트레일리아

(1) 오세아니아 내 국토 면적 1위인 국가　（　）
(2) 크게 남섬과 북섬으로 구성되며, 수도가 웰링턴인 국가
　　　　　　　　　　　　　　　　　　（　）
(3) 인도네시아와 국경을 접하고 있는 국가　（　）
(4) 날짜 변경선과 가까운 편이며 해수면 상승으로 인해 국토가 사라질 위험이 있는 국가　（　）

02 괄호 안의 내용 중 알맞은 말에 ○표 하시오.

(1) 오스트레일리아 내 인구 규모 1위 도시로 세계 3대 미항 중 하나인 곳은 (시드니, 캔버라)이다.
(2) 뉴질랜드의 북섬은 주로 (화산, 빙하) 지형이 발달해 있어 온천, 간헐천이 나타난다.
(3) 그레이트디바이딩산맥은 오스트레일리아 (동부, 서부)에 위치한다.

03 밑줄 친 부분을 옳게 고쳐 쓰시오.

(1) 오스트레일리아 국토의 대부분은 온대 기후가 나타난다.　　　　　　　　　　　　　　　（　）
(2) 오스트레일리아 서남부와 동부 해안은 냉대 기후가 나타난다.　　　　　　　　　　　　　（　）

04 다음 자원의 주요 생산 지역을 찾아 연결하시오.

(1) 팜유　　•　　　　　•　㉠ 파푸아뉴기니
(2) 철광석　•　　　　　•　㉡ 오스트레일리아 서부
(3) 석탄　　•　　　　　•　㉢ 오스트레일리아 동부

05 다음 설명이 옳으면 ○표, 틀리면 ×표 하시오.

(1) 오스트레일리아의 최대 무역 상대국은 미국이다.
　　　　　　　　　　　　　　　　　　（　）
(2) 오스트레일리아는 공업 제품의 수출액보다 광물 및 에너지 자원의 수출액이 많다.　（　）

2 태평양 지역의 환경 문제와 해결 방안

06 빈칸 ㉠, ㉡에 들어갈 알맞은 내용을 쓰시오.

> 해양 쓰레기 문제는 파랑과 해류에 의해 잘게 쪼개진 미세 (㉠)이/가 먹이 사슬을 통해 우리 몸에 흡수되는 등 생태계 전체에 큰 피해를 끼친다. 해수면 상승 문제는 (㉡) 연료 사용으로 배출되는 온실가스가 지구 온도를 상승시키면서 나타나고 있다.

07 괄호 안의 내용 중 알맞은 말에 ○표 하시오.

(1) 거대 쓰레기 섬은 (북극해, 태평양)에 형성되어 있다.
(2) 기후 변화로 인해 북극해의 빙하 분포 범위가 (확대, 축소)되고 있다.
(3) 해수면 상승으로 국토가 바닷물에 잠겨 큰 피해를 겪고 있는 국가 사례로 (피지, 아이슬란드)를 들 수 있다.

3 극지방의 지리적 중요성과 지역 개발

08 다음 설명이 옳으면 ○표, 틀리면 ×표 하시오.

(1) 북극을 둘러싼 영유권 분쟁 당사국으로는 미국, 브라질 등이 있다.　　　　　　　　　（　）
(2) 남극은 거대한 빙하로 덮여 있는 대륙이다.　（　）
(3) 남극 조약에 따라 남극에 대한 각국의 영유권 주장은 금지되어 있다.　　　　　　　　（　）

09 괄호 안의 내용 중 알맞은 말에 ○표 하시오.

(1) 극지방은 석유, 천연가스와 같은 (광물, 에너지) 자원의 매장량이 풍부하다.
(2) 지구 온난화로 (남극, 북극) 항로가 개척되면서 동아시아와 유럽 간 이동에 소요되는 시간과 비용이 절감되는 효과가 있다.
(3) 극지방의 빙하는 과거의 기후 정보를 간직하고 있으므로 기후 변화 연구 측면에서는 극지방의 (자원 개발, 환경 보전)이 중시된다.

☆ 중요
◐ 242011-0117

01 오세아니아에 대한 설명으로 옳은 것은?

① 대부분 북반구에 위치한다.

② 인도양과 대서양에 걸쳐 있는 지역이다.

③ 열대 기후보다 한대 기후가 넓게 나타난다.

④ 키리바시에서는 세계에서 가장 늦게 해돋이를 볼 수 있다.

⑤ 오세아니아 국가들은 대부분 섬나라로 바다와 밀접한 관련이 있다.

◐ 242011-0118

02 오세아니아의 주요 도시에 대한 학생의 설명이 옳은 것만을 〈보기〉에서 고른 것은?

┌─── 보기 ───
갑: 웰링턴은 뉴질랜드의 수도야.
을: 오클랜드는 뉴질랜드 남섬에 위치해.
병: 멜버른과 퍼스는 모두 오스트레일리아에 위치해.
정: 오스트레일리아의 수도 캔버라는 건조 기후가 나타나.
└────────────

① 갑, 을   ② 갑, 병   ③ 을, 병
④ 을, 정   ⑤ 병, 정

◐ 242011-0119

03 다음 글에서 설명하는 지역의 사례를 지도의 A～E에서 고른 것은?

┌────────────────────
주로 얕은 바다에 사는 산호가 자라서 죽은 뒤 석회질이 남아서 생긴 암초로 이루어진 해안이다.
└────────────────────

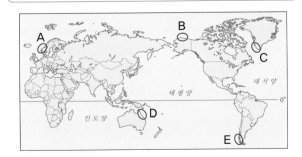

① A   ② B   ③ C   ④ D   ⑤ E

◐ 242011-0120

04 지도의 A～E 지역에 대한 설명으로 옳은 것은?

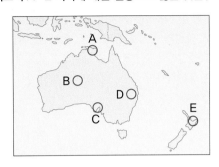

① A – 판이 갈라지면서 새로운 지각이 형성되고 있다.

② B – 지각이 불안정하여 지진 발생 가능성이 높다.

③ C – 빙하 침식 지형이 발달하였다.

④ D – 환태평양 조산대에 속한다.

⑤ E – 화산 지형이 발달하였다.

☆ 중요
◐ 242011-0121

05 지도는 오스트레일리아와 뉴질랜드의 기후 분포를 나타낸 것이다. ㉠～㉢에 들어갈 용어로 옳은 것은?

	㉠	㉡	㉢		㉠	㉡	㉢
①	건조	온대	열대	②	건조	열대	온대
③	열대	건조	온대	④	열대	온대	건조
⑤	온대	건조	열대				

☆ 중요

● 242011-0122

06 다음 글의 밑줄 친 'A 자원'으로 옳은 것은?

> 오스트레일리아 서부 지역에 위치한 필바라의 로이힐 광산은 A 자원의 산지로 유명하다. A 자원은 석탄과 함께 오스트레일리아 수출액 비율 상위 2개 품목에 속하며, 상당량은 동아시아의 중국, 대한민국, 일본 등으로 수출된다.

① 금　　　　　② 은　　　　　③ 구리
④ 주석　　　　⑤ 철광석

● 242011-0123

07 다음 글의 ㉠에 해당하는 국가로 옳은 것은?

> 역내포괄적경제동반자협정(RCEP)은 회원국 간의 자유로운 상품 무역과 투자를 촉진하기 위해 체결되었다. 이 협정에는 2023년 기준 ㉠ 오세아니아 2개국과 아시아 13개국이 가입되어 있다.

① 뉴질랜드, 투발루
② 뉴질랜드, 키리바시
③ 뉴질랜드, 오스트레일리아
④ 오스트레일리아, 키리바시
⑤ 오스트레일리아, 파푸아뉴기니

☆ 중요

● 242011-0124

08 그래프는 오스트레일리아의 총 무역액 내 주요 무역 상대국 비율 변화를 나타낸 것이다. (가), (나) 국가에 대한 설명으로 옳은 것은? (단, (가), (나)는 각각 영국, 중국 중 하나임.)

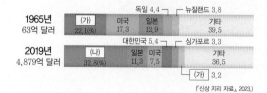

1965년 63억 달러	(가) 22.1(%)	미국 17.3	일본 12.9	독일 4.4	뉴질랜드 3.8	기타 39.5
2019년 4,879억 달러	(나) 32.8(%)	일본 11.3	미국 7.5	대한민국 5.4	싱가포르 3.3	기타 36.5 (가) 3.2

『신상 지리 자료』, 2023.)

① (가)는 (나)보다 국토 면적이 넓다.
② (가)는 (나)보다 국가 내 영어 사용자 비율이 높다.
③ (나)는 (가)보다 1인당 국내 총생산이 많다.
④ (나)는 (가)보다 총인구가 적다.
⑤ (가)는 아시아, (나)는 유럽에 위치한다.

● 242011-0125

09 다음 자료의 ㉠이 형성된 곳으로 옳은 것은?

> 해류를 타고 돌아다니던 해양 쓰레기들이 해류 순환이 이루어지는 해역 내부에 모여 만들어진 ㉠ 거대 쓰레기섬은 해양 생태계 및 인류에 큰 위협이 되고 있다.

① 남극해　　　② 북극해　　　③ 지중해
④ 북태평양　　⑤ 아라비아해

☆ 중요

● 242011-0126

10 해양 쓰레기 문제에 대한 설명으로 옳지 않은 것은?

① 바다의 자정 능력이 높기 때문에 쓰레기는 그대로 두면 소멸된다.
② 미세 플라스틱으로 쪼개지면 먹이 사슬을 통해 우리 몸에 흡수된다.
③ 대부분 비닐봉지나 페트병, 어업 도구 등의 플라스틱 제품으로 이루어져 있다.
④ 해양을 오염시킬 뿐만 아니라 해양 생물이 쓰레기를 먹이로 오인하여 다칠 수 있다.
⑤ 미세 플라스틱이 산호에 달라붙으면 폐사하는 산호의 수가 많아져 주변 생태계까지 파괴된다.

● 242011-0127

11 다음 글의 ㉠이 나타나는 원인으로 가장 적절한 것은?

> 산호초는 바닷물고기의 서식처이며, 생태학적으로 매우 중요한 가치가 있다. 그러나 최근 ㉠ 산호가 하얗게 변하는 현상이 발생하면서 생태계에 큰 변화가 나타나고 있다.

① 해수 온도 상승　　　② 파랑의 침식 작용
③ 지진 및 화산 활동　　④ 해수 염분 농도 상승
⑤ 외래 생물종의 번식

12 다음 자료의 (가)에 들어갈 환경 문제로 옳은 것은?

> ● 242011-0128

 투발루 정부는 국제 연합(UN) 기후 변화 당사국 총회 연설 장면을 투발루 공식 사회 관계망 서비스에 게재했다. 국토의 평균 해발 고도가 약 2~3m인 투발루는 외교부 장관의 연설을 통해 ＿(가)＿(으)로 인하여 국토가 상실되고 있는 국가의 안타까운 상황을 보여 주었다.

① 산성비 문제　　② 오존층 파괴
③ 해수면 상승　　④ 습지 면적 감소
⑤ 해양 쓰레기 문제

13 빈칸 ㉠에 들어갈 내용으로 가장 적절한 것은?

> ● 242011-0129

> 데이터 센터의 저장 장비들은 발열이 심하므로 이를 냉각시키기 위해 많은 양의 전기 에너지가 필요하다. 이런 장비들을 특수 액체에 넣어 냉각시키는 데이터 액침 냉각 기술은 에너지 사용을 줄이므로 (㉠)에 기여하게 된다.

① 오존층 보호
② 공정 무역 활성화
③ 온실가스 배출량 감소
④ 외래 생물종의 번식 약화
⑤ 해양으로 배출되는 쓰레기양 감소

14 해수면 상승의 원인이 되는 문제의 해결 방안으로 가장 적절한 것은?

> ● 242011-0130

① 삼림을 조성하고 보호하는 활동에 동참한다.
② 자전거나 대중교통보다는 자가용을 많이 이용한다.
③ 에너지 효율 등급이 낮은 가전 제품을 주로 사용한다.
④ 기업에 대한 환경 규제를 완화하여 에너지 사용량을 늘린다.
⑤ 스마트폰 사용 시 불필요한 데이터를 삭제하지 않고 모아둔다.

☆ 중요

15 다음 글을 통해 알 수 있는 태평양 지역의 환경 문제로 가장 적절한 것은?

> ● 242011-0131

> 해양 생물의 건강에 영향을 끼치는 미세 플라스틱은 최상위 포식자인 인간에게도 영향을 미칠 가능성이 높다. 사람들이 즐겨 먹는 어류에 미세 플라스틱이 존재하는지를 평가한 연구 결과, 조사한 어종의 약 55~67%에서 검출됐다.

① 산성비　　　　② 오존층 파괴
③ 열대림 파괴　　④ 해양 쓰레기 문제
⑤ 외래 생물종 번식

16 빈칸 ㉠에 들어갈 내용으로 옳은 것은?

> ● 242011-0132

> (㉠) 지역은 유라시아 대륙과 아메리카 대륙, 그린란드에 둘러싸여 있으며, 추위에 잘 견디는 곰과 여우 등의 야생 동물이 서식하고 있다.

① 남극　　　　② 북극　　　　③ 인도양
④ 남태평양　　⑤ 북태평양

☆ 중요

17 극지방에 대한 설명으로 옳지 않은 것은?

> ● 242011-0133

① 각종 자원이 풍부하게 매장되어 있다.
② 빙하와 토양층, 동식물 등의 연구 가치가 뛰어나다.
③ 극지방의 기후와 빙하 연구를 통해 기후 변화를 예측할 수 있다.
④ 아시아와 유럽 간 선박 통행 시간 단축을 위한 북극 항로 개발 움직임이 나타나고 있다.
⑤ 남극에서는 영유권을 주장하는 주요 당사국 간에 군사 행동으로 인한 분쟁이 나타나고 있다.

● 242011-0134

18 지도의 A 지역에 대한 설명으로 옳은 것만을 〈보기〉에서 고른 것은?

┌─ 보기 ──────────────────────┐
ㄱ. 한류와 난류가 교차한다.
ㄴ. 7월에 백야 현상이 나타난다.
ㄷ. 거대 쓰레기 섬이 형성되어 있다.
ㄹ. 석유, 천연가스가 풍부하게 매장되어 있다.
└────────────────────────────┘

① ㄱ, ㄴ   ② ㄱ, ㄷ   ③ ㄴ, ㄷ
④ ㄴ, ㄹ   ⑤ ㄷ, ㄹ

● 242011-0135

19 북극과 비교한 남극의 상대적 특징으로 옳은 것만을 〈보기〉에서 고른 것은?

┌─ 보기 ──────────────────────┐
ㄱ. 1월의 낮 길이가 길다.
ㄴ. 대한민국이 건설한 과학 기지 수가 많다.
ㄷ. 해안 지역에 수렵, 어로 활동을 하는 주민이 많다.
ㄹ. 영유권 주장으로 인한 국가 간 분쟁 가능성이 높다.
└────────────────────────────┘

① ㄱ, ㄴ   ② ㄱ, ㄷ   ③ ㄴ, ㄷ
④ ㄴ, ㄹ   ⑤ ㄷ, ㄹ

☆ 중요

● 242011-0136

20 다음 글에서 설명하는 조약(협약)으로 옳은 것은?

┌────────────────────────────┐
  1959년 12월 1일 체결되어 1961년부터 발효되기 시작하였다. 여기에는 풍부한 자원을 보유한 ○○의 평화적 이용과 자유로운 과학 조사 활동을 보장하는 내용이 담겨 있다. 이에 따라 ○○에 대한 각국의 영유권 주장 및 군사 행동이 금지되어 있다.
└────────────────────────────┘

① 남극 조약   ② 런던 협약   ③ 바젤 협약
④ 람사르 협약   ⑤ 태평양 안전 보장 조약

● 242011-0137

21 빈칸 ㉠에 들어갈 국가로 옳지 <u>않은</u> 것은?

┌────────────────────────────┐
  북극해의 풍부한 자원과 북극 항로 개척으로 경제적·군사적 이익을 얻기 위한 국가들의 영유권 주장이 점점 더 치열해지고 있다. 현재 북극해의 영유권을 주장하는 국가로는 (㉠) 등이 있다.
└────────────────────────────┘

① 미국   ② 덴마크   ③ 러시아
④ 스위스   ⑤ 캐나다

☆ 중요

● 242011-0138

22 "극지방을 적극적으로 개발해야 한다."는 입장만을 〈보기〉에서 고른 것은?

┌─ 보기 ──────────────────────┐
ㄱ. 극지방은 깨끗하고 독특한 자연 경관을 가지고 있어 여행 경험을 쌓기 좋은 곳이다.
ㄴ. 극지방은 석유, 천연가스, 금속 광물 등의 자원이 풍부하여 경제적 이용 가치가 높다.
ㄷ. 빙하는 기후 환경 변화 연구 자료로서의 가치가 높으므로 있는 그대로 보존 및 관리되어야 한다.
ㄹ. 극지방의 생물들은 인간의 영향을 거의 받지 않은 데다가 극한의 환경에서 살아가므로 생태학적 가치가 높다.
└────────────────────────────┘

① ㄱ, ㄴ   ② ㄱ, ㄷ   ③ ㄴ, ㄷ
④ ㄴ, ㄹ   ⑤ ㄷ, ㄹ

1 서술형 연습하기 ◐ 242011-0139

그래프의 수출액 비율 상위 2개 품목을 토대로 하여 뉴질랜드에서 발달한 산업을 쓰고, 이 산업이 발달하게 된 배경을 기후와 연결 지어 서술하시오.

▲ 뉴질랜드의 품목별 수출액 비율

Tip 뉴질랜드의 수출품을 살펴보고, 어떤 산업이 발달했는지 추론해야 합니다. 발문을 뜯어보면 "❶뉴질랜드에서 발달한 산업을 쓰고, ❷이 산업이 발달하게 된 배경을 기후와 연결 지어 서술하시오." 이니, 답안에 ❶과 ❷가 모두 들어가야 만점!

답 완성하기

뉴질랜드는 유제품, 육류의 수출액 비율이 높은 것으로 보아 (   )이/가 발달하였음을 알 수 있다. 뉴질랜드는 여름이 서늘하고 겨울이 온화한 (   ) 기후가 나타나므로 젖소, 육우, 양 등을 사육하기에 적합하다.

2 서술형 훈련하기 ◐ 242011-0140

다음 자료는 어느 환경 문제에 관한 것이다. ㉠에 들어갈 환경 문제를 쓰고, ㉡의 이유를 서술하시오.

그림 속 기구는 태평양 지역의 심각한 (㉠)와/과 관련이 깊으며, ㉡ 하천이 바다로 유입하는 지점에 설치되어 있다.
…… 미세 플라스틱은 해양 생물과 인체에 치명적인 피해를 주고 해양 생태계의 파괴를 가져온다.

3 논술형 도전하기 ◐ 242011-0141

지도는 부산과 로테르담을 연결하는 현재 항로와 북극 항로를 나타낸 것이다. 북극 항로 개척 배경을 기후 변화 및 운송비의 측면에서 200자 이내로 논술하시오.

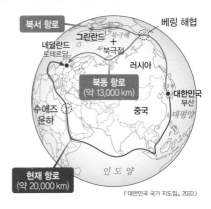

(『대한민국 국가 지도집』, 2022.)

핵심 개념 북극 항로와 관련지어 알아야 할 것들
(1) 지구 온난화 (2) 극지방 환경의 변화 (3) 교통 조건의 개선

VII 인간과 사회생활

1 사회화와 자아 정체성

1. 사회화의 의미와 기능

① 의미: 인간이 자신이 속한 사회의 언어와 규범, 행동 양식, 지식과 가치관 등을 배워 나가는 과정

② 기능

개인적 측면	• 규범과 행동 양식 습득 • 개성과 자아 정체성 형성
사회적 측면	• 문화를 공유하고 다음 세대에 전달 • 사회 질서 유지와 발전

2. 사회화 기관

① 의미: 인간의 사회화에 영향을 미치는 단체나 집단 등

② 종류

가정	• 가장 기초적인 사회화 기관 • 기본적인 생활 습관과 언어 등을 학습
또래 집단	주로 놀이를 통해 공동체 생활에 필요한 규칙과 질서 등을 습득
학교	사회생활에 필요한 지식과 기술, 규범 등을 체계적으로 학습
직장	업무 수행을 위한 지식과 행동 양식 등을 습득
대중 매체	대중들에게 다양한 정보와 지식을 제공하는 텔레비전, 인터넷 등 → 현대 사회에서 영향력이 커지고 있음.

3. 사회화 과정과 재사회화

① 사회화 과정: 인간의 사회화는 평생에 걸쳐 다양한 사회화 기관을 통해 이루어짐.

② 재사회화: 개인이 속한 집단이 바뀌거나 사회가 변화하는 경우 이에 적응하기 위해 새로운 지식과 생활 양식 등을 다시 배우는 과정 → 급변하는 현대 사회에서 중요성이 커짐.

자료 분석 노인의 재사회화

정보 통신 기술이 우리 생활 전반에 활용되면서 디지털 기기나 온라인 서비스에 익숙하지 않은 노인층을 대상으로 정보화 교육의 필요성이 높아지고 있다. 성인이 된 후에도 변화에 적응하기 위해 새로운 지식과 가치, 규범 등을 배우는 재사회화가 필요하다.

4. 자아 정체성

① 의미: 성격, 가치관, 관심 등 자신만의 고유한 특성이나 모습 등을 명확히 이해하는 것

② 형성

• 사회화 과정에서 자아 정체성이 형성됨.

• 자신의 노력뿐만 아니라 가족, 또래 집단, 학교, 대중 매체 등 다양한 요인과의 상호 작용을 통해 형성됨.

• 청소년기는 자아 정체성이 형성되는 중요한 시기이므로, 이때 자신에 대해 관심을 가지고 자아 정체성을 찾으려는 노력이 필요함.

③ 바람직한 자아 정체성 형성을 위한 노력

• 자아 정체성은 성인기의 삶에도 영향을 미침.

• 자아 정체성의 형성을 위해 자신의 고유한 특성에 대해 성찰하는 것이 중요함.

• 사회화 과정에서 바람직한 사고방식과 행동 양식을 습득해야 함.

2 사회적 지위와 역할

1. 사회적 지위

① 의미: 한 개인이 자신이 속한 집단이나 사회적 관계 속에서 차지하는 위치

② 종류

귀속 지위	• 개인의 의지나 노력과 관계없이 자연적으로 갖게 되는 지위 • 신분 제도가 있던 전통 사회에서 중시 예 딸, 아들, 여자, 남자, 노비, 양반 등
성취 지위	• 개인의 의지나 노력에 따라 후천적으로 얻게 되는 지위 • 현대 사회로 오면서 중요성이 커짐. 예 학생, 교사, 어머니, 아버지 등

2. 역할과 역할 행동

① 역할: 사회적 지위에 따라 기대되는 일정한 행동 양식

② 역할 행동: 역할을 수행하는 개인의 구체적인 방식

• 역할 행동은 개인마다 다르게 나타남.

• 역할을 성실히 수행하면 칭찬이나 보상이 주어짐.

• 역할을 제대로 수행하지 못하면 비난이나 처벌 등 사회적 제재를 받음.

3. 역할 갈등

① 의미: 한 개인이 가지는 여러 지위에 따른 역할이 서로 충돌하여 갈등을 일으킨 상태

② 특징
- 사회가 복잡해지고 다양한 사회적 관계가 형성되는 현대 사회에서 증가함.
- 역할 갈등이 해결되지 못하면 개인은 심리적 불안을 겪게 되고, 사회는 불안정해질 수 있음.

③ 합리적 해결 방안

개인적 차원	역할 갈등의 원인과 갈등 상황을 명확하게 분석하고 우선순위를 정하여 순서대로 역할을 수행함.
사회적 차원	적절한 제도를 도입하거나 법률 제정을 통해 갈등 상황 해결을 지원함. ⑩ 「영유아 보육법」에 따라 설치된 어린이집을 통해 맞벌이 부부의 역할 갈등 해소

자료 분석 역할 갈등

사람들은 일반적으로 여러 집단에 동시에 소속되어 있다. 이에 따라 사회생활을 하면서 여러 개의 지위를 가지고 각 지위에 따른 역할들을 수행하게 된다. 예를 들어 희영 씨는 가정 내에서는 누군가의 어머니이자 딸이고, 회사 내에서는 팀장이며, 아파트 부녀회에서는 회장이라는 사회적 지위를 가지고 있다. 이때 서로 다른 지위에 따른 역할이 충돌하여 갈등을 일으키는 경우가 있는데, 이를 역할 갈등이라 한다. 사회가 복잡해지면서 개인이 가지는 지위도 많아져 역할 갈등이 발생할 가능성도 커지고 있다.

❸ 우리 사회의 다양한 갈등과 차별

1. 갈등

① 의미: 개인이나 집단 사이에 목표나 이해관계가 달라 서로 부딪히며 충돌하는 현상

② 특징: 현대 사회에서는 사회 구성원들의 가치, 생활 양식, 이해관계 등이 다양해져 여러 형태의 갈등이 발생함.

③ 갈등 사례: 성별 갈등, 지역 갈등, 계층 갈등, 세대 갈등 등

2. 차별

① 차이와 차별

차이	서로 같지 않고 다른 것 → 자연스러운 현상
차별	차이를 이유로 어떤 사람이나 집단을 부당하게 대우하는 것 → 개선해야 할 문제

② 차별 사례: 성차별, 장애인 차별, 외국인이나 이민자에 대한 차별, 외모나 연령에 따른 차별 등

③ 차별의 원인: 다른 사람에 대한 편견이나 고정 관념, 불합리한 사회 제도 등

3. 갈등과 차별에 대한 대처 방안

① 갈등의 문제점과 대처 방안

문제점	갈등 발생은 자연스러운 현상이나 적절히 대처하지 않으면 사회가 분열되어 사회 안정 및 발전에 부정적 영향을 미칠 수 있음.
대처 방안	• 갈등의 원인을 파악하고, 양보와 타협의 자세로 의견 차이를 조정하는 방안 마련 • 자신의 이익뿐만 아니라 공동체 전체의 가치와 이익도 함께 고려하는 자세 필요

② 차별의 문제점과 대처 방안

문제점		• 인간의 존엄성을 침해하고, 차별받는 사람에게 고통과 소외감을 느끼게 함. • 구성원 간의 대립과 갈등을 가져와 사회 통합과 발전을 저해함.
대처 방안	개인적 차원	• 차이를 인정하고 다양성을 존중하는 태도 함양 • 해결 방안을 제안하거나 국가에 법과 제도의 개선 요구
	사회적 차원	사회적 약자를 위한 법과 제도 마련 ⑩ 장애인 차별 금지법, 남녀 고용 평등법 등

자료 분석 먼지 차별

남자인데 외모 관리를 잘하시네요?

장애가 있는데도 힘든 일을 해내시다니 대단하네요!

엄마가 일하면 아이는 누가 보나요?

사투리를 많이 고치셨네요?

눈에 잘 띄지 않지만 우리 주변에서 유해한 영향을 미치는 먼지처럼 구성원들이 잘 인식하지 못하는 차별을 '먼지 차별'이라고 한다. 우리가 가진 특정 성별, 지역, 외모, 인종 등에 대한 생각들은 잘못된 편견이나 고정 관념일 수 있으며, 이는 먼지 차별로 이어질 수 있다. 사소해 보이는 말이나 행동도 상대방에게는 차별이 될 수 있으므로 유의해야 한다.

인간은 어떻게 사회 구성원으로 성장할까?

국어 사전에 따르면 '인간답다'라는 말은 '됨됨이나 하는 행동이 사람으로서의 도리에 어긋남이 없는 듯하다'라는 뜻으로 쓰입니다. 그래서 우리는 사회적으로 용인하기 어려운 행동을 한 사람에게 '인간답지 못하다'라는 표현을 쓰기도 합니다. 인간으로 태어났다고 해서 모두 인간다운 행동을 하는 것은 아니라는 것입니다.

1920년 인도의 한 숲속에서 두 명의 여자 아이들이 발견되었습니다. 인간을 향해 공격을 하던 아이들을 고아원으로 데리고 왔지만 이들은 늑대처럼 바닥을 기어다니고, 이상한 소리를 질러댔으며, 날고기만 먹고, 옷을 입혀 줄 때마다 찢어 버렸다고 합니다. 2008년 3월 러시아에서는 커다란 새장 안에 새와 함께 갇혀 있던 소년이 발견되었습니다. 경찰이 새장 안에서 소년을 구출하려고 하자 소년은 입으로 마치 새처럼 경찰의 손을 쪼아대고 날갯짓을 하듯 양팔을 흔들었으며, 새 소리와 유사한 소리를 냈다고 합니다. 두 사례 속 소년과 소녀들은 모두 인간 사회에 적응하는 것을 무척 어려워했습니다.

그렇다면 우리는 어떻게 인간다운 행동을 하며, 사회 구성원으로 살아가고 있는 것일까요? 일반적으로 인간은 태어나서 다른 사람들과 관계를 맺고 사회생활에 필요한 많은 것들을 배우며 성장하게 됩니다. 이렇게 인간이 자신이 속한 사회의 언어와 규범, 행동 양식, 지식과 가치관 등을 배워 나가는 과정을 사회화라고 합니다. 인간은 이 사회화 과정을 통해 사회생활에 필요한 행동 양식을 습득합니다. 한국어를 사용해 의사소통하는 것, 어른을 보면 고개를 숙여 인사하는 것, 음식을 먹을 때 수저를 사용하는 것 등은 모두 사회화의 결과라고 볼 수 있습니다. 여러분이 이제 막 태어났을 때는 우는 것, 자는 것 등 본능적인 행동밖에 할 수 없었지만 사회화 과정을 통해 한국 사회에 적응하기 위한 행동 양식을 익히고 한국 사회의 구성원으로 성장해 나갈 수 있는 것입니다.

한편, 사회화는 개인이 처한 환경에 따라 다르게 이루어집니다. 같은 한국 사회에서 태어난다고 하더라도 가족과 친구 등 자신이 관계를 맺는 사람과 경험이 다르기 때문에 각 개인은 서로 다른 모습으로 성장하게 됩니다. 이러한 사회화의 과정은 인간이 태어나면서부터 죽을 때까지 평생에 걸쳐 이루어집니다.

유아기에는 가정에서 언어와 기본적인 생활 습관 등을 학습한다. / 아동기에는 또래 집단과 어울리며 놀이를 통해 규칙과 질서를 배운다. / 청소년기에는 학교에서 지식과 규범 등을 체계적으로 배운다. / 성인기에는 직장에서 업무 수행에 필요한 지식과 기술을 습득한다. / 빠르게 변화하는 사회에 적응하기 위해 재사회화를 경험한다.

Q&A

1 인간은 어떻게 사회 구성원으로 성장할까?

자신이 속한 사회의 언어와 규범, 행동 양식, 지식과 가치관 등을 배워 나가는 과정인 사회화를 통해 사회 구성원으로 성장할 수 있다.

2 인간은 왜 서로 다른 모습으로 성장하는가?

개인이 처한 환경에 따라 사회화가 다르게 이루어지기 때문이다.

차별은 왜 발생할까?

〈세계 인권 선언〉

제1조 모든 인간은 태어날 때부터 자유로우며, 누구에게나 동등한 존엄성과 권리가 있다. 인간은 타고난 이성과 양심을 지니고 있으며, 형제애의 정신에 입각해서 서로 간에 행동해야 한다.

제2조 모든 사람은 인종, 피부색, 성별, 언어, 종교, 정치적 입장이나 기타의 견해, 국적이나 사회적 출신, 재산, 출생이나 기타의 신분과 같은 모든 유형의 차별로부터 벗어나서, 이 선언에 규정된 모든 권리와 자유를 누릴 자격이 있다.

세계 인권 선언은 1948년 국제 연합(UN) 총회에서 채택된 선언으로 인간의 기본적인 권리를 규정하고 있습니다. 이를 살펴보면 모든 인간은 누구에게나 동등한 존엄성과 권리가 있고, 모든 유형의 차별로부터 벗어난다고 명시되어 있습니다. 그럼에도 불구하고 우리 사회에는 여전히 많은 차별이 나타나고 있습니다.

차별이란 다르다는 이유로 어떤 사람이나 집단을 부당하게 대우하는 것을 의미합니다. 정당한 사유 없이 성별이 다르다는 이유로 고용이나 임금 등에서 불이익을 주거나 장애인이라는 이유로 공연장 이용을 제한하는 등 우리의 일상에서 다양한 차별이 발생하고 있습니다.

이러한 차별이 발생하는 원인으로는 불합리한 사회 제도와 함께 편견과 고정 관념을 들 수 있습니다. 편견이나 잘못된 고정 관념은 상대방을 부정적으로 평가하는 데 영향을 미칠 수 있습니다. 예컨대 '외국인 노동자는 위험하다'라는 편견을 가지게 되면 외국인 노동자와 함께 어울리는 것을 꺼리게 되고 나아가 이들이 우리 주변에 머물지 못하도록 배제하는 차별적 행동으로 이어질 수 있습니다.

영국의 학자 프랜시스 골턴(Francis Galton)은 우수한 유전자를 가진 인구를 증가시키고 열등한 유전자를 가진 인구의 증가는 막아야 한다는 주장을 펼쳤습니다. 이를 믿는 사람들은 열등한 유전자를 지녔다고 분류되는 사람들을 차별하는 것을 당연하다고 여겼는데 이러한 믿음을 실현한 사례로 나치의 유대인 대학살을 들 수 있습니다. 히틀러는 유대인을 문제 있는 종족으로 구분하고, 약 600만 명의 유대인을 학살하였습니다. 특정 집단에 대한 잘못된 믿음이 대량 학살로 이어지게 된 것입니다.

차별은 인간의 존엄성을 침해하고, 차별받는 사람에게 심리적 고통과 소외감을 안겨 주며, 사회 구성원 간에 갈등을 일으켜 사회 통합과 발전을 가로막기도 합니다. 따라서 우리는 자신이 가진 편견과 고정 관념을 버려야 하며 서로 다르다는 차이를 인정하고 다양성을 존중하는 태도를 가져야 합니다. 사회적으로는 남녀 고용 평등법, 장애인 차별 금지법 등 차별을 금지하는 법과 제도를 마련해야 합니다.

Q&A

1 차별은 왜 발생하는 것일까?

사람들이 가진 편견이나 고정 관념, 불합리한 사회 제도 등으로 인해 발생한다.

2 차별을 해결하기 위한 방안에는 무엇이 있는가?

개인적으로는 편견과 고정 관념을 버리고 서로 간의 차이를 인정하는 태도를 가져야 하며, 사회적으로는 차별을 금지하는 법과 정책, 제도를 마련해야 한다.

1 사회화와 자아 정체성

01 빈칸에 들어갈 알맞은 말을 쓰시오.

(1) 자신이 속한 사회의 언어와 행동 양식, 지식과 가치관 등을 배워 나가는 과정을 (   )(이)라고 한다.

(2) 새로운 사회에 적응하기 위해 지식과 생활 양식 등을 다시 배우는 과정을 (   )(이)라고 한다.

(3) (   )(이)란 자신만의 고유한 특성이나 모습 등을 명확하게 이해하는 것이다.

02 다음 설명에 해당하는 사회화 기관을 〈보기〉에서 고르시오.

┌─ 보기 ─────────────────┐
│ ㄱ. 가정   ㄴ. 직장 │
│ ㄷ. 대중 매체   ㄹ. 또래 집단 │
└────────────────────────┘

(1) 업무에 필요한 지식과 기술을 습득   (   )

(2) 기본적인 생활 습관과 언어 등을 학습   (   )

(3) 정보와 지식을 제공하는 텔레비전, 인터넷 등의 매체
                                    (   )

(4) 주로 놀이를 통해 규칙과 질서 등을 학습하는 비슷한 나이로 구성된 집단   (   )

03 괄호 안의 내용 중 알맞은 말에 ○표 하시오.

(1) 사회화는 (평생에 걸쳐, 특정 시기에만) 이루어진다.

(2) (유아기, 청소년기)에는 대부분 학교에서 사회생활에 필요한 지식과 규범을 배운다.

(3) 사회적 측면에서 사회화는 (개인의 개성을 형성, 사회의 문화를 공유)하는 기능을 한다.

(4) 급변하는 현대 사회에서는 재사회화의 중요성이 (커지고, 작아지고) 있다.

(5) (청소년기, 노년기)는 자아 정체성이 형성되는 중요한 시기이다.

2 사회적 지위와 역할

04 밑줄 친 부분을 옳게 고쳐 쓰시오.

(1) 한 개인이 사회적 관계 속에서 차지하고 있는 위치를 <u>역할</u>이라고 한다.   (   )

(2) <u>귀속 지위</u>는 개인의 의지나 노력을 통해 후천적으로 얻게 되는 지위를 말한다.   (   )

(3) 역할을 수행하는 개인의 구체적인 행동을 <u>역할 갈등</u>이라고 한다.   (   )

05 성취 지위에 해당하는 것을 〈보기〉에서 고르시오.

┌─ 보기 ─────────────────┐
│ ㄱ. 노인   ㄴ. 아들 │
│ ㄷ. 남자   ㄹ. 아버지 │
└────────────────────────┘

06 빈칸에 들어갈 알맞은 말을 쓰시오.

┌────────────────────────┐
│ 한 개인이 가지는 여러 지위에 따른 역할이 서로 충돌 │
│ 하여 갈등을 일으키는 상태를 (   )(이)라고 한다. │
└────────────────────────┘

3 우리 사회의 다양한 갈등과 차별

07 빈칸 ㉠, ㉡에 들어갈 알맞은 말을 쓰시오.

┌────────────────────────┐
│ (㉠)은/는 서로 같지 않고 다른 것을 의미한다. 이 │
│ 를 이유로 어떤 사람이나 집단을 부당하게 대우하는 것을 │
│ (㉡)(이)라고 한다. │
└────────────────────────┘

08 다음 설명이 옳으면 ○표, 틀리면 ×표 하시오.

(1) 차별은 다양성을 존중할 때 발생한다.   (   )

(2) 차별과 갈등은 집단 내에서만 발생한다.   (   )

(3) 현대 사회에서는 다양한 형태의 갈등이 발생한다.
                                    (   )

(4) 차별 문제를 해결하기 위해서는 사회적으로 차별을 금지하는 다양한 법과 정책, 제도를 마련해야 한다.
                                    (   )

[01-02] 다음 글을 읽고 물음에 답하시오.

(㉠)은/는 인간이 사회생활에 필요한 언어와 행동 양식, 지식과 가치관 등을 배워 나가는 과정을 말한다.

☆ 중요

● 242011-0142

01 ㉠에 대한 설명으로 옳지 **않은** 것은?

① 청소년기에 한정되어 이루어진다.
② 인간을 사회 구성원으로 성장하게 한다.
③ 개인이 자아와 개성을 형성하게 하는 기능을 한다.
④ 개인이 처한 환경에 따라 다른 결과가 나타날 수 있다.
⑤ 문화를 공유하고 다음 세대에 전달하여 사회를 유지시킨다.

● 242011-0143

02 ㉠의 결과로 볼 수 있는 사례만을 〈보기〉에서 고른 것은?

보기

ㄱ. 어른들께 인사를 드렸다.
ㄴ. 하품을 하자 눈물이 났다.
ㄷ. 등교 시간에 맞춰 학교에 갔다.
ㄹ. 날씨가 너무 더워서 땀이 흘렀다.

① ㄱ, ㄴ ② ㄱ, ㄷ ③ ㄴ, ㄷ ④ ㄴ, ㄹ ⑤ ㄷ, ㄹ

● 242011-0144

03 밑줄 친 부분의 이유로 가장 적절한 것은?

2008년 러시아에서 새와 함께 새장 속에 갇혀 있었던 소년이 발견되었다. 태어나자마자 새장에 넣어져 어른들의 보살핌을 받지 못한 소년은 자신을 구출하려는 경찰의 손을 쪼아대고 새 소리와 유사한 소리를 냈다. 소년은 구출되어 보호 시설로 보내졌지만 새와 새장을 계속 그리워하며 인간 사회에 적응하는 데 어려움을 보였다.

① 인간은 독립적 존재로 태어나기 때문이다.
② 인간은 선천적으로 학습 능력을 가졌기 때문이다.
③ 사회 규범은 혼자서 익히는 것이 효율적이기 때문이다.
④ 인간은 사회화 과정을 통해 사회 구성원으로 성장하기 때문이다.
⑤ 인간의 행동에는 사회적 환경보다 유전적 요인이 크게 작용하기 때문이다.

● 242011-0145

04 (가), (나)에 해당하는 사회화 기관을 각각 쓰시오.

(가) 대중들에게 다양한 정보와 지식을 제공하는 텔레비전, 인터넷 등을 말한다.
(나) 비슷한 연령으로 형성된 집단으로 놀이를 통해 규칙과 질서 등을 습득한다.

☆ 중요

● 242011-0146

05 밑줄 친 ㉠, ㉡에 대한 옳은 설명만을 〈보기〉에서 고른 것은?

안녕하세요? ㉠ 중학교 1학년 □□□입니다. 저는 화목한 ㉡ 가정에서 태어났습니다.

보기

ㄱ. ㉠은 가장 기초적인 사회화 기관이다.
ㄴ. ㉠은 사회생활에 필요한 지식과 규범 등을 체계적으로 가르친다.
ㄷ. ㉡은 업무 수행에 필요한 지식을 습득하는 기관이다.
ㄹ. ㉡을 통해 기본적인 생활 습관과 언어 등을 학습한다.

① ㄱ, ㄴ ② ㄱ, ㄷ ③ ㄴ, ㄷ ④ ㄴ, ㄹ ⑤ ㄷ, ㄹ

● 242011-0147

06 밑줄 친 ㉠에 대한 옳은 설명만을 〈보기〉에서 고른 것은?

작은 식당을 운영하는 A 씨는 방문 손님들이 많았기 때문에 배달 주문을 따로 받지 않았다. 그런데 코로나19로 인해 방문 손님이 급격히 줄어들고 비대면 배달 주문이 폭발적으로 증가하자 ㉠ 배달 어플리케이션 사용법을 배워 배달 주문을 받기 시작했다.

보기

ㄱ. 재사회화의 사례이다.
ㄴ. 가정에서 기본적인 생활 습관을 학습한 것이다.
ㄷ. 변화에 적응하기 위해 새로운 지식과 기술을 습득한 것이다.
ㄹ. 한번 사회화된 생활 양식은 바뀌지 않는다는 것을 보여준다.

① ㄱ, ㄴ ② ㄱ, ㄷ ③ ㄴ, ㄷ ④ ㄴ, ㄹ ⑤ ㄷ, ㄹ

07 (가)에 들어갈 적절한 내용만을 〈보기〉에서 고른 것은?

◐ 242011-0148

청소년의 자기 탐구 프로그램
나를 알아가는 여행
프로그램 참가자 모집

강사: □□□ 박사 (○○ 청소년 클리닉 원장)
일시: 20xx년 6월 15일 오후 3시~5시
장소: △△시 청소년 센터
활동 방법: (가)
대상: 자신이 누구인지 명확히 이해하고 싶은 청소년

━ 보기 ━

ㄱ. 자신의 고유한 특성에 대해 성찰하기
ㄴ. 자신이 어떻게 살아야 하는지에 대해 고민하기
ㄷ. 자신의 취미가 유행에 뒤처지지 않는지 확인하기
ㄹ. 부모님의 뜻대로 삶을 살기 위한 방법을 탐색하기

① ㄱ, ㄴ   ② ㄱ, ㄷ   ③ ㄴ, ㄷ
④ ㄴ, ㄹ   ⑤ ㄷ, ㄹ

◐ 242011-0149

08 자아 정체성에 대한 설명으로 옳은 것은?

① 사회화 과정에서 형성된다.
② 아동기에 확립되어 변하지 않는다.
③ 타인의 영향을 받지 않고 독립적으로 이루어진다.
④ 연령이 동일한 사람은 같은 자아 정체성을 가진다.
⑤ 여러 사람이 가진 공통된 특성에 나를 맞추는 것이다.

◐ 242011-0150

09 사회적 지위에 대한 설명으로 옳은 것은?

① 한 개인은 하나의 지위만을 가질 수 있다.
② 역할을 실제로 수행하는 개인의 행동이다.
③ 한 개인이 속한 집단에서 차지하는 위치를 말한다.
④ 모든 지위는 개인의 노력을 통해서만 얻을 수 있다.
⑤ 현대 사회에서는 귀속 지위의 중요성이 강조되고 있다.

[10-11] 다음 자료를 보고 물음에 답하시오.

〈내가 가지고 있는 사회적 지위 구분하기〉
1학년 ○반 ○○○

㉠		㉡
딸, 손녀, 여자		학생, 반장, 합창부 부원

◐ 242011-0151

10 ㉠, ㉡에 해당하는 사회적 지위의 종류를 각각 쓰시오.

◐ 242011-0152

11 ㉠, ㉡에 대한 옳은 설명만을 〈보기〉에서 고른 것은?

━ 보기 ━

ㄱ. ㉠은 태어날 때부터 주어진다.
ㄴ. ㉠의 사례로 어머니를 들 수 있다.
ㄷ. ㉡은 개인의 노력이나 능력에 따라 얻게 된다.
ㄹ. ㉡은 신분 제도가 있던 전통 사회에서 중시되었다.

① ㄱ, ㄴ   ② ㄱ, ㄷ   ③ ㄴ, ㄷ
④ ㄴ, ㄹ   ⑤ ㄷ, ㄹ

☆ 중요   ◐ 242011-0153

12 밑줄 친 ㉠~㉢에 대한 설명으로 옳은 것은?

㉠장남인 A 씨는 대학 진학을 원하지 않았지만 ㉡아버지의 뜻에 따라 대학에 진학했다. 대학 졸업 후 ㉢회사에 취직하였으나 1년 후 그만두고 평소에 관심이 있었던 연기를 배우기 시작했다. 이후 ㉣배우로 데뷔한 A 씨는 연기력을 인정받아 연말 시상식에서 ㉤조연상을 받았다.

① ㉠은 성취 지위이다.
② ㉡은 태어나면서부터 자연적으로 가지게 되는 지위이다.
③ ㉢은 가장 기초적인 사회화 기관이다.
④ ㉣은 개인의 노력이나 능력에 따라 얻게 되는 지위이다.
⑤ ㉤은 A 씨의 역할 행동에 대한 제재이다.

[13-14] 다음은 학생 갑의 일기이다. 물음에 답하시오.

> 오늘은 중학생이 된 후 처음으로 치른 시험의 성적 발표가 있는 날이다. 입학식 날 아버지께서는 ㉠공부를 열심히 해야 한다고 말씀하셨지만 게임을 하는 것이 너무 재미있어 ㉡공부를 제대로 하지 못했다. 당연하게도 성적이 좋지 못해 ㉢꾸지람을 들었는데 형은 좋은 성적으로 큰 ㉣칭찬을 받아 무척 부러웠다. 다음에는 더 노력하여 자랑스러운 아들과 동생이 되어야겠다.

▶ 242011-0154

13 위 글에 나타난 갑의 사회적 지위를 모두 쓰시오.

▶ 242011-0155

14 밑줄 친 ㉠~㉣에 대한 옳은 설명만을 〈보기〉에서 고른 것은?

· 보기 ·
ㄱ. ㉠은 갑의 아버지의 역할이다.
ㄴ. ㉡은 갑의 역할 행동이다.
ㄷ. ㉢은 역할을 성실히 수행하지 못해 받은 제재이다.
ㄹ. ㉣은 학생에게 사회적으로 기대되는 일정한 행동 방식이다.

① ㄱ, ㄴ   ② ㄱ, ㄷ   ③ ㄴ, ㄷ
④ ㄴ, ㄹ   ⑤ ㄷ, ㄹ

☆ 중요
▶ 242011-0156

15 밑줄 친 상황을 나타내는 사회학적 개념으로 가장 적절한 것은?

① 역할   ② 역할 갈등   ③ 역할 행동
④ 사회화 기관   ⑤ 사회적 지위

☆ 중요
▶ 242011-0157

16 사회적 지위와 역할에 대한 설명으로 옳지 않은 것은?

① 역할 행동은 개인마다 다르게 나타난다.
② 개인은 동시에 여러 가지 지위를 가질 수 있다.
③ 역할 갈등은 사회가 복잡해지면서 점차 줄어들고 있다.
④ 역할 갈등이 심화되면 개인은 심리적 불안감을 느낀다.
⑤ 역할 갈등은 자신에게 중요한 것이 무엇인지 우선순위를 정해 해결할 수 있다.

▶ 242011-0158

17 밑줄 친 내용이 맞벌이 부부에게 미치는 영향으로 가장 적절한 것은?

> ○○시는 맞벌이 부부의 양육 부담을 덜고자 24시간 어린이집을 운영하기로 하였다. 부모의 출장, 야간 경제 활동 등의 이유로 6개월에서 7세 이하 영유아의 긴급한 돌봄이 필요한 경우 시간 단위로 보육 서비스를 제공한다.

① 역할 행동을 어렵게 만든다.
② 심리적 불안감을 강화시킨다.
③ 여러 개의 역할 간 충돌을 증가시킨다.
④ 역할 갈등을 해소하는 데 기여할 수 있다.
⑤ 귀속 지위에 따른 역할만을 수행하게 한다.

▶ 242011-0159

18 그림에 나타난 현상에 대한 설명으로 옳은 것은?

① 성별 갈등이 발생하였다.
② 서로의 이해관계가 충돌하고 있다.
③ 현대 사회에서는 발견하기 어렵다.
④ 내버려 두면 사회 통합이 이루어진다.
⑤ 구성원들의 의견이 일치해서 나타나는 현상이다.

[19-20] 다음을 읽고 물음에 답하시오.

> (가) 휠체어를 타는 A 씨는 회사 채용 과정에서 업무 수행 능력과 관계없이 장애인이라는 이유로 탈락하였다.
> (나) 편의점에서 아르바이트를 하는 B 씨는 여자라는 이유로 동일한 일을 하는 남자 아르바이트생보다 임금을 적게 받았다.

▶ 242011-0160

19 빈칸에 들어갈 개념을 쓰시오.

> (가), (나)와 같이 차이를 이유로 어떤 사람이나 집단을 부당하게 대우하는 것을 (   )(이)라고 한다.

▶ 242011-0161

20 (가), (나)에 대한 옳은 설명만을 〈보기〉에서 고른 것은?

> — 보기 —
> ㄱ. (가)의 원인으로 장애인에 대한 고정 관념을 들 수 있다.
> ㄴ. (나)는 의견 차이에 따라 발생하는 자연스러운 현상이다.
> ㄷ. (가), (나)와 같은 일이 반복되면 사회 구성원 간 갈등과 대립이 발생할 수 있다.
> ㄹ. (가)와 달리 (나)는 인간이라면 누구나 보장받아야 할 존엄한 가치를 침해하는 행위이다.

① ㄱ, ㄴ　　② ㄱ, ㄷ　　③ ㄴ, ㄷ
④ ㄴ, ㄹ　　⑤ ㄷ, ㄹ

☆ 중요
▶ 242011-0162

21 갈등과 차별에 대한 옳은 설명만을 〈보기〉에서 고른 것은?

> — 보기 —
> ㄱ. 차별이 지속되면 사회 내 갈등은 줄어든다.
> ㄴ. 갈등을 잘 해결하면 사회 통합이 이루어질 수 있다.
> ㄷ. 법과 제도의 개선을 요구하여 차별에 대처할 수 있다.
> ㄹ. 차별을 해결하기 위해서는 다양성을 지양하고 통일성을 강조하는 태도가 필요하다.

① ㄱ, ㄴ　　② ㄱ, ㄷ　　③ ㄴ, ㄷ
④ ㄴ, ㄹ　　⑤ ㄷ, ㄹ

▶ 242011-0163

22 밑줄 친 (가)에 들어갈 학습 주제로 가장 적절한 것은?

> (가)
> • 갈등의 원인을 파악하기
> • 양보와 타협의 자세 가지기
> • 이익을 조율하는 방안을 마련하기
> • 자신의 이익뿐만 아니라 공동체 전체의 가치나 이익도 고려하기

① 갈등의 대처 방안
② 현대 사회의 재사회화
③ 역할 갈등의 해결 사례
④ 자아 정체성 형성 과정
⑤ 사회적 지위 획득 방법

▶ 242011-0164

23 다음 글을 읽고 학생들이 나눈 대화 내용으로 적절한 것만을 〈보기〉에서 고른 것은?

> 1991년 미국에서 백인 경찰관들이 흑인 청년 로드니 킹을 체포하며 무자비한 폭행을 휘두른 모습이 텔레비전으로 공개되었다. 이후 로드니 킹을 구타한 4명의 백인 경찰관이 무죄 판결을 받자 흑인들은 거리로 뛰어 나와 인종 차별에 대한 분노를 표현하는 시위를 벌이기 시작했다. 이는 점점 폭동으로 변해 곳곳에서 폭력, 방화, 약탈, 살인까지 자행되었다. 이 폭동으로 50명이 넘는 사람들이 사망했고 수천여 명이 부상당했다.

> — 보기 —
> ㄱ. 인종 차별은 개인적인 문제야.
> ㄴ. 차별은 사회 통합을 어렵게 만들어.
> ㄷ. 다른 사람이나 집단에 대해 차이를 인정해야 해.
> ㄹ. 정당한 이유가 있더라도 다르게 대우해서는 안돼.

① ㄱ, ㄴ　　② ㄱ, ㄷ　　③ ㄴ, ㄷ
④ ㄴ, ㄹ　　⑤ ㄷ, ㄹ

1 서술형 연습하기

● 242011-0165

다음은 민규의 일기 내용이다. 민규와 그의 동생이 겪고 있는 사회화의 내용을 사회화 기관을 포함하여 각각 서술하시오.

> 중학교에 입학한 지가 엊그제 같은데 벌써 두 번째 학기를 맞이했다. 처음에는 적응하느라 조금 힘들기도 했지만 다양한 교과 수업을 통해 많은 지식과 규범을 체계적으로 배울 수 있어서 무척 즐겁다. 학교를 마치고 동생을 보러 곧장 집으로 왔다. 돌이 지난 내 동생은 요즘 부모님의 말을 곧잘 따라하는데 그 모습이 무척 귀엽다. 최근에는 수저로 이유식을 먹는데 부모님과 내 모습을 흉내내는 것 같아 신기한 마음이 들었다.

Tip 사회화 내용과 사회화 기관을 묻는 문제로, 발문에서 요구한 요소를 파악하여 답안을 작성해야 합니다. 발문을 뜯어보면 "❶민규와 그의 동생이 겪고 있는 사회화의 내용을 ❷사회화 기관을 포함하여 각각 서술하시오."이니, 답안에 ❶과 ❷가 모두 들어가야 만점!

답 완성하기

민규는 사회화 기관인 (   )을/를 통해 사회생활에

필요한 (   ) 등을 체계적으로 배우고 있고, 그의 동

생은 사회화 기관인 (   )을/를 통해 (   )와/

과 기본적인 생활 습관을 습득하고 있다.

2 서술형 훈련하기

● 242011-0166

A 씨가 겪고 있는 역할 갈등에서 충돌하고 있는 두 가지 역할을 각각의 지위와 함께 서술하시오.

> ○○ 전자 회사에서 팀장을 맡고 있는 여성 A 씨는 신제품 출시와 관련된 중요한 발표를 앞두고 있다. 그런데 아버지께서 교통사고로 다리를 다치셔서 수술을 해야 한다는 연락을 받았다. A 씨는 발표를 진행해야 할지 병원으로 가야 할지 고민이다.

3 논술형 도전하기

● 242011-0167

밑줄 친 부분과 같은 현상이 발생하는 원인과 문제점을 제시하고, 해결 방안을 개인적, 사회적 차원으로 구분하여 300자 내외로 논술하시오.

> 은행에 방문해야 할 일이 있어 택시를 타려고 했습니다. 그런데 휠체어를 타는 장애인이라는 이유로 승차를 거부당했습니다.

핵심 개념 차별의 원인과 문제점 및 해결 방안 이해

(1) 편견, 고정 관념 (2) 심리적 고통과 소외감, 사회 통합 저해 (3) 차이 존중, 법과 제도 마련

VIII 다양한 문화의 이해

1 문화의 의미와 특징

1. 문화의 의미

① 의미
- 좁은 의미: 예술이나 공연, 문학 등과 관련된 것. 또는 세련되고 교양 있는 것
- 넓은 의미: 인간이 주어진 환경에 적응하여 만들어 낸 공통된 생활 양식

② 문화인 것과 문화가 아닌 것

문화인 것	문화가 아닌 것
• 사회 구성원의 공통된 생활 양식 • 후천적으로 만들어 낸 것 예 의식주, 기술, 법, 제도, 종교, 예술 등	• 자연 현상 • 개인적인 버릇이나 습관 • 유전이나 생물적인 본능 예 손톱을 물어뜯는 개인의 습관, 타고난 머리카락 색깔 등

2. 문화의 특징

① 보편성과 특수성

보편성	의미	어느 사회에서나 공통적으로 나타나는 문화 현상 예 아는 사람을 만나면 인사를 하는 것
	원인	인간이 가진 기본적인 욕구나 사고방식의 유사성
특수성	의미	각 사회의 문화가 고유한 특징을 가지고 서로 다르게 나타나는 현상 예 인사를 하는 구체적인 모습이 다르게 나타나는 것
	원인	각 사회가 처한 자연환경과 사회적 상황의 차이, 적응 방식의 차이 등

자료 분석 문화의 보편성과 특수성 •

▲ 몽골의 전통 가옥, '게르'

집을 짓는 문화는 어느 지역에서나 볼 수 있는 보편적인 현상이다. 하지만 집을 짓는 구체적인 방법은 지역에 따라 다르게 나타난다. 몽골에서 가축을 이끌고 풀과 물을 찾아 이동하는 유목민들은 '게르'라는 이동식 집에서 생활한다. 게르는 나무로 만든 뼈대에 가축의 털로 만든 천이나 가죽을 덮어 만드는 몽골의 전통 가옥으로 조립 및 분해, 포장하기가 쉬워 이동하며 집을 만들기에 편리하다.

---

② 문화의 속성

공유성	한 사회의 구성원들은 공통된 생활 양식을 공유함. → 특정한 상황에서 상대방의 행동을 예측할 수 있음. 예 우리나라 사람들이 생일에 미역국을 먹는 것
학습성	문화는 타고난 것이 아니라 후천적으로 배우는 것임. 예 젓가락으로 식사하는 것을 배우는 것
축적성	문화는 언어와 문자를 통해 다음 세대로 전달되며 새로운 요소가 추가되어 풍부해짐. 예 새로운 용어가 추가되면서 내용이 풍부해진 사전
변동성	문화는 고정된 것이 아니라 끊임없이 변화함. → 새로운 문화 요소가 추가되거나 원래 있던 문화 요소가 사라지기도 함. 예 과거에 평상복으로 입던 한복을 오늘날에는 명절과 같은 특별한 날에만 입는 것
전체성 (총체성)	문화를 구성하는 여러 요소들이 서로 밀접하게 연결되어 전체를 이룸. → 문화의 한 부분이 변화하면 다른 부분에도 영향을 미침. 예 정보 통신 기술의 발달은 전자 상거래, 원격 회의, 전자 투표 등에 영향을 미침.

2 미디어와 문화

1. 미디어의 의미와 종류

① 의미: 어떤 정보를 한쪽에서 다른 쪽으로 전달하는 수단 예 책, 텔레비전, 인터넷 등
② 종류 및 발달 과정
- 책, 신문 등의 인쇄 매체를 시작으로 라디오 등의 음성 매체를 거쳐, 텔레비전 등의 영상 매체로 발달
- 정보 통신 기술의 발달로 오늘날에는 인터넷, 스마트폰, 사회 관계망 서비스(SNS) 등과 같은 뉴 미디어가 널리 이용되고 있음.

2. 미디어의 기능

① 정보 전달
② 휴식과 오락 제공
③ 문화의 이해와 학습에 도움 제공
④ 관점과 견해 형성 및 사회 문제 해결에 도움 제공

3. 뉴 미디어의 특징

① 정보 제공자와 수용자 간의 쌍방향 의사소통 가능
② 정보의 생산자와 소비자의 경계가 불분명해짐.

4. 미디어의 비판적 활용

① 미디어의 부작용
- 왜곡된 정보 생산
- 사람들의 사고방식과 행동의 획일화
- 미디어의 상업화로 자극적이고 폭력적인 내용 노출
- 오락적 측면의 강조로 사회나 정치에 무관심해짐.

② 미디어를 비판적으로 활용하는 방법
- 미디어가 제공하는 정보를 비판적으로 이해하고, 자신의 생각을 미디어로 표현하며 소통하는 능력인 미디어 리터러시 함양 → 정보의 사실 여부와 숨겨진 의도, 영향력 등 판단 기준을 설정하고 평가할 수 있음.
- 정보의 사실 여부를 확인할 때는 정보의 출처와 근거의 타당성을 살피고 해당 정보가 최신 자료인지에 대한 검토, 다른 기관에서 제공하는 정보와의 비교 등이 필요함.
- 온라인 플랫폼의 경우 개인 정보를 바탕으로 사용자가 선호할 만한 콘텐츠 위주로 제공되므로 편향된 생각을 가지지 않도록 유의해야 함.

3 다양한 문화를 이해하는 태도

1. 여러 집단의 다양한 문화

① 다양한 문화가 나타나는 이유: 문화는 한 사회의 구성원들이 주어진 환경에 적응하면서 만들어 낸 생활 양식이므로 집단마다 다르게 나타남.

② 다문화 사회
- 의미: 한 사회 속에 서로 다른 인종·민족 등의 문화가 함께 공존하는 사회
- 원인: 교통과 통신의 발달 및 세계화

③ 우리나라의 다문화적 상황
- 취업, 결혼, 유학 등의 이유로 국내 거주 외국인이 늘어나면서 다문화적 변화가 나타나고 있음.
- 긍정적 영향: 우리 사회의 문화를 더욱 풍부하게 하고, 여러 문화의 상호 작용으로 새로운 문화가 형성되어 문화 발전의 원동력이 됨.
- 부정적 영향: 언어 차이로 인한 의사소통의 어려움, 생활 양식과 가치관의 차이, 이주민에 대한 차별과 오해 등으로 갈등이 발생하기도 함.

2. 문화를 이해하는 태도

① 자문화 중심주의

의미	자신이 속한 사회의 문화만을 우수하다고 보고 다른 사회의 문화를 무시하는 태도
사례	중국의 중화사상
장점	자기 문화에 대한 자부심을 높이고 집단 내 구성원들의 결속을 강화하는 데 도움을 줌.
단점	• 자기 문화의 우수성만을 강조하며 다른 문화를 무시하기 때문에 갈등을 일으킬 수 있음. • 자기 문화만을 고집하는 태도로 국제적 고립을 초래할 수 있음.

② 문화 사대주의

의미	다른 사회의 문화를 우수한 것으로 여기고 자기 문화를 무시하고 낮게 평가하는 태도
사례	외국어가 자신의 언어보다 더 고급스럽다고 여기는 태도
장점	다른 문화의 장점을 받아들여 자기 문화를 발전시키는 계기가 될 수 있음.
단점	자기 문화에 대한 자부심을 잃거나 문화의 주체성을 상실할 수 있음.

③ 문화 상대주의

의미	한 사회의 문화를 그 사회가 처한 자연환경과 사회적 맥락, 역사적 배경 등을 고려하여 이해하려는 태도
사례	힌두교도의 소 숭배와 이슬람교도의 돼지고기 금식 문화를 그 사회의 자연환경과 사회적 상황을 고려하여 이해하는 태도
장점	자기 문화와 다른 문화를 있는 그대로 존중하고 차이를 인정하므로 다양한 문화가 공존할 수 있는 기초가 됨. → 문화 간 교류가 활발한 오늘날에 더욱 요구되는 태도
유의점	인간의 존엄성, 생명 존중과 같은 인간의 보편적 가치를 무시하는 문화까지 인정해서는 안 됨.

자료 분석 극단적 문화 상대주의

일부 이슬람권에서는 집안의 명예를 훼손시켰다는 이유로 가족 구성원을 죽이는 관습이 있는데, 이를 명예 살인이라고 한다. 간통이나 정조 상실 등 집안의 명예를 더럽혔다는 이유로 여성이 남편이나 아버지 등 가족으로부터 살해당하는 것이다. 이러한 인간의 존엄성을 해치는 문화까지 문화 상대주의를 적용하여 이해하는 것을 극단적 문화 상대주의라고 하며, 이는 인간의 보편적 가치를 무시하는 것으로 문화를 이해하는 바람직한 태도로 볼 수 없다.

미디어 리터러시는 왜 필요할까?

미디어란 책, 텔레비전, 인터넷 등 어떤 정보를 한쪽에서 다른 쪽으로 전달하는 수단을 말합니다. 미디어는 책, 신문 등의 인쇄 매체를 시작으로 라디오 등의 음성 매체를 거쳐, 텔레비전 등의 영상 매체로 발달했습니다. 이후 정보 통신 기술의 발달로 인터넷, 스마트폰과 같은 뉴 미디어가 등장하게 되었습니다. 뉴 미디어의 발달로 정보 생산자와 소비자 간의 쌍방향 의사소통이 이루어지고, 사람들은 정보의 소비자이자 생산자로서 새로운 정보를 만들 수 있게 되었습니다. 오늘날 미디어는 일상생활 속에서 다양하게 활용되면서 사회적·문화적으로 많은 영향력을 미치고 있습니다.

▲ 인쇄 매체

▲ 음성 매체

▲ 영상 매체

▲ 뉴 미디어

미디어는 '세상을 보는 창'이라고도 합니다. 우리는 미디어를 통해 가족, 친구와 관련된 소식부터 세상 곳곳에서 일어나는 다양한 사건들을 알 수 있습니다. 이 말은 미디어가 보여주는 방식에 따라 세상을 바라보게 될 수 있다는 뜻이기도 합니다. 만약 창에 검은 필름이 붙어 있다면 우리는 세상이 어둡다고 생각할 수 있듯이 미디어는 많은 사람의 생각에 큰 영향을 미칠 수 있습니다. 그런데 최근에는 누구나 미디어를 통해 정보를 제공할 수 있게 되면서 한쪽에 치우친 정보나 특정 의도를 숨긴 왜곡된 정보 등이 생산될 수 있습니다. 또한 미디어 콘텐츠로 이윤을 얻으려는 사람들은 사람들의 관심을 유도하기 위해 자극적이고 폭력적인 내용을 노출할 수 있으며 미디어가 소비되는 과정에서 상업성을 띠기 쉽습니다. 미디어는 동일한 정보를 많은 사람에게 전달하므로 이를 통해 사람들의 사고방식과 행동이 획일화될 수 있다는 점도 유의해야 합니다. 따라서 우리에게는 미디어에서 제공하는 다양한 정보들을 제대로 이해하는 능력, 즉 미디어 리터러시(Media Literacy)가 필요합니다.

미디어 리터러시(Media Literacy)란 미디어가 제공하는 정보를 비판적으로 이해하고 활용할 수 있으며, 나아가 창조적으로 표현하고 소통할 수 있는 능력을 말합니다. 우리는 이 능력을 통해 미디어에서 제공하는 정보가 사실과 다른 것은 아닌지, 숨겨진 의도가 있다거나 의도적으로 조작된 것은 아닌지, 우리 사회에 어떤 영향력을 미칠 수 있는지 등을 비판적으로 평가할 수 있어야 합니다. 많은 온라인 플랫폼에서 개인의 이용 정보를 통해 사용자의 관심사와 관련된 콘텐츠를 선별적으로 제공하고 있습니다. 이를 통해 한쪽으로 치우친 정보만 반복적으로 접할 수 있다는 점을 유의하여 다양한 생각을 지닌 사람들과도 소통하도록 노력해야 합니다.

Q&A

1 미디어 리터러시는 어떤 능력일까?

미디어가 제공하는 정보를 비판적으로 이해하고 활용할 수 있으며, 나아가 창조적으로 표현하고 소통할 수 있는 능력이다.

2 미디어 속 정보를 바르게 이해하기 위해서는 어떻게 해야 할까?

미디어에서 제공하는 정보가 사실과 다른 것은 아닌지, 숨겨진 의도가 있다거나 의도적으로 조작된 것은 아닌지, 우리 사회에 어떤 영향력을 미칠 수 있는지 등을 비판적으로 평가해야 한다.

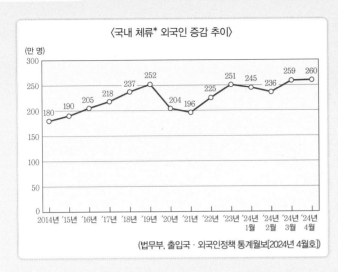

〈국내 체류* 외국인 증감 추이〉

(만 명)

300

250

200

150

100

50

0

180　190　205　218　237　252　204　196　225　251　245　236　259　260

2014년 '15년 '16년 '17년 '18년 '19년 '20년 '21년 '22년 '23년 '24년 '24년 '24년 '24년
　　　　　　　　　　　　　　　　　　　　　　　　1월　2월　3월　4월

(법무부, 출입국·외국인정책 통계월보[2024년 4월호])

　교통과 정보 통신 기술의 발달로 사람들의 이동과 미디어를 통한 문화 교류가 증가하고 있습니다. 우리나라도 예외는 아닙니다. 우리나라에 체류*하는 외국인은 10년 전에 비해 60만 명 이상이 증가하였습니다. 미디어의 각종 콘텐츠를 통해서도 세계의 다양한 문화를 자연스럽게 접할 수 있습니다. 이러한 과정에서 언어나 민족, 종교 등의 배경이 서로 다른 집단이 증가하며 다문화 사회가 되었습니다. 다문화 사회란 한 사회 속에 서로 다른 인종·민족 등의 문화가 함께 공존하는 사회를 의미합니다. 이를 통해 우리 사회의 문화가 더욱 다채로워질 수 있으며, 문화 간의 상호 작용을 통해 새로운 문화가 탄생할 수 있습니다. 하지만 언어, 생활 양식과 가치관 등의 차이로 인한 차별과 갈등이 발생할 수도 있으므로 다양한 문화를 이해하는 바람직한 태도가 필요합니다.

　문화는 한 사회의 구성원들이 주어진 환경에 적응하면서 만들어 낸 생활 양식이므로 사회에 따라 다르게 나타납니다. 그러므로 각 문화는 나름의 의미와 가치를 가지며 우월하고 열등함을 가릴 수가 없는데 이를 문화의 상대성이라고 합니다. 이러한 문화의 상대성을 인정하며 한 사회의 문화를 그 사회가 처한 자연환경과 사회적 맥락, 역사적 배경 등을 고려하여 이해하려는 태도를 문화 상대주의라고 합니다. 문화 상대주의는 자기 문화와 다른 사회의 문화를 있는 그대로 존중하고 차이를 인정하여 다양한 문화의 공존에 기여할 수 있으므로 문화 교류가 활발한 사회에서 필요한 태도입니다. 하지만 모든 사회의 문화를 무조건적으로 존중해야 하는 것은 아닙니다. 집안의 명예를 더럽혔다는 이유로 가족을 죽이는 관습인 명예 살인, 여성의 발을 천으로 묶어 성장을 멈추게 하는 중국의 전족 문화와 같이 인간의 존엄성, 생명 존중, 자유, 평등 등과 같은 보편적 가치를 훼손하는 문화까지 무조건 인정하는 극단적 문화 상대주의는 경계해야 합니다.

* 체류: 특정 지역에 머물러 있음.

Q&A

1 다문화 사회에서 문화를 이해하는 바람직한 태도는 무엇일까?

문화의 상대성을 인정하며 한 사회의 문화를 그 사회가 처한 자연환경과 사회적 맥락, 역사적 배경 등을 고려하여 이해하려는 문화 상대주의 태도가 필요하다.

2 모든 사회의 문화를 무조건 인정해야 할까?

인간의 존엄성, 생명 존중, 자유, 평등 등과 같은 보편적 가치를 무시하는 문화까지 인정하는 극단적 문화 상대주의는 경계해야 한다.

1 문화의 의미와 특징

01 괄호 안의 내용 중 알맞은 말에 ○표 하시오.

(1) (좁은, 넓은) 의미의 문화는 세련되고 교양 있는 것을 뜻한다.

(2) 각 사회의 문화가 고유한 특징을 가지며 서로 다르게 나타나는 것을 문화의 (보편성, 특수성)이라 한다.

(3) 문화를 구성하는 여러 요소들은 서로 밀접하게 연결되어 전체를 이루는데, 이를 문화의 (공유성, 전체성)이라 한다.

02 좁은 의미의 문화로 사용한 것을 〈보기〉에서 고르시오.

┌─ 보기 ─────────────────────┐
ㄱ. 문화인   ㄴ. 한국 문화
ㄷ. 문화 상품권   ㄹ. 청소년 문화
└───────────────────────────┘

03 문화의 속성과 그 내용을 바르게 연결하시오.

(1) 변동성 •   • ㉠ 문화는 끊임없이 변화함.

(2) 축적성 •   • ㉡ 문화는 후천적으로 습득하는 것임.

(3) 학습성 •   • ㉢ 문화는 다음 세대로 전달되고 축적됨.

2 미디어와 문화

04 다음 내용이 옳으면 ○표, 틀리면 ×표 하시오.

(1) 뉴 미디어의 등장으로 쌍방향 의사소통이 가능해졌다.
( )

(2) 현대 사회에서 미디어의 영향력은 급격히 줄어들고 있다.
( )

(3) 미디어는 사람들의 사고방식을 획일화 할 수 있다.
( )

(4) 미디어는 이윤을 추구하는 과정에서 상업성을 띠기 쉽다.
( )

05 바람직한 미디어 활용 방법에 해당하는 것만을 〈보기〉에서 있는 대로 고르시오.

┌─ 보기 ─────────────────────┐
ㄱ. 미디어 리터러시를 함양한다.
ㄴ. 숨겨진 의도가 있는지 확인한다.
ㄷ. 뉴스에서 보도하는 내용만 신뢰한다.
ㄹ. 다른 기관에서 제공하는 정보와 비교한다.
└───────────────────────────┘

3 다양한 문화를 이해하는 태도

06 다음 내용이 옳으면 ○표, 틀리면 ×표 하시오.

(1) 오늘날에는 미디어를 통해 문화의 교류가 활발해졌다.
( )

(2) 교통과 통신의 발달로 단일 민족 사회가 형성되었다.
( )

(3) 오늘날에는 문화를 이해하는 바람직한 태도의 필요성이 커졌다.
( )

07 다음 내용이 자문화 중심주의에 해당하면 '자', 문화 사대주의에 해당하면 '사'라고 쓰시오.

(1) 자기 문화의 주체성을 상실할 수 있다.   ( )
(2) 자기 문화에 대한 자부심을 높일 수 있다.   ( )
(3) 다른 사회의 문화를 우수하다고 보고 자신이 속한 문화를 무시하는 태도이다.   ( )
(4) 다른 사람에게 자신의 문화를 강요함으로써 다른 문화와 갈등이 발생할 수 있다.   ( )

08 다음 설명에 해당하는 문화 이해의 태도를 쓰시오.

┌───────────────────────────┐
한 사회의 문화를 그 사회가 처한 자연환경과 사회적 맥락, 역사적 배경 등을 고려하여 이해하려는 태도
└───────────────────────────┘

● 242011-0168

01 다음 설명에 해당하는 개념을 쓰시오.

> 한 사회의 구성원들이 주어진 환경에 적응하면서 만들어 낸 공통의 생활 양식으로 법과 제도, 예술 등 인간이 만들어 낸 산물이 모두 포함된다.

● 242011-0169

02 밑줄 친 ㉠, ㉡에서 사용된 문화의 의미에 대한 옳은 설명만을 〈보기〉에서 고른 것은?

> 오랜만에 ㉠ 문화생활 좀 즐길까? 영화 보러 가자.
>
> 미안. ㉡ 전통문화 체험을 위해 민속촌에 가기로 했어.

┌─ 보기 ─
ㄱ. ㉠에서의 '문화'는 넓은 의미로 사용되었다.
ㄴ. ㉠에서의 '문화'는 세련되고 교양 있는 것을 뜻한다.
ㄷ. ㉡에서의 '문화'는 '문화인'에서의 '문화'와 같은 의미이다.
ㄹ. ㉡에서의 '문화'는 한 사회 구성원들의 공통된 생활 양식을 의미한다.

① ㄱ, ㄴ   ② ㄱ, ㄷ   ③ ㄴ, ㄷ
④ ㄴ, ㄹ   ⑤ ㄷ, ㄹ

● 242011-0170

03 문화에 해당하는 사례만을 〈보기〉에서 고른 것은?

┌─ 보기 ─
ㄱ. 여름에 발생한 장마
ㄴ. 오케스트라 공연 관람
ㄷ. 다리를 떠는 개인의 습관
ㄹ. 사회적 약자를 보호하기 위한 법

① ㄱ, ㄴ   ② ㄱ, ㄷ   ③ ㄴ, ㄷ
④ ㄴ, ㄹ   ⑤ ㄷ, ㄹ

☆ 중요

● 242011-0171

04 밑줄 친 ㉠~㉢에 대한 옳은 설명만을 〈보기〉에서 고른 것은?

> ㉠ 대부분의 사회에는 인사를 나누는 풍습이 있다. 한편 ㉡ 인사를 하는 구체적인 모습은 사회마다 다르게 나타난다. ㉢ 우리나라에서는 고개와 허리를 숙이고, 티베트족은 자신의 혀를 조금 내보이며, 아프리카 마사이 부족은 상대방에게 침을 뱉는 인사법을 가지고 있다.

┌─ 보기 ─
ㄱ. ㉠이 나타나는 이유는 인간이 신체적 · 심리적으로 비슷한 특성을 지녔기 때문이다.
ㄴ. ㉡은 모든 문화에 공통적으로 나타나는 특징이 있음을 설명한다.
ㄷ. ㉢은 각 지역 사람들이 자신이 처한 환경에 적응하며 나름의 문화를 만든 결과이다.
ㄹ. ㉠은 문화의 특수성, ㉡은 문화의 보편성의 사례이다.

① ㄱ, ㄴ   ② ㄱ, ㄷ   ③ ㄴ, ㄷ
④ ㄴ, ㄹ   ⑤ ㄷ, ㄹ

☆ 중요

● 242011-0172

05 표는 문화의 속성과 각 속성이 부각된 사례를 나타낸 것이다. (가), (나)에 대한 옳은 설명만을 〈보기〉에서 고른 것은?

문화의 속성	사례
(가)	사전은 다음 세대로 전해지는 과정에서 새로운 용어와 지식이 쌓여 그 내용이 점차 풍부해진다.
(나)	젊은 세대는 여러 단어의 첫음절을 이용한 줄임말을 사용하는데 젊은 세대끼리는 줄임말을 사용해도 의미가 잘 통한다.

┌─ 보기 ─
ㄱ. (가)는 축적성이다.
ㄴ. (가)는 인간이 학습을 통해 문화를 익힌다는 것이다.
ㄷ. (나)는 한 집단의 구성원들이 고유한 문화를 공유하는 것이다.
ㄹ. (나)를 통해 문화의 한 부분이 변화하면 다른 부분에도 영향을 미친다는 것을 설명할 수 있다.

① ㄱ, ㄴ   ② ㄱ, ㄷ   ③ ㄴ, ㄷ
④ ㄴ, ㄹ   ⑤ ㄷ, ㄹ

06 ○ 242011-0173

다음 사례에 공통적으로 부각된 문화의 속성으로 옳은 것은?

- 6세가 된 A 군은 부모님과 어린이집 선생님으로부터 젓가락질을 배워 젓가락에 익숙해졌다.
- 결혼을 위해 한국으로 이민을 온 B 씨는 다문화 가정 지원 프로그램을 통해 우리나라의 다양한 문화를 배웠다.

① 공유성　　② 변동성　　③ 전체성
④ 축적성　　⑤ 학습성

[07-08] 다음은 형성 평가 내용 중 일부이다. 물음에 답하시오.

[형성 평가]

1학년 ○반 □□□

● 각 내용에 해당하는 문화의 속성을 쓰시오.(맞으면 ○, 틀리면 ×로 채점함.)

	내용	답	채점
1	인간은 문화를 후천적으로 습득한다.	㉠	○
2	문화를 구성하는 다양한 요소들이 서로 밀접하게 연결되어 전체를 이룬다.	㉡	○
3	(가)	변동성	○

07 ○ 242011-0174

㉠, ㉡에 들어갈 문화의 속성을 각각 쓰시오.

08 ○ 242011-0175

(가)에 들어갈 내용으로 옳은 것은?

① 문화는 고정되어 있는 것이 아니라 변화한다.
② 문화는 태어나면서 저절로 갖게 되는 것이다.
③ 문화를 구성하는 요소들은 독립적으로 존재한다.
④ 문화는 한 사회의 구성원 다수가 공통적으로 가지고 있는 생활 양식이다.
⑤ 문화는 언어, 문자 등을 통해 다음 세대로 전달되며 새로운 요소가 추가되어 풍부해진다.

09 ○ 242011-0176

미디어의 기능으로 적절하지 <u>않은</u> 것은?

① 휴식과 오락을 제공한다.
② 세계의 문화를 알려준다.
③ 다양한 분야의 지식을 전달한다.
④ 특정 집단이 문화를 독점하게 한다.
⑤ 사회적 쟁점에 대한 관심을 유도한다.

10 ○ 242011-0177

자료에 나타난 미디어의 특징만을 〈보기〉에서 고른 것은?

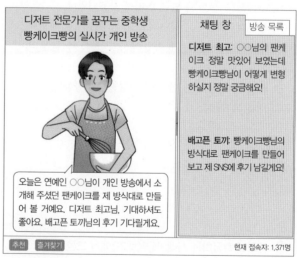

― 보기 ―
ㄱ. 정보 생산자와 소비자의 경계가 분명해진다.
ㄴ. 영상과 채팅이 융합된 형태로 나타나기도 한다.
ㄷ. 사회에 미치는 영향력이 급격히 줄어들고 있다.
ㄹ. 정보 제공자와 수용자의 쌍방향 소통이 일어난다.

① ㄱ, ㄴ　　② ㄱ, ㄷ　　③ ㄴ, ㄷ
④ ㄴ, ㄹ　　⑤ ㄷ, ㄹ

11 그림에 나타난 미디어의 영향으로 가장 적절한 것은?

⟳ 242011-0178

① 지나치게 공익성을 띠게 된다.
② 왜곡된 정보가 생산될 수 있다.
③ 사람들의 취향이 획일화되기 쉽다.
④ 사회 문제에 대한 사람들의 관심을 떨어뜨린다.
⑤ 자극적이거나 폭력적인 문화를 생산하기도 한다.

⟳ 242011-0179

12 다음 글을 읽고 미디어에 대해 추론할 수 있는 내용으로 적절한 것만을 〈보기〉에서 고른 것은?

온라인 커뮤니티에 한 버스 운전기사의 행동을 지적하는 글이 올라왔다. 어떤 버스 정류장에서 어린 아이가 혼자 버스에서 내렸는데 버스가 출발해 버렸다. 아이 엄마가 뒤늦게 이를 알아채고 버스 문을 열어 달라고 요구했지만 운전기사는 이를 무시했다는 것이다. 이 내용은 SNS 등을 통해 삽시간에 퍼져나갔고 곧 뉴스와 신문에도 보도되어 해당 운전기사에 대한 비난의 목소리가 높아졌다. 하지만 CCTV와 해당 운전기사에 대한 조사 결과, 커뮤니티 글과 뉴스 기사의 내용 중 상당 부분이 사실이 아닌 것으로 밝혀졌다.

┌─ 보기 ┐
ㄱ. 한쪽으로 치우친 정보가 생산될 수 있다.
ㄴ. 정보 생산자와 소비자가 엄격히 분리되어 나타난 현상이다.
ㄷ. 미디어에서 생산된 정보를 비판적으로 검토하는 태도가 필요하다.
ㄹ. 미디어의 이윤 추구로 인한 지나친 광고 노출과 상업적 성격의 문화가 문제가 되었다.
└───────┘

① ㄱ, ㄴ   ② ㄱ, ㄷ   ③ ㄴ, ㄷ
④ ㄴ, ㄹ   ⑤ ㄷ, ㄹ

⟳ 242011-0180

13 자료는 학생이 사회 수업 시간에 만든 활동 결과물의 일부이다. ㉠에 들어갈 내용으로 적절하지 <u>않은</u> 것은?

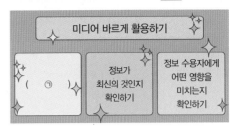

① 정보의 출처를 확인하기
② 정보가 실제 사실과 같은지 확인하기
③ 자료가 조작되지는 않았는지 확인하기
④ 정보에 숨겨진 의도는 없는지 확인하기
⑤ 정보 제공자가 인기 있는 사람인지 확인하기

⟳ 242011-0181

14 빈칸에 들어갈 알맞은 말을 쓰시오.

미디어를 바르게 활용하기 위해 미디어가 제공하는 정보를 비판적으로 이해하고 활용할 수 있는 능력인 (   )을/를 길러야 한다. 이를 통해 정보의 사실 여부와 숨겨진 의도, 영향력 등 정보를 판단하는 기준을 설정하여 평가할 수 있다.

☆ 중요   ⟳ 242011-0182

15 자료를 통해 추론할 수 있는 내용으로 가장 적절한 것은?

① 극단적 문화 상대주의가 나타날 것이다.
② 한국 문화는 변하지 않고 고정되어 있을 것이다.
③ 우리나라가 단일 민족이라는 정체성이 강화될 것이다.
④ 다양한 문화를 이해하는 바람직한 태도가 필요할 것이다.
⑤ 생활 양식과 가치관이 통일되어 사회 갈등이 사라질 것이다.

[16-18] 그림은 문화 이해 태도 (가)~(다)를 질문에 따라 구분한 것이다. 물음에 답하시오. (단, (가)~(다)는 각각 문화 사대주의, 문화 상대주의, 자문화 중심주의 중 하나이다.)

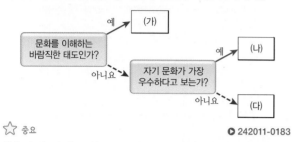

☆ 중요
● 242011-0183

16 (가)~(다)에 해당하는 문화 이해 태도를 각각 쓰시오.

● 242011-0184

17 (가)~(다)에 대한 옳은 설명만을 〈보기〉에서 고른 것은?

┌─ 보기 ─
ㄱ. (가)는 다양한 문화의 공존을 어렵게 한다.
ㄴ. (나)는 다른 문화와 갈등을 초래할 수 있다.
ㄷ. (다)는 모든 문화가 나름의 의미가 있다고 본다.
ㄹ. (나)와 (다)는 모두 문화에 우열이 있다고 여긴다.
└──

① ㄱ, ㄴ ② ㄱ, ㄷ ③ ㄴ, ㄷ
④ ㄴ, ㄹ ⑤ ㄷ, ㄹ

● 242011-0185

18 (가)~(다)에 해당하는 문화 이해 태도를 지닌 사람을 〈보기〉에서 골라 바르게 연결한 것은?

┌─ 보기 ─
갑: 서양의 건축물은 우리나라의 건축물보다 훨씬 뛰어나.
을: 이슬람교에서 돼지고기를 먹지 않는 것은 그 사회의 자연환경과 종교 등에서 이유를 찾을 수 있어.
병: 티베트에서는 사람이 죽으면 그 시신을 새가 먹도록 하는 장례 풍습이 있다는데 너무 미개한 것 같아. 예의를 갖춘 우리의 장례 방식을 배워야 해.
└──

	(가)	(나)	(다)
①	갑	을	병
②	갑	병	을
③	을	갑	병
④	을	병	갑
⑤	병	갑	을

● 242011-0186

19 밑줄 친 부분에 나타난 문화 이해 태도에 대한 설명으로 옳은 것은?

┌──
정윤: 어제 내가 좋아하는 가수 ○○○이 신곡을 발표했어! 들어봤니?
한별: 응, 그런데 영어 가사가 많아서 무슨 말인지 알아듣기 어려웠어.
정윤: 너도 참~ 영어가 세련되었으니 많이 써야지. 한글은 너무 촌스러워.
└──

① 자기 문화의 정체성을 상실할 수 있다.
② 자기 문화에 대한 자부심을 높일 수 있다.
③ 다른 문화의 좋은 점을 받아들이기 어렵다.
④ 같은 문화를 지닌 사람들의 결속을 강화할 수 있다.
⑤ 자기 문화와 다른 문화를 있는 그대로 이해할 수 있다.

● 242011-0187

20 밑줄 친 부분에 나타난 문화 이해 태도에 대한 비판으로 가장 적절한 것은?

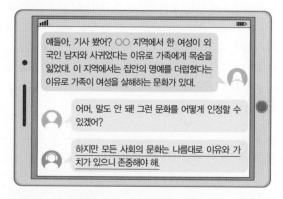

① 다른 문화를 배척하여 갈등이 발생한다.
② 자신이 속한 문화의 우수성만을 주장한다.
③ 문화가 다양하게 존재할 수 있음을 부정한다.
④ 해당 사회가 처한 특수한 환경과 맥락을 고려하지 않는다.
⑤ 인간의 존엄성, 생명 존중과 같은 인간의 보편적 가치를 무시한다.

1 서술형 연습하기 ● 242011-0188

밑줄 친 부분에 부각된 문화의 속성을 쓰고, 해당 속성이 사회 속에서 어떤 기능을 하는지 서술하시오.

몽골 유학생 한별이의 개인 공간

몽골 유학 생활 중 허르헉이라는 음식을 먹었다. 처음 허르헉을 만드는 것을 봤을 때 냄비에 고기, 야채와 함께 뜨겁게 달군 돌을 함께 집어넣어서 깜짝 놀랐는데 함께 있던 몽골 사람들에게는 익숙한 요리 방식이라고 했다. 지금은 나도 허르헉 만드는 방법을 배워 쉽게 만들 수 있다.

Tip 문화의 속성에 대한 문제로, 발문에서 요구한 요소를 파악하여 답안을 작성해야 합니다. 발문을 뜯어보면 "❶ 밑줄 친 부분에 부각된 문화의 속성을 쓰고, ❷ 해당 속성이 사회 속에서 어떤 기능을 하는지 서술하시오."이니, 답안에 ❶과 ❷가 모두 들어가야 만점!

답 완성하기

밑줄 친 부분에는 문화의 (   )이 부각되어 있다. 이를 통해 한 사회의 구성원은 특정 상황에서 상대방의 행동을 (   )할 수 있다.

2 서술형 훈련하기 ● 242011-0189

자료의 을이 지닌 문화 이해 태도를 쓰고, 해당 태도가 지닌 문제점을 한 가지만 서술하시오.

갑: 친구가 운영하는 인터넷 게시판을 보니 필리핀에서는 지렁이 스프라는 음식이 있대.
을: 어떻게 지렁이로 음식을 만들 수가 있지? 너무 미개한 것 같아. 필리핀은 우리의 우수한 음식 문화를 배워야 한다고 생각해.

---

3 논술형 도전하기 ● 242011-0190

자료를 통해 알 수 있는 미디어의 부작용을 제시하고, 미디어를 비판적으로 활용하기 위한 방법을 300자 내외로 논술하시오.

A 프랜차이즈의 한 빵집에서 판매한 식빵에서 벌레가 나왔다는 글이 인터넷 커뮤니티에 올라왔다. 해당 글은 빠르게 퍼져 사람들에게 큰 충격을 주었고 크리스마스를 앞두고 케이크 판매 등으로 큰 매출을 기대했던 A 프랜차이즈는 막대한 손해를 보았다. 하지만 며칠 후, 글을 올린 사람이 해당 빵집 근처에서 다른 프랜차이즈 빵집을 운영하는 사람의 남편이며, 글의 내용은 조작임이 밝혀졌다.

핵심 개념 **바람직한 미디어 활용 방법**

(1) 왜곡된 정보 (2) 미디어 리터러시 (3) 정보의 사실 여부 (4) 편향된 생각 지양

IX 민주주의와 시민

1 정치와 민주주의

1. 정치의 의미와 역할

① 정치의 의미

- 좁은 의미: 정치권력을 획득하고 유지하며 행사하는 활동 예 국회의 법률 제·개정, 정부의 정책 수립 및 집행 등
- 넓은 의미: 사회 구성원 간의 대립과 갈등을 조정하여 해결해 나가는 모든 활동 예 가족회의, 학급 회의 등

② 정치의 역할: 사회 구성원 간의 대립과 갈등을 조정함으로써 사회 질서를 유지하고 사회 통합 및 발전에 이바지함.

2. 민주주의의 의미와 필요성

① 민주주의의 의미

- 정치 형태로서의 민주주의: 다수의 국민이 국가를 다스리는 정치 형태
- 생활 양식으로서의 민주주의: 비판, 관용, 타협, 다수결의 원칙, 소수 의견 존중과 같이 민주적 의사 결정 원리를 실천하는 생활 양식

② 민주주의의 필요성: 한 사람이나 소수가 아닌 다수가 의사 결정 과정에 참여하게 함으로써 사회 구성원의 동의와 지지를 바탕으로 한 사회 통합을 가능케 함. 또한 이와 같은 과정에서 사회 구성원들의 자유와 권리를 보장하게 함.

2 민주주의의 발전 과정과 이념 및 원리

1. 민주주의의 발전 과정

① 고대 아테네 민주주의

발달 배경	• 영토가 작고 인구가 적은 도시 국가 • 노예가 대부분의 노동 담당 → 시민이 정치에 참여할 시간과 여유가 있었음.
정치 형태	• 직접 민주주의 • 시민들은 민회에 참여하여 국가의 중요한 일을 결정함. • 시민들은 추첨이나 윤번을 통해 공직을 담당함.
시민의 범위	자유민인 성인 남성
한계	• 제한적 민주주의 • 여성, 노예, 외국인 등은 정치 참여 불가능

② 근대 민주주의

발달 배경	영국의 명예혁명, 미국의 독립 혁명, 프랑스 혁명과 같은 근대 시민 혁명을 통해 민주주의가 다시 등장 → 자유와 평등의 이념 확산
정치 형태	시민이 선출한 대표로 구성된 의회를 중심으로 한 간접 민주주의(대의 민주주의)
시민의 범위	재산이 있는 성인 남성
한계	• 제한적 민주주의 • 여성, 노동자, 농민, 빈민 등은 정치 참여 불가능

③ 현대 민주주의

발달 배경	차티스트 운동, 여성 참정권 운동 등을 통해 선거권의 범위 확대
정치 형태	• 보통 선거 제도 • 간접 민주주의(대의 민주주의) • 시민이 선출한 대표자가 국가의 중요한 일을 결정함.
시민의 범위	모든 사회 구성원
한계	• 정치적 무관심 • 대표성의 한계

자료 분석 **우리나라 민주주의의 발전**

▲ 4·19 혁명

우리나라 민주주의의 발전을 이끈 역사적 사건에는 4·19 혁명, 5·18 민주화 운동, 6월 민주 항쟁 등이 있다. 4·19 혁명은 1960년 4월 19일에 일어난 역사적 사건으로, 정·부통령 선거에서 부정(3·15 부정 선거)을 저지른 이승만 정부에 부정 선거의 무효화와 이승만의 하야를 요구한 사건이다. 4·19 혁명의 결과 이승만은 대통령직에서 물러나게 되었다.

5·18 민주화 운동은 1980년 5월 18일에 전라남도 광주에서 일어난 역사적 사건으로, 불법적으로 정권을 장악(12·12 사태)한 신군부 세력에 민주주의의 회복을 요구한 사건이다. 5·18 민주화 운동은 이후 민주화 운동의 기반이 되었다.

6월 민주 항쟁은 1987년 6월에 전국 각지에서 일어난 역사적 사건으로, 민주주의를 억압하고 국민의 인권을 침해한 전두환 정부에 대통령 직선제로의 헌법 개정과 전두환 정부의 퇴진을 요구한 사건이다. 6월 민주 항쟁의 결과 6·29 민주화 선언이 발표되었고, 이후 시민들은 직접 대통령을 선출할 수 있게 되었다.

2. 민주주의의 이념

① 인간의 존엄성

- 의미: 모든 사람은 인간이라는 이유만으로 존중받을 가치와 권리가 있다는 것 → 민주주의의 근본이념
- 실현 방법: 자유와 평등 보장

② 자유

소극적 자유	국가나 다른 사람에게 부당한 간섭을 받지 않는 것
적극적 자유	정치 과정에 참여할 수 있는 것, 국가에 인간다운 삶을 요구할 수 있는 것

③ 평등

형식적 평등	성별, 종교, 재산 등에 따라 차별하지 않고 동등하게 대우하는 것
실질적 평등	개인이 가진 선천적·후천적 차이를 고려하여 처한 상황과 여건에 따라 다르게 대우하는 것

자료 분석 **민주주의의 이념** •

인간의 존엄성이 실현되려면 자유와 평등이 보장되어야 한다. 이때 자유와 평등은 조화와 균형을 이루어야 한다. '민주주의'가 하나의 토대라고 할 때, '인간의 존엄성'이라는 지붕을 떠받치는 두 개의 기둥을 각각 '자유'와 '평등'이라고 생각해 보자.

지붕이 온전히 떠받쳐지려면, 두 개의 기둥이 모두 필요하다. 어느 하나의 기둥만 크거나 작으면 지붕이 기울어지거나 떨어질 우려가 있으므로 같은 크기의 두 개의 기둥이 필요하다. 즉, 두 개의 기둥이 모두 필요하다는 것은 자유와 평등이 인간의 존엄성 실현을 위한 전제 조건임을 의미한다. 같은 크기의 두 개의 기둥이 필요하다는 것은 자유를 지나치게 강조하여 불평등을 심화시키거나, 평등을 지나치게 강조하여 자유를 제한하지 않아야 함, 또 자유와 평등이 서로 조화와 균형을 이루어야 함을 의미한다.

---

3. 민주주의의 기본 원리

① 국민 주권의 원리

- 의미: 국가의 의사를 결정하는 최고의 권력인 주권이 국민에게 있다는 원리
- 실현 방법: 국가 권력은 국민의 동의와 지지를 바탕으로 형성되고 행사되어야 함.

② 국민 자치의 원리

- 의미: 주권을 가진 국민이 스스로 국가를 다스려야 한다는 원리
- 실현 방법: 모든 국민이 직접 국가의 일을 결정하는 직접 민주주의, 국민이 선출한 대표자가 국가의 일을 결정하는 간접 민주주의(대의 민주주의)

③ 입헌주의의 원리

- 의미: 국민의 기본권과 국가 기관의 조직과 작용의 원리를 헌법에 규정하고 이에 따라 국가를 운영해야 한다는 원리
- 실현 방법: 헌법에 따라 국가 기관을 구성하고 권력을 행사함.
- 목적: 국가 권력의 남용을 방지하고, 국민의 자유와 권리를 보장함.

④ 권력 분립의 원리

- 의미: 국가 권력을 서로 독립된 기관이 나누어 맡도록 해야 한다는 원리
- 실현 방법: 법을 제정하는 권한은 입법부에, 법을 집행하는 권한은 행정부에, 법을 적용하는 권한은 사법부에 두는 삼권 분립
- 목적: 국가 기관 간 상호 견제와 균형 → 국가 권력의 남용을 방지하고, 국민의 자유와 권리를 보장함.

3 현대 민주주의의 특징과 발전을 위한 노력

간접 민주주의	• 의미: 시민이 선출한 대표자가 의회를 구성하여 국가의 일을 결정하게 하는 정치 형태 • 필요성: 영토 확대, 인구 증가 등에 의해 국가의 규모가 커짐으로써 국민 개개인이 직접 정치에 참여하는 것이 현실적으로 불가능해짐. 또한 사회가 복잡화·전문화되면서 전문적이고 효율적인 정책 결정을 위한 전문적 지식이나 자질이 요구됨.
한계	• 정치적 무관심: 시민이 정치 참여에 부정적이고, 정치적 문제와 현상에 관심을 보이지 않을 수 있음. • 대표성의 한계: 대표가 시민의 의사를 충실히 반영하지 못할 경우, 시민의 의사가 왜곡될 수 있음.

발전 과제	제도적 방안	• 국민 투표, 국민 발안, 국민 소환과 같은 직접 민주주의 요소 도입 • 공론장의 활성화 **예** 공청회 • 전자 민주주의 확대
	시민의 역할	• 선거에 대한 관심과 참여 • 정부의 정책 집행 과정 감시 • 문제 발생 시 개선 요구 • 다양한 공론장에 참여

'시민'에 해당하는 사람은 누구일까?

▲ 고대 아테네 시민 페리클레스의 연설

"우리의 정치 체제는 민주주의입니다. 이는 권력이 소수가 아닌 다수로부터 나오기 때문입니다. 사적인 분쟁을 해결할 때 모든 사람은 법 앞에서 평등합니다. 어떤 사람에게 공직을 맡길 때 신분이 아닌 능력을 중시합니다."

「페리클레스의 연설」 각색

▲ 영국의 명예혁명

▲ 미국의 독립 혁명

▲ 프랑스 인권 선언

"모든 인간은 태어나면서부터 자유롭고 평등한 권리를 가집니다. 자유, 재산, 안전, 그리고 억압에 대한 저항은 누구도 침해할 수 없는 권리입니다. 국가의 목적은 이러한 권리를 보장하는 것입니다. 모든 주권은 국민에게 있습니다." 「인간과 시민에 관한 권리」 각색

"21세 이상 모든 남성에게 선거권을 부여해야 합니다. 의원의 재산 자격 조항을 폐지해야 합니다." 「인민헌장」 각색

▲ 차티스트 운동

▲ 여성 참정권 운동

고대 아테네의 정치 형태는 모든 시민이 직접 정치에 참여할 수 있는 직접 민주주의였습니다. 하지만 자유민인 성인 남성만이 정치에 참여할 수 있었고 여성, 노예, 외국인은 정치에 참여할 수 없었습니다. 고대 아테네 이후 사라졌던 민주주의는 근대 시민 혁명을 통해 다시 등장했습니다. 근대에는 시민의 대표로 구성된 의회를 중심으로 한 간접 민주주의(대의 민주주의)가 이루어졌지만, 재산이 있는 성인 남성들만 정치에 참여할 수 있었고 여성, 노동자, 농민, 빈민 등은 정치에 참여할 수 없었습니다. 근대 시민 혁명 이후에도 여전히 정치에 참여할 수 없었던 노동자, 여성 등은 참정권을 얻기 위해 차티스트 운동, 여성 참정권 운동 등과 같은 참정권 확대 운동을 하였습니다. 그 결과 20세기 중반에는 대부분의 민주 국가에서 일정한 나이 이상의 모든 국민에게 선거권을 부여하는 보통 선거 제도가 확립되었고, 오늘날에는 모든 사회 구성원이 시민으로서 정치에 참여할 수 있게 되었습니다.

Q&A

1 고대, 근대, 현대 민주주의에서 '시민'에 해당하는 사람은 누구일까?

고대 아테네에서는 자유민인 성인 남성, 근대에는 재산이 있는 성인 남성, 현대에는 모든 사회 구성원을 의미한다.

2 고대와 근대 민주주의의 한계는 무엇일까?

고대 아테네에서는 여성, 노예, 외국인 등이 정치에 참여할 수 없었고, 근대에는 여성, 노동자, 농민, 빈민 등이 정치에 참여할 수 없었다. 즉, 모든 사람이 정치에 참여할 수 없었다는 한계가 있다.

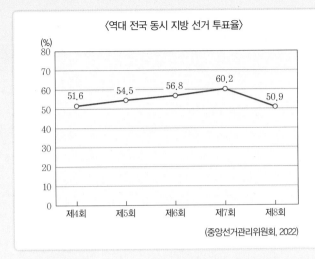

〈역대 전국 동시 지방 선거 투표율〉

(%)

제4회: 51.6 / 제5회: 54.5 / 제6회: 56.8 / 제7회: 60.2 / 제8회: 50.9

(중앙선거관리위원회, 2022)

2022년 6월 1일에 실시한 제8회 전국 동시 지방 선거 투표율은 50.9%로, 2018년 6월 13일에 실시한 제7회 전국 동시 지방 선거 투표율과 비교할 때 9.3%p 하락하였다. 이는 정치적 문제와 현상에 관심을 보이지 않는 시민들이 늘어나고 있음을 의미한다. 제7회에서 제8회로의 투표율 변화 추세가 지속된다면 대표자가 시민의 의사를 충분히 반영하지 못해 시민의 의사가 왜곡될 수 있다.

현대 민주주의는 간접 민주주의(대의 민주주의)입니다. 간접 민주주의(대의 민주주의)는 국가의 규모가 커지고 사회가 복잡화·전문화되면서 채택하게 된 현실적인 대안으로, 국민이 선거를 통해 대표자를 선출하고 선출된 대표자가 국가의 일을 결정하는 정치 형태를 의미합니다.

현대 민주 국가에서 채택하고 있는 간접 민주주의(대의 민주주의)는 시민이 정치적 문제와 현상에 관심을 보이지 않거나, 선출된 대표자들이 시민의 의사를 정책에 충실히 반영하지 못해 시민의 의사가 왜곡될 수 있다는 한계가 있습니다. 이러한 한계를 보완하기 위해 현대 민주 국가에서는 직접 민주주의 요소를 도입하여 시행하고 있습니다. 국가의 중요 사항을 국민이 직접 투표로 결정하는 국민 투표, 국민이 직접 헌법 개정안이나 법률안을 제출할 수 있는 국민 발안, 선거로 선출된 대표자의 직무 수행에 심각한 문제가 있을 때 국민이 직접 투표로 해임 여부를 결정할 수 있는 국민 소환 등이 그 예입니다. 또한 현대 민주 국가에서는 공청회와 같은 공론장 활성화, 전자 민주주의 확대 등을 통해 시민의 정치 참여를 확대하고자 노력하고 있습니다.

이에 시민들은 선거에 관심을 가지고 적극적으로 참여해야 합니다. 또한 정부의 정책 집행 과정을 감시하며 문제가 발생했을 경우 그에 대한 개선을 요구하거나, 다양한 공론장에 참여하여 적극적으로 정책을 제안해야 합니다.

Q&A

1 현대 민주주의의 한계는 무엇일까?

시민이 정치적 문제와 현상에 관심을 보이지 않을 수 있고, 대표자가 시민의 의사를 정책에 충실히 반영하지 못할 수 있다.

2 현대 민주주의의 한계를 보완하기 위한 제도적 방안에는 무엇이 있을까?

국민 투표 등과 같은 직접 민주주의 요소 도입, 공청회와 같은 공론장 활성화, 전자 민주주의 확대 등이 있다.

1 정치와 민주주의

01 다음 내용이 옳으면 ○표, 틀리면 ×표 하시오.

(1) 넓은 의미의 정치는 정치권력을 획득하고 유지하며 행사하는 활동만을 의미한다. ( )

(2) 좁은 의미의 정치는 사회 구성원 간의 대립과 갈등을 조정하여 해결하는 모든 활동을 의미한다. ( )

(3) 좁은 의미의 정치는 대통령이나 국회 의원과 같은 정치인들이 국가와 관련된 일을 하는 활동을 의미한다.
( )

02 빈칸에 들어갈 알맞은 말을 쓰시오.

( )은/는 고대 그리스어인 다수를 뜻하는 '데모스(Demos)'와 지배를 뜻하는 '크라티아(Kratia)'의 합성어로, '다수에 의한 지배'를 뜻한다.

2 민주주의의 발전 과정과 이념 및 원리

03 밑줄 친 부분을 옳게 고쳐 쓰시오.

(1) 고대 아테네는 영토가 작고 인구가 적은 도시 국가였으므로 <u>간접 민주주의</u>가 발전할 수 있었다. ( )

(2) 고대 아테네 민주주의는 재산이 있는 성인 남성들만 정치에 참여할 수 있었으므로 제한적 민주주의였다.
( )

(3) 현대 민주주의는 차티스트 운동, 여성 참정권 운동, 흑인 참정권 운동과 같은 참정권 확대 운동의 결과로 <u>평등 선거 제도</u>가 확립되었다. ( )

04 각 시대와 시민의 범위를 바르게 연결하시오.

(1) 고대 아테네 •   • ㉠ 모든 사회 구성원

(2) 근대   •   • ㉡ 자유민인 성인 남성

(3) 현대   •   • ㉢ 재산이 있는 성인 남성

05 다음 내용이 옳으면 ○표, 틀리면 ×표 하시오.

(1) 인간의 존엄성은 자유와 평등을 보장함으로써 실현할 수 있다. ( )

(2) 국가에 인간다운 삶을 요구할 수 있는 것은 적극적 자유에 해당한다. ( )

(3) 개인이 가진 선천적·후천적 차이를 고려하여 처한 상황과 여건에 따라 다르게 대우하는 것은 형식적 평등에 해당한다. ( )

06 괄호 안의 내용 중 알맞은 말에 ○표 하시오.

(1) (국민 주권의 원리, 국민 자치의 원리)는 주권을 가진 국민이 스스로 국가를 다스려야 한다는 원리이다.

(2) 입헌주의의 원리는 국민의 기본권과 국가 기관의 조직과 작용의 원리를 (헌법, 법률)에 규정하고 이에 따라 국가를 운영해야 한다는 원리이다.

(3) (권력 분립의 원리, 입헌주의의 원리)는 국가 권력을 서로 독립된 기관이 나누어 맡도록 하는 원리이다.

3 현대 민주주의의 특징과 발전을 위한 노력

07 빈칸에 들어갈 알맞은 말을 쓰시오.

현대 민주주의는 국민이 직접 선거를 통해 대표를 선출하고, 선출된 대표가 국가의 일을 결정하는 ( )이다.

08 다음 내용이 옳으면 ○표, 틀리면 ×표 하시오.

(1) 현대 민주주의는 시민이 정치 참여에 부정적이고, 정치적 문제와 현상에 관심을 보이지 않는 정치적 무관심이 나타날 수 있다. ( )

(2) 국민 투표, 국민 발안, 국민 소환과 같은 간접 민주주의 요소를 도입함으로써 현대 민주주의의 한계를 보완할 수 있다. ( )

(3) 시공간의 제약을 넘어 정치에 참여할 수 있는 전자 민주주의를 확대함으로써 현대 민주주의의 한계를 보완할 수 있다. ( )

[01-02] 다음 자료를 보고 물음에 답하시오.

> 갑: 정치권력을 획득하고 행사하는 활동만을 정치라고 볼
> 수 있어.
> 을: 꼭 그렇지만은 않아. 사회 구성원들 간의 대립과 갈등
> 을 조정하여 해결해 나가는 활동도 정치라고 할 수
> 있어.

> ◉ 242011-0191

01 갑의 관점에서 정치에 해당하는 사례만을 〈보기〉에서 고른 것은?

> ─── 보기 ───
> ㄱ. 국회 본회의에서 법률안을 의결하는 것
> ㄴ. 국무 회의에서 정부의 정책을 심의하는 것
> ㄷ. 가족회의에서 여름 휴가 장소를 결정하는 것
> ㄹ. 학급 회의에서 축제 운영 수익금의 사용처를 결정하
> 는 것

① ㄱ, ㄴ　　　② ㄱ, ㄷ　　　③ ㄴ, ㄷ
④ ㄴ, ㄹ　　　⑤ ㄷ, ㄹ

> ◉ 242011-0192

02 갑, 을의 관점에 대한 설명으로 옳은 것은?

① 갑의 관점은 정치를 넓은 의미로 이해한다.
② 갑의 관점은 마을 회관을 고치기 위한 주민 회의를 정치
로 본다.
③ 을의 관점은 급훈을 결정하기 위한 학급 회의를 정치로
본다.
④ 을의 관점은 정치권력을 획득하고 행사하는 활동을 정치
로 보지 않는다.
⑤ 을의 관점은 갑의 관점과 달리 정치인들이 국가와 관련
된 일을 하는 활동을 정치로 본다.

> ◉ 242011-0193

03 정치의 역할로 적절하지 <u>않은</u> 것은?

① 사회 질서를 유지한다.
② 사회 통합을 저해한다.
③ 공동체의 발전에 이바지한다.
④ 구성원 간의 이해관계를 조정한다.
⑤ 구성원 간의 대립과 갈등을 해결한다.

> ◉ 242011-0194

04 밑줄 친 (가), (나)에 대한 설명으로 적절하지 <u>않은</u> 것은?

> 오늘날에는 민주주의의 의미가 (가) 정치 형태를 넘어
> (나) 생활 양식으로 확대되었다.

① (가)는 서로 양보하여 협의하는 것이다.
② (가)는 다수의 국민이 국가를 다스리는 것이다.
③ (나)는 나와 다른 의견을 인정하고 이해하는 것이다.
④ (나)는 논리적인 근거를 바탕으로 옳고 그름을 판단하
는 것이다.
⑤ (나)는 타협이 어려운 경우 다수의 의견에 따라 결정하
는 것이다.

> ◉ 242011-0195

05 (가)에 해당하는 사례로 적절하지 <u>않은</u> 것은?

> • 학습 주제: 민주주의의 의미
> 1. 정치 형태로서의 민주주의: 다수의 국민이 국가를 다스
> 리는 것
> 2. ⎡ (가) ⎤: 민주적 의사 결정 원리를 실천하는 것

① 대화와 타협　　　　② 배려와 관용
③ 비판적 태도　　　　④ 소수결의 원칙
⑤ 소수 의견 존중

> ◉ 242011-0196

06 고대 아테네 민주주의의 발달 배경에 대한 옳은 설명만
을 〈보기〉에서 고른 것은?

> ─── 보기 ───
> ㄱ. 보통 선거 제도가 확립되었다.
> ㄴ. 자유와 평등의 이념이 확산되었다.
> ㄷ. 대부분의 노동을 노예가 담당하였다.
> ㄹ. 영토가 작고 인구가 적은 도시 국가였다.

① ㄱ, ㄴ　　　② ㄱ, ㄷ　　　③ ㄴ, ㄷ
④ ㄴ, ㄹ　　　⑤ ㄷ, ㄹ

☆ 중요   ▶ 242011-0197

07 자료는 근대 시민 혁명과 관련된 주요 문서의 일부이다. (가)에 대한 옳은 설명만을 〈보기〉에서 고른 것은?

> (가)
>
> 제1조 모든 인간은 태어나면서부터 자유롭고 평등한 권리를 가진다.
> 제2조 자유, 재산, 안전, 그리고 억압에 대한 저항은 누구도 침해할 수 없는 권리이다. 국가의 목적은 이러한 권리를 보장하는 것이다.
> 제3조 모든 주권은 국민에게 있다.

> 보기
>
> ㄱ. (가)는 국민 주권의 원리를 내포한다.
> ㄴ. (가)에 의해 보통 선거 제도가 확립되었다.
> ㄷ. (가)에 의해 자유와 평등의 이념이 확립되었다.
> ㄹ. (가)에 의해 시민의 범위가 모든 사회 구성원으로 확대되었다.

① ㄱ, ㄴ   ② ㄱ, ㄷ   ③ ㄴ, ㄷ
④ ㄴ, ㄹ   ⑤ ㄷ, ㄹ

▶ 242011-0198

08 밑줄 친 ㉠~㉢ 중 옳지 않은 것은?

> • 학습 주제: 민주주의의 발전 과정
> • 학습 내용: 현대 민주주의
> 1. 발달 배경: ㉠ 참정권 확대 운동의 결과
>   → ㉡ 평등 선거 제도 확립
> 2. 현대 민주주의의 한계와 보완 방안
>   (1) 한계
>   • ㉢ 정치적 무관심
>   • ㉣ 대표성의 한계
>   (2) 보완 방안: ㉤ 직접 민주주의 요소 도입

① ㉠   ② ㉡   ③ ㉢   ④ ㉣   ⑤ ㉤

[09-10] 다음 자료를 보고 물음에 답하시오. (단, A~C는 각각 고대 아테네 민주주의, 근대 민주주의, 현대 민주주의 중 하나이다.)

> A에서는 모든 시민이 국가의 일을 직접 결정하는 방식인 (가) 이/가 이루어졌다. 하지만 B와 C에서는 시민이 선출한 대표자를 통하여 국가의 일을 결정하는 방식인 (나) 이/가 이루어졌다. A와 B에서는 사회 구성원 중 일부만 정치에 참여할 수 있었다.

▶ 242011-0199

09 A~C에 대한 설명으로 옳은 것은?

① A는 근대 시민 혁명의 결과로 등장하였다.
② B는 참정권 확대 운동의 결과로 등장하였다.
③ C에서는 시민들이 민회에 참여하여 국가의 중요한 일을 결정하였다.
④ B에서는 A와 달리 시민들이 추첨이나 윤번을 통해 공직을 담당하였다.
⑤ C에서는 B와 달리 일정한 나이 이상의 모든 사회 구성원에게 선거권을 부여하였다.

▶ 242011-0200

10 (가), (나)에 해당하는 정치 형태를 각각 쓰시오.

☆ 중요   ▶ 242011-0201

11 A~C에 대한 설명으로 옳은 것은? (단, A~C는 각각 고대 아테네 민주주의, 근대 민주주의, 현대 민주주의 중 하나이다.)

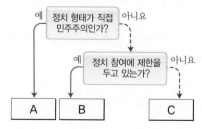

① A에서는 여성도 정치에 참여할 수 있었다.
② B에서는 노예가 대부분의 노동을 담당하였다.
③ C에서는 재산이 있는 성인 남성들만이 시민의 자격을 얻었다.
④ A에서는 B와 달리 의회를 중심으로 한 정치가 이루어졌다.
⑤ C에서는 B와 달리 보통 선거 제도가 확립되었다.

12 그림은 민주주의 발전 과정의 시기와 정치 형태 A, B를 연결한 것이다. 이에 대한 옳은 설명만을 〈보기〉에서 고른 것은?

┌─ 보기 ─
ㄱ. A는 간접 민주주의이다.
ㄴ. A는 공동체의 규모가 작을 때, B는 공동체의 규모가 클 때 적합하다.
ㄷ. B는 대표성의 한계가 발생할 가능성이 크다.
ㄹ. A는 B에 비해 정치적 무관심이 발생할 가능성이 크다.
└─

① ㄱ, ㄴ ② ㄱ, ㄷ ③ ㄴ, ㄷ
④ ㄴ, ㄹ ⑤ ㄷ, ㄹ

☆ 중요
13 다음은 학생이 작성한 서술형 평가지이다. (가)~(마)에 들어갈 수 있는 내용으로 옳은 것은?

서술형 평가

1. 다음 자료를 보고 표를 완성하시오.

구분	(가)	근대 민주주의
발달 배경	(나)	(다)
정치 형태	직접 민주주의이다.	(라)
시민의 범위	(마)	재산이 있는 성인 남성이다.

	구분	답안
①	(가)	현대 민주주의이다.
②	(나)	참정권 확대 운동의 결과로 등장하였다.
③	(다)	영토가 작고 인구가 적은 도시 국가였다.
④	(라)	간접 민주주의이다.
⑤	(마)	모든 사회 구성원이다.

14 빈칸에 들어갈 민주주의의 이념을 쓰시오.

┌────────────────────────────┐
( )은/는 민주주의의 근본이념으로, 모든 인간은 인간이라는 이유만으로 존중받을 가치와 권리가 있다는 것을 뜻한다.
└────────────────────────────┘

15 민주주의의 이념에 대한 설명으로 옳지 <u>않은</u> 것은?

① 정치 과정에 참여할 수 있는 것은 자유에 해당한다.
② 국가의 부당한 간섭을 받지 않는 것은 평등에 해당한다.
③ 국가에 인간다운 삶을 요구할 수 있는 것은 자유에 해당한다.
④ 인간의 존엄성은 자유와 평등을 보장함으로써 실현 가능하다.
⑤ 부당하게 차별하지 않고 동등하게 대우하는 것은 평등에 해당한다.

16 밑줄 친 '적극적 자유'에 대한 옳은 설명만을 〈보기〉에서 고른 것은?

┌────────────────────────────┐
오늘날에는 소극적 자유뿐만 아니라, <u>적극적 자유</u>도 중시된다.
└────────────────────────────┘

┌─ 보기 ─
ㄱ. 정치 과정에 참여할 수 있는 것이다.
ㄴ. 국가에 인간다운 삶을 요구할 수 있는 것이다.
ㄷ. 국가나 다른 사람에게 부당한 간섭을 받지 않는 것이다.
ㄹ. 모든 사람이 부당하게 차별받지 않고 동등하게 대우받는 것이다.
└─

① ㄱ, ㄴ ② ㄱ, ㄷ ③ ㄴ, ㄷ
④ ㄴ, ㄹ ⑤ ㄷ, ㄹ

▶ 242011-0207

17 다음 헌법 조항에 나타난 민주주의의 기본 원리로 옳은 것은?

> 제1조 ② 대한민국의 주권은 국민에게 있고, 모든 권력은 국민으로부터 나온다.

① 다수결의 원리
② 입헌주의의 원리
③ 권력 분립의 원리
④ 국민 주권의 원리
⑤ 국민 자치의 원리

☆ 중요

▶ 242011-0208

18 (가), (나)에 대한 옳은 설명만을 〈보기〉에서 고른 것은?

> [(가)]은/는 국민의 기본권과 국가 기관의 조직과 작용의 원리를 헌법에 규정하고 이에 따라 국가를 운영해야 한다는 원리이다. 한편 [(나)]은/는 국가 권력을 서로 독립된 기관이 나누어 맡도록 해야 한다는 원리이다.

> ● 보기 ●
> ㄱ. (가)는 권력 분립의 원리이다.
> ㄴ. (가)는 국가 권력의 남용을 방지하는 것을 목적으로 한다.
> ㄷ. (나)는 국가 기관 간 상호 견제와 균형을 유지하게 한다.
> ㄹ. (나)는 (가)와 달리 국민의 자유와 권리를 보장하는 것을 목적으로 한다.

① ㄱ, ㄴ
② ㄱ, ㄷ
③ ㄴ, ㄷ
④ ㄴ, ㄹ
⑤ ㄷ, ㄹ

[19-20] 다음 자료를 보고 물음에 답하시오.

> 오늘날 대부분의 민주 국가는 국민이 직접 선거를 통해 대표를 선출하고, 선출된 대표가 국가의 일을 결정하는 간접 민주주의(대의 민주주의)를 채택하고 있다. 이로 인해 현대 민주주의는 [(가)]와/과 같은 한계가 나타날 수 있다. 또 이와 같은 한계를 보완하고자 제도적으로 [(나)]와/과 같은 직접 민주주의 요소를 도입할 수 있다.

▶ 242011-0209

19 (가)에 해당하는 내용만을 〈보기〉에서 고른 것은?

> ● 보기 ●
> ㄱ. 신분에 따른 참정권의 제한이 있다.
> ㄴ. 시민의 의사가 왜곡될 가능성이 있다.
> ㄷ. 재산, 성별에 따른 참정권의 제한이 있다.
> ㄹ. 시민들이 정치적 문제와 현상에 관심을 보이지 않을 가능성이 있다.

① ㄱ, ㄴ
② ㄱ, ㄷ
③ ㄴ, ㄷ
④ ㄴ, ㄹ
⑤ ㄷ, ㄹ

▶ 242011-0210

20 (나)에 해당하는 내용을 한 가지만 쓰시오.

▶ 242011-0211

21 현대 민주주의의 한계를 보완하기 위한 시민의 역할로 적절하지 <u>않은</u> 것은?

① 전자 민주주의를 축소한다.
② 다양한 공론장에 참여한다.
③ 선거에 관심을 가지고 참여한다.
④ 정부의 정책 집행 과정을 감시한다.
⑤ 문제가 발생했을 경우 그에 대한 개선을 요구한다.

1 서술형 연습하기 ○ 242011-0212

자료에 나타난 민주주의의 기본 원리를 쓰고, 그 실현 방법과 목적을 각각 서술하시오.

> 헌법 제40조 입법권은 국회에 속한다.
> 헌법 제66조 ④ 행정권은 대통령을 수반으로 하는 정부에 속한다.
> 헌법 제101조 ① 사법권은 법관으로 구성된 법원에 속한다.

Tip 민주주의의 기본 원리를 묻는 문제로, 발문에서 요구한 요소를 파악하여 답안을 작성해야 합니다. 발문을 뜯어보면 "❶ 자료에 나타난 민주주의의 기본 원리를 쓰고, ❷ 그 실현 방법과 목적을 각각 서술하시오."이니, 답안에 ❶과 ❷가 모두 들어가야 만점!

답 완성하기

자료에 나타난 민주주의의 기본 원리는 (　　　　)의 원리이다. (　　　　)의 원리는 법을 제정하는 권한은 (　　　)에, 법을 집행하는 권한은 (　　　)에, 법을 적용하는 권한은 (　　　)에 두는 (　　　)(으)로 실현한다. 또한 (　　　)을/를 방지하여 (　　　)을/를 보장하는 것을 목적으로 한다.

2 서술형 훈련하기 ○ 242011-0213

㉠, ㉡에 해당하는 사람을 각각 쓰고, ㉠, ㉡으로부터 유추할 수 있는 (가), (나)의 한계를 서술하시오.

> (가) 고대 아테네에서는 직접 민주주의가 실시되었다. ㉠ 시민들은 민회에 참여하여 국가의 중요한 일을 결정하거나 추첨이나 윤번을 통해 공직을 담당하였다.
> (나) 고대 아테네 이후 사라졌던 민주주의는 근대 시민 혁명을 통해 다시 등장하였다. 그 결과 ㉡ 시민이 선출한 대표로 구성된 의회를 중심으로 한 간접 민주주의(대의 민주주의)가 실시되었다.

3 논술형 도전하기 ○ 242011-0214

밑줄 친 '한계'를 두 가지 쓰고, 이를 보완하기 위한 발전 과제를 제도적 측면에서 300자 내외로 논술하시오.

> 현대 민주주의는 대의 민주주의(간접 민주주의)를 기본으로 하고 있다. 대의 민주주의는 국가의 규모가 커지고 사회가 복잡화·전문화되면서 채택하게 된 현실적인 대안으로, 국민이 선거를 통해 대표를 선출하고 선출된 대표가 국가의 일을 결정하는 정치 형태를 의미한다. 이는 국민 자치의 원리를 실현하게 하고, 전문적이고 효율적인 정책 결정을 가능하게 한다. 하지만 시민들이 선출한 대표를 통해 간접적으로 국가의 일을 결정하는 정치 형태이므로 한계 또한 존재한다.

핵심 개념 **현대 민주주의의 한계와 발전 과제**
(1) 정치적 무관심 (2) 대표성의 한계 (3) 직접 민주주의 요소 도입
(4) 공론장 활성화 (5) 전자 민주주의 확대

X 정치 과정과 시민 참여

1 선거와 선거 과정

1. 선거의 의미와 기능
① 선거의 의미: 국민을 대신하여 국가의 일을 맡아 할 대표자를 선출하는 과정
② 선거의 기능
- 국민의 뜻에 따라 국정을 운영할 대표자를 선출함.
- 선출된 대표자에게 정당성을 부여하여 합법적인 권한을 가지게 함.
- 선출된 대표자가 맡은 일을 제대로 수행하지 않을 경우 다음 선거에서 책임을 물어 권력을 통제함.
- 선거를 통해 주권자로서 정치적 의사를 표현하고 주권을 행사함.

2. 민주 선거의 기본 원칙

보통 선거	일정한 나이 이상의 모든 국민에게 선거권을 부여해야 한다는 원칙(↔ 제한 선거)
평등 선거	모든 유권자가 행사하는 투표권의 개수와 가치가 같아야 한다는 원칙(↔ 차등 선거)
직접 선거	유권자가 직접 투표해야 한다는 원칙(↔ 대리 선거)
비밀 선거	유권자가 누구에게 투표하였는지 다른 사람이 알지 못하도록 해야 한다는 원칙(↔ 공개 선거)

3. 선거 과정에서의 유권자와 정당의 활동

유권자의 활동	• 공약을 비교하여 후보자에게 투표함. • 선거 과정을 감시하고 통제함. • 자신이 지지하는 후보자의 선거 운동에 참여함.
정당의 활동	• 시민의 의견과 요구를 수렴하여 여론을 형성함. • 여론을 바탕으로 공약을 개발함. • 선거에 후보자를 공천하여 당선시키고자 노력함. • 홍보물이나 캠페인 등을 통해 투표 참여를 독려함.

자료 분석 청소년의 선거권

우리나라의 선거권 연령은 2020년에 18세로 낮아졌다. 그 결과, 18세 이상의 청소년들도 선거에 참여해 유권자로서 주권을 행사할 수 있게 되었다. 또한 선거 사무 관계자, 선거 대책 기구의 구성원, 자원봉사자가 되거나 후보자(또는 선거 사무장) 등으로부터 지정을 받아 공개 장소에서 연설(또는 대담)을 함으로써, 선거 운동을 할 수 있게 되었다.

2 정치 주체와 정치 과정

1. 정치 주체의 의미와 종류
① 정치 주체의 의미: 정치 과정에서 일정한 역할을 하며 영향력을 행사하는 국가 기관이나 개인 및 집단
② 정치 주체의 종류: 시민, 정당, 이익 집단, 시민 단체, 언론, 국가 기관(국회, 정부, 법원) 등

2. 정치 주체의 역할
① 시민

역할	• 국가 기관 및 언론을 통한 정치적 의견 표출 • 선거 및 국민 투표를 통한 영향력 행사 • 정당, 이익 집단, 시민 단체 등에 가입하여 활동

② 정당

의미	정치적 견해를 같이하는 사람들이 정치권력을 획득할 목적으로 만든 단체
역할	• 시민의 의견과 요구를 수렴하여 여론을 형성하고 조직화 • 집약된 여론을 바탕으로 국가 기관에 정책안 제안 • 선거에 후보자 공천

③ 이익 집단

의미	이해관계를 같이하는 사람들이 자신의 특수한 이익을 실현하기 위해 만든 단체
역할	• 국회나 정부에 압력을 행사하여 자기 집단의 이익 실현 • 전문적 지식을 바탕으로 정책 평가 및 대안 제시

④ 시민 단체

의미	사회 문제 해결과 공익 실현을 위해 시민들이 자발적으로 만든 단체
역할	• 시민의 정치 참여 유도 • 국가 기관의 활동 감시 및 비판 • 사회 문제 해결을 위한 대안 제시

⑤ 언론

의미	대중 매체를 통해 정치 과정 전반에 관한 정보를 제공하는 주체
역할	• 여론 형성 주도 및 정책에 대한 해설과 비판 제시 • 국가 기관을 비롯한 다른 정치 주체의 활동 감시 및 비판

⑥ 국가 기관

역할	• 국회: 법률 제·개정 및 폐지 • 정부: 법률을 바탕으로 정책 수립 및 집행 • 법원: 법률이나 정책 관련 분쟁 발생 시 재판을 통해 해결

구분	정당	이익 집단	시민 단체
목적	정치권력 획득	자기 집단의 이익 실현	공익 실현
추구하는 이익	공익	사익	공익
관심 분야	사회의 모든 분야	자기 집단의 이익 관련 분야	사회의 모든 분야
정치적 영향력	있음		

▲ 정당, 이익 집단, 시민 단체 비교

3. 정치 과정의 의미와 단계

① 정치 과정의 의미: 개인이나 집단이 표출하는 이익을 집약하여 정책을 결정하고 집행하는 일련의 과정

② 정치 과정의 단계

이익 표출	개인이나 집단이 정책을 요구하거나 기존의 정책에 대해 지지 또는 불만을 표출함.
이익 집약	개인이나 집단이 표출하는 이익을 한데 모아서 합침.
정책 결정	집약된 이익을 고려하여 국회 또는 정부가 정책을 결정함.
정책 집행	결정된 정책을 정부가 집행함.
정책 평가	• 집행된 정책을 시민이 평가함. • 국회와 정부는 시민의 평가를 바탕으로 정책을 수정하거나 보완함.

❸ 지방 자치와 시민 참여

1. 지방 자치의 의미와 중요성

① 지방 자치의 의미: 지역 주민이나 지역 주민의 대표로 구성된 지방 자치 단체(지방 정부)가 그 지역의 일을 스스로 처리하는 제도

② 지방 자치의 중요성
• 정치권력이 중앙 정부에 집중되는 것을 막음으로써 중앙 정부와 지방 정부 간의 권력 분립을 실현함.
• 주민의 정치 참여 기회를 확대함으로써 풀뿌리 민주주의를 실현함.
• 민주주의의 학교로서 기능함.

2. 지방 자치 단체

① 지방 자치 단체의 구성

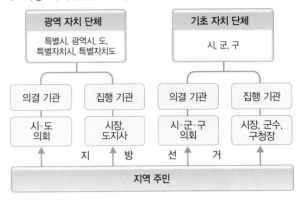

② 지방 자치 단체의 역할

지방 의회 (의결 기관)	• 조례 제 · 개정 및 폐지 • 지역 정책 결정 • 지역 예산 심의 · 확정 • 지방 자치 단체의 행정 사무 감사
지방 자치 단체장 (집행 기관)	• 규칙 제정 • 지역 정책 집행 • 지역 예산 편성 · 집행 및 재산 관리 • 지방 자치 단체의 행정 사무 관리 · 집행

3. 지역 사회의 문제 해결을 위한 시민 참여 방법

① 지방 선거: 주민을 대신하여 지역의 일을 맡아 할 지역 대표를 선출함.

② 주민 투표: 지역의 중요 사안이나 정책에 관하여 주민이 투표로 의사를 표시함.

③ 주민 발안: 지방 의회에 조례 제정 및 개정, 폐지를 청구함.

④ 주민 소환: 지역 대표가 직무를 수행함에 있어 심각한 문제가 있을 때 주민이 투표로 지역 대표의 해임 여부를 결정함.

⑤ 주민 감사 청구제: 지방 자치 단체의 행정 사무와 관련하여 감사를 청구함.

⑥ 주민 참여 예산제: 지방 자치 단체의 예산 편성 과정에 주민이 직접 참여하여 예산의 우선순위 등을 결정함.

⑦ 주민 청원제: 지역 행정에 관한 요구 사항을 문서로 직접 제출함.

⑧ 기타: 지역에 관한 민원을 제출함. 또는 공청회, 주민 설명회에 참여함.

정치 과정은 어떤 단계를 거칠까?

가계의 학비 부담 경감 필요

고교 무상교육을 통한 국민의 교육권 보장

▲ 이익 표출

고등학생 자녀를 둔 학부모들이 연간 1인당 160만 원의 학비 부담을 이유로 고교 무상교육을 통한 국민의 교육권 실현을 촉구하며 집회를 열었다.

❷ 가계 학비 부담 경감을 위한 공청회

고교 무상교육에 대한 시민의 요구 커져, 정부와 국회에 전달

○○신문

가장 중점을 둬야 할 정책 1위, 고교 무상교육

2016년 초·중·고 학부모를 대상으로 설문조사를 실시한 결과, 가장 중점을 둬야 할 정책 1위로 고등학교 무상교육이 꼽혔다. …(중략)… 학부모들은 압도적으로 무상교육을 지지했다.

▲ 이익 집약

「지방교육 재정교부금법」, 「초·중등 교육법」 개정안이 통과되었습니다.

▲ 정책 결정

고등학교 무상교육의 재원 부담 비율을 명시하기 위한 「지방교육 재정교부금법」 개정안이 통과되었다. 또한, 지원 항목을 규정하고 국가와 지방 자치 단체의 재원 부담 의무를 부과하기 위한 「초·중등 교육법」 개정안이 통과되었다.

지난 학기부터 고교 무상교육을 실시했어요.

정부

입학금, 수업료, 학교 운영 지원비, 교과서비 지원

초중고 교육의 국가 책임 완성

▲ 정책 집행

정부는 2020년 고등학교 2·3학년(85만 명)을 대상으로 무상교육을 실시하였다. 또, 정부는 국정 과제 계획의 완성 연도인 2022년보다 1년 앞당긴 2021년 고등학교 전 학년을 대상으로 무상교육을 실시하였다.

❺ 국민의 교육 기본권을 실천했어요.

가계의 학비 부담이 없어졌어요.

▲ 정책 평가

정치 과정은 개인이나 집단이 표출하는 이익을 집약하여 정책을 결정하고 집행하는 일련의 과정으로, 다원화된 사회에서 개인이나 집단이 추구하는 다양한 가치와 이익 등을 조정함으로써 사회 통합을 도모합니다.

정치 과정은 먼저 개인이나 집단이 정책을 요구하거나 기존의 정책에 대해 지지 또는 불만을 표출하는 이익 표출 단계를 거칩니다. 다음으로 개인이나 집단이 표출하는 다양한 요구를 정당, 언론 등이 한데 모아서 합치는 이익 집약 단계를 거칩니다. 이후 국회와 정부가 집약된 이익을 고려하여 정책을 결정하고, 결정된 정책을 정부가 실제 집행하는 정책 결정과 정책 집행 단계를 거칩니다. 또 집행된 정책을 시민이 평가하는 정책 평가 단계를 거칩니다.

Q&A

1 자료의 '고교 무상교육 제도'에서 이익 표출은 어떻게 이루어졌을까?

고등학생 자녀를 둔 학부모들이 학비 부담을 이유로 고교 무상교육 실시를 요구하는 집회를 열었다.

2 자료의 '고교 무상교육 제도'에서 정책 결정과 정책 집행 단계를 담당한 정치 주체는 누구일까?

정책 결정 단계에서는 국회가, 정책 집행 단계에서는 정부가 주로 담당하고 있다.

지방 자치 단체와 지역 주민의 정치 참여

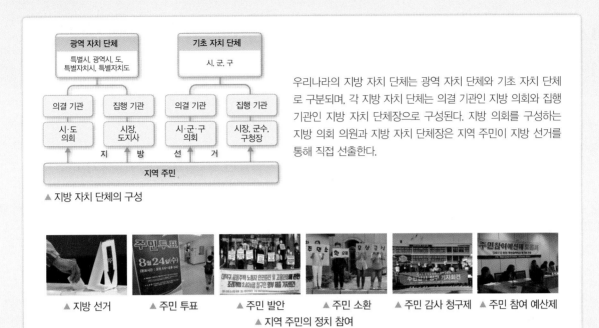

▲ 지방 자치 단체의 구성

우리나라의 지방 자치 단체는 광역 자치 단체와 기초 자치 단체로 구분되며, 각 지방 자치 단체는 의결 기관인 지방 의회와 집행 기관인 지방 자치 단체장으로 구성된다. 지방 의회를 구성하는 지방 의회 의원과 지방 자치 단체장은 지역 주민이 지방 선거를 통해 직접 선출한다.

| ▲ 지방 선거 | ▲ 주민 투표 | ▲ 주민 발안 | ▲ 주민 소환 | ▲ 주민 감사 청구제 | ▲ 주민 참여 예산제 |

▲ 지역 주민의 정치 참여

지방 자치 단체는 의결 기관인 지방 의회와 집행 기관인 지방 자치 단체장으로 구성됩니다. 이때, 지방 의회는 조례 제 · 개정 및 폐지, 지역 정책 결정, 지역 예산 심의 및 확정, 지방 자치 단체의 행정 사무 감사 역할을 합니다. 그리고 지방 자치 단체장은 규칙 제정, 지역 정책 집행, 지역 예산 편성 · 집행 및 지역 재산 관리, 지방 자치 단체의 행정 사무 관리 · 집행 역할을 합니다.

지역 주민이 지역 사회의 문제를 해결하기 위해 참여할 수 있는 방법들은 다양합니다. 지방 선거를 통해 주민을 대신하여 지역의 일을 맡아 할 지역 대표를 선출할 수 있으며, 주민 투표를 통해 지역의 중요 사안이나 정책에 관하여 자신의 의사를 표시할 수 있습니다. 또한 주민 발안을 통해 지방 의회에 조례 제 · 개정 및 폐지를 청구할 수 있고, 주민 소환을 통해 직무 수행에 심각한 문제가 있는 지역 대표를 주민 투표로 해임할 수 있으며, 주민 감사 청구제를 통해 지방 자치 단체의 행정 사무와 관련하여 감사를 청구할 수 있습니다. 그리고 주민 참여 예산제를 통해 지방 자치 단체의 예산 편성 과정에 주민이 직접 참여하여 예산의 우선순위 등을 결정할 수 있습니다.

Q&A

1 지방 자치 단체는 어떻게 구성될까?

지방 자치 단체는 의결 기관인 지방 의회와 집행 기관인 지방 자치 단체장으로 구성된다. 지방 의회 의원과 지방 자치 단체장은 지역 주민이 지방 선거를 통해 직접 선출한다.

2 지역 주민이 지역 사회의 문제를 해결하기 위해 참여할 수 있는 방법에는 어떤 것이 있을까?

지역 주민은 지방 선거, 주민 투표, 주민 발안, 주민 소환, 주민 감사 청구제, 주민 참여 예산제 등을 통해 지방 자치에 참여할 수 있다.

1 선거와 선거 과정

01 빈칸에 공통으로 들어갈 알맞은 말을 쓰시오.

> (   )은/는 국민을 대신하여 국가의 일을 맡아 할 대표자를 선출하는 과정으로, 대표자는 (   )을/를 통해 국민의 동의와 지지를 얻어 권위를 인정받는다.

02 다음 설명에 해당하는 민주 선거의 기본 원칙을 〈보기〉에서 고르시오.

> **보기**
> ㄱ. 보통 선거   ㄴ. 평등 선거
> ㄷ. 직접 선거   ㄹ. 비밀 선거

(1) 유권자가 직접 투표해야 한다는 원칙   (   )
(2) 일정한 나이 이상의 모든 국민에게 선거권을 부여해야 한다는 원칙   (   )
(3) 모든 유권자가 행사하는 투표권의 개수와 가치가 같아야 한다는 원칙   (   )

2 정치 주체와 정치 과정

03 괄호 안의 내용 중 알맞은 말에 ○표 하시오.

(1) (정당, 이익 집단)은 선거에 후보자를 공천한다.
(2) 이익 집단은 집단 구성원의 요구를 국가에 제시하거나 압력을 행사하여 (자기 집단, 사회 전체)의 이익을 실현하고자 한다.
(3) (시민 단체, 언론)은/는 정책에 대한 해설과 비판을 제공함으로써 여론 형성에 중요한 역할을 한다.

04 밑줄 친 부분을 옳게 고쳐 쓰시오.

(1) 정당은 자기 집단의 이익을 추구하는 과정에서 공익과 충돌할 수 있다.   (   )
(2) 시민 단체는 정치적 견해를 같이하는 사람들이 정권을 획득하기 위해 만든 단체이다.   (   )
(3) 이익 집단은 사회 문제 해결과 공익 실현을 위해 시민들이 자발적으로 참여하여 만든 단체이다.   (   )

05 다음 내용이 옳으면 ○표, 틀리면 ×표 하시오.

(1) 국회는 법률을 제정하거나 개정한다.   (   )
(2) 정부는 법률 및 정책과 관련된 분쟁 시 재판을 통해 해결한다.   (   )
(3) 법원은 법률을 바탕으로 정책을 수립하고 집행한다.
                                                           (   )

06 다음 설명에 해당하는 정치 과정의 단계를 〈보기〉에서 고르시오.

> **보기**
> ㄱ. 정책 결정   ㄴ. 정책 집행   ㄷ. 정책 평가
> ㄹ. 이익 표출   ㅁ. 이익 집약

(1) 개인이나 집단이 표출하는 다양한 이익을 정당이나 언론 등이 한데 모아서 합친다.   (   )
(2) 집약된 이익을 고려하여 국회 또는 정부가 정책을 결정한다.   (   )
(3) 결정된 정책을 정부가 집행한다.   (   )

3 지방 자치와 시민 참여

07 밑줄 친 부분을 옳게 고쳐 쓰시오.

(1) 규칙 제정은 지방 의회의 권한이다.   (   )
(2) 지역 정책 집행은 지방 의회의 권한이다.   (   )
(3) 지역 예산 심의·확정은 지방 자치 단체장의 권한이다.
                                                           (   )

08 다음 내용이 옳으면 ○표, 틀리면 ×표 하시오.

(1) 지방 선거는 지역의 중요 사안이나 정책에 관하여 주민이 투표로 의사를 표시하는 것을 말한다.   (   )
(2) 주민 투표는 지방 의회에 조례 제정 및 개정, 폐지를 청구하는 것을 말한다.   (   )
(3) 주민 참여 예산제는 지방 자치 단체의 예산 편성 과정에 주민이 직접 참여하여 예산의 우선순위 등을 결정하는 것을 말한다.   (   )

정답과 해설 29쪽

● 242011-0215

01 ㉠에 대한 설명으로 옳지 않은 것은?

> • ┃ ㉠ ┃의 의미: 국민을 대신하여 국가의 일을 맡아 할
> 대표를 선출하는 과정

① ㉠을 통해 국민의 뜻에 따라 국정을 운영할 대표를 선출한다.
② 국민은 ㉠을 통해 대표의 동의와 지지를 얻는다.
③ 국민은 ㉠을 통해 주권자로서 권리를 행사한다.
④ 대표는 ㉠을 통해 권력 행사의 정당성을 부여받는다.
⑤ 대표가 맡은 바를 제대로 수행하지 않을 경우 다음 ㉠에서 다른 대표로 교체될 수 있다.

● 242011-0216

02 (가)에 해당하는 선거의 원칙으로 옳은 것은?

> 재외국민은 국외에 거주하고 있지만, 국적을 유지하고 있는 국민을 말한다. 그동안 재외국민은 나라 밖에 있다는 이유로 선거에 참여할 수 없었다. 헌법 해석과 관련된 분쟁을 사법적 절차에 따라 해결하는 헌법 재판소는 국내에 거주한 국민만 선거권을 부여한 공직선거법 관련 규정에 대해 ┃ (가) ┃ 원칙 위반을 이유로 헌법에 어긋난다고 보았다. 그 결과, 2012년 4월에 실시된 제19대 국회의원 선거부터 재외국민도 국외에서 선거에 참여할 수 있게 되었다.

① 직접 선거   ② 간접 선거   ③ 보통 선거
④ 평등 선거   ⑤ 비밀 선거

● 242011-0217

03 선거 과정에서의 정당의 역할로 적절하지 않은 것은?

① 여론을 형성한다.
② 공약을 개발한다.
③ 각종 선거에 후보자를 추천한다.
④ 공약을 비교하여 후보자에게 투표한다.
⑤ 홍보물이나 캠페인 등을 통해 투표 참여를 독려한다.

☆ 중요

● 242011-0218

04 (가), (나)에 대한 옳은 설명만을 〈보기〉에서 고른 것은?

> (가) 갑국에서는 문자 해독 시험에서 일정 점수 이상을 얻은 사람이나 세금을 납부한 사람에게만 선거권을 부여하였다.
> (나) 을국에서는 각 사람에게 1표의 투표권을 부여하고, 교육, 재산 등의 조건에 따라 다시 1표의 투표권을 추가적으로 부여하였다.

> ● 보기 ●
> ㄱ. (가)는 평등 선거의 원칙을 위반한 사례이다.
> ㄴ. (가)와 같은 민주 선거 원칙 위반의 다른 사례로 '한 명씩 앞으로 나와 지지하는 후보 이름 옆에 스티커를 붙이는 방식으로 투표하는 것'을 들 수 있다.
> ㄷ. (나)는 유권자가 행사하는 투표권의 개수와 가치가 같아야 한다는 원칙을 위반한 사례이다.
> ㄹ. (가)와 (나) 모두 민주 선거의 기본 원칙을 위반한 사례이다.

① ㄱ, ㄴ   ② ㄱ, ㄷ   ③ ㄴ, ㄷ   ④ ㄴ, ㄹ   ⑤ ㄷ, ㄹ

● 242011-0219

05 다음에서 과제를 옳게 수행한 학생만을 고른 것은?

1. 수행 과제

A~D 사례에서 민주 선거의 기본 원칙을 위반한 사례를 찾고, 각 사례에서 위반한 민주 선거의 기본 원칙을 작성한다.

A	B
재산이 많은 사람은 두 표를 행사할 수 있도록 한다.	어떤 후보에게 투표하였는지 공개하도록 한다.
C	**D**
일정 나이 이상의 모든 국민에게 선거권을 부여한다.	일이 바쁜 사람은 다른 사람이 대신 투표하도록 한다.

2. 학생 갑~정의 수행 결과

구분	갑	을	병	정
민주 선거의 기본 원칙을 위반한 사례	A	B	C	D
위반한 민주 선거의 기본 원칙	보통 선거	비밀 선거	평등 선거	직접 선거

① 갑, 을   ② 갑, 병   ③ 을, 병   ④ 을, 정   ⑤ 병, 정

☆ 중요 ▶ 242011-0220

06 그림은 질문에 따라 정치 주체를 구분한 것이다. A~C에 대한 설명으로 옳은 것은? (단, A~C는 각각 정당, 이익 집단, 시민 단체 중 하나이다.)

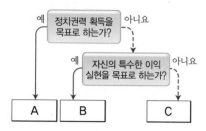

① A는 자기 집단의 이익 실현을 목적으로 한다.
② B는 선거에 후보자를 공천한다.
③ C는 사회 문제 해결을 위한 대안을 제시한다.
④ A는 B와 달리 정치적 영향력을 행사하지 않는다.
⑤ C는 A와 달리 사회의 모든 분야에 관심을 가진다.

☆ 중요 ▶ 242011-0221

07 (가)~(다)에 대한 옳은 설명만을 〈보기〉에서 고른 것은? (단, (가)~(다)는 각각 정당, 이익 집단, 시민 단체 중 하나이다.)

구분	(가)	(나)	(다)
공익을 추구하는가?	예	아니요	예
선거에 후보자를 공천하는가?	아니요	아니요	예

보기
ㄱ. (가)는 국가 기관이 하는 활동을 감시·비판한다.
ㄴ. (나)는 집단 구성원의 요구를 국가에 제시하거나 압력을 행사한다.
ㄷ. (가)는 (다)와 달리 정책의 결정과 집행에 영향력을 행사하지 못한다.
ㄹ. (나)는 (가)와 달리 시민들이 자발적으로 결성한다.

① ㄱ, ㄴ ② ㄱ, ㄷ ③ ㄴ, ㄷ
④ ㄴ, ㄹ ⑤ ㄷ, ㄹ

▶ 242011-0222

08 (가)에 들어갈 정치 주체를 쓰시오.

* 학습 주제: 정치 주체의 종류와 역할
* 학습 내용: (가) 의 의미와 역할
  (1) 의미: 대중 매체를 통해 정치 과정 전반에 관한 정보를 제공하는 주체
  (2) 역할: 정책에 대한 해설과 비판을 제시함으로써 여론 형성을 주도함.

▶ 242011-0223

09 그림은 정치 과정의 일부 단계와 주로 담당하는 정치 주체 A, B를 연결한 것이다. 이에 대한 옳은 설명만을 〈보기〉에서 고른 것은?

```
정책 결정 ──── 정치 주체 A
         │
         └──── 정치 주체 B
정책 집행
```

보기
ㄱ. A는 정부이다.
ㄴ. A는 법률을 제정하거나 개정한다.
ㄷ. B는 법률을 바탕으로 정책을 수립한다.
ㄹ. B는 A와 달리 정책과 관련된 분쟁 발생 시 재판을 통해 해결한다.

① ㄱ, ㄴ ② ㄱ, ㄷ ③ ㄴ, ㄷ
④ ㄴ, ㄹ ⑤ ㄷ, ㄹ

▶ 242011-0224

10 다음 사례에 해당하는 정치 과정의 단계로 옳은 것은?

정부는 2020년 고등학교 2·3학년(85만 명)을 대상으로 무상교육을 실시하였다. 또, 정부는 국정 과제 계획의 완성 연도인 2022년보다 1년 앞당긴 2021년 고등학교 전 학년을 대상으로 무상교육을 실시하였다.

① 이익 표출 ② 이익 집약 ③ 정책 결정
④ 정책 집행 ⑤ 정책 평가

[11-12] 다음 자료를 보고 물음에 답하시오.

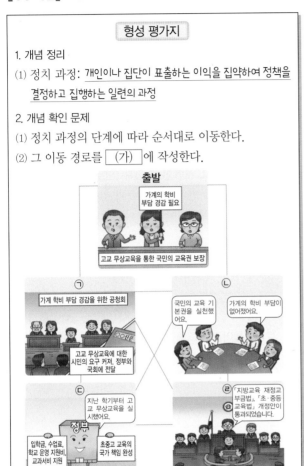

형성 평가지

1. 개념 정리
(1) 정치 과정: 개인이나 집단이 표출하는 이익을 집약하여 정책을 결정하고 집행하는 일련의 과정

2. 개념 확인 문제
(1) 정치 과정의 단계에 따라 순서대로 이동한다.
(2) 그 이동 경로를 (가) 에 작성한다.

▶ 242011-0225

11 (가)에 들어갈 이동 경로로 옳은 것은?

① ㄱ → ㄴ → ㄷ → ㄹ
② ㄱ → ㄷ → ㄹ → ㄴ
③ ㄱ → ㄹ → ㄷ → ㄴ
④ ㄴ → ㄱ → ㄷ → ㄹ
⑤ ㄴ → ㄷ → ㄹ → ㄱ

▶ 242011-0226

12 ㄹ 단계를 주로 담당하는 정치 주체로 적절한 것은?

① 국회
② 법원
③ 정당
④ 이익 집단
⑤ 시민 단체

[13-14] 다음 자료를 보고 물음에 답하시오.

▶ 242011-0227

13 (가), (나)에 해당하는 정치 과정의 단계를 쓰시오.

☆ 중요

▶ 242011-0228

14 (가), (나)에 대한 옳은 설명만을 〈보기〉에서 고른 것은?

보기
ㄱ. (가)는 개인이나 집단이 다양한 가치와 이익을 표출하는 것이다.
ㄴ. (가)의 사례로 '정당이 시민의 다양한 의견을 수렴하는 것'을 들 수 있다.
ㄷ. (나)의 결과는 다시 정치 과정에 반영된다.
ㄹ. (나)의 사례로 '국회가 집약된 이익을 고려하여 법률을 제정하는 것'을 들 수 있다.

① ㄱ, ㄴ
② ㄱ, ㄷ
③ ㄴ, ㄷ
④ ㄴ, ㄹ
⑤ ㄷ, ㄹ

▶ 242011-0229

15 밑줄 친 '갑', '을'에 대한 설명으로 옳은 것은?

① 갑의 기초 의회는 영등포구의회이다.
② 갑이 속한 광역 자치 단체는 영등포구이다.
③ 갑의 광역 자치 단체장은 영등포구청장이다.
④ 을의 광역 의회는 수원시의회이다.
⑤ 을이 속한 기초 자치 단체는 경기도이다.

16 (가)에 들어갈 내용으로 옳은 것은?

242011-0230

서술형 평가

1. 다음 자료를 보고 표를 완성하시오. (3점, 각 1점)

구분	답안	점수
지방 의회의 역할	• 지역 예산을 심의 · 확정한다. • 지방 자치 단체의 행정 사무를 감사한다. • (가)	3점

① 규칙을 제정한다.
② 지역 정책을 집행한다.
③ 지역 예산을 편성한다.
④ 조례를 제정하거나 개정한다.
⑤ 지방 자치 단체의 행정 사무를 관리한다.

17 그림은 신문 기사의 일부이다. (가), (나)에 대한 설명으로 옳지 않은 것은?

242011-0231

○○신문

□□시, 내년부터 중학교 전면 무상급식 실시

(가) □□시장은 내년에 중학교 전면 무상급식을 실시하기로 하고 166억 원의 지역 예산안을 편성해 (나) □□시 의회에 제출했다.

① (가)는 지방 자치 단체장이다.
② (가)는 지방 자치 단체의 행정 사무를 집행한다.
③ (나)는 지역 실정에 맞는 각종 정책을 결정한다.
④ (나)는 (가)와 달리 규칙을 제정한다.
⑤ (가)와 (나) 모두 지역 주민의 대표로 구성된 기관이다.

[18-20] 다음 자료를 보고 물음에 답하시오.

묻고 답하기

1. 질문

(1) (가) 은/는 지역 주민이나 지역 주민의 대표로 구성된 기관이 그 지역의 일을 스스로 처리하는 제도를 말해요. (가) 은/는 무엇일까요?

(2) ○○댐 건설로 수몰되는 ○○시 □□면사무소 이전과 관련한 (나) 이/가 오늘 실시되었어요. (나) 은/는 지역의 중요 사안인 ○○시 □□면사무소 이전지 결정을 두고, 주민의 의사를 묻기 위해 이루어졌어요. (나) 은/는 무엇일까요?

2. 답변

질문 (1)	(가)
질문 (2)	(나)

242011-0232

18 (가)에 들어갈 제도를 쓰시오.

242011-0233

19 (가)에 대한 설명으로 옳지 않은 것은?

① 풀뿌리 민주주의를 실현한다.
② 민주주의의 학교로 기능한다.
③ 지역 주민이 정치에 참여할 기회를 확대한다.
④ 입법부, 행정부, 사법부 간의 권력 분립을 실현한다.
⑤ 지역 실정에 맞는 정책을 결정하고 집행할 수 있게 한다.

242011-0234

20 (나)에 들어갈 내용으로 가장 적절한 것은?

① 주민 투표 제도
② 주민 발안 제도
③ 주민 소환 제도
④ 지방 선거 제도
⑤ 주민 참여 예산 제도

미리보는 서술형·논술형

1 서술형 연습하기　◉ 242011-0235

(가)~(다)에 해당하는 정치 주체를 각각 쓰고, (가)~(다)를 목적 측면에서 비교하여 서술하시오. (단, (가)~(다)는 각각 정당, 이익 집단, 시민 단체 중 하나이다.)

> (가)는 여론을 형성하고 조직화하며, 이를 토대로 국가 기관에 정책안을 제안한다. (가), (나)는 (다)와 달리 사회의 모든 분야에 관심을 가지며, (나), (다)는 (가)와 달리 선거에 후보자를 공천할 수 없다.

Tip 정치 주체의 종류와 역할을 묻는 문제로, 발문에서 요구한 요소를 파악하여 답안을 작성해야 합니다. 발문을 뜯어보면 "❶(가)~(다)에 해당하는 정치 주체를 각각 쓰고, ❷(가)~(다)를 목적 측면에서 비교하여 서술하시오."이니, 답안에 ❶과 ❷가 모두 들어가야 만점!

답 완성하기

(가)는 (　　　　)이고, (나)는 (　　　　)이며, (다)는
(　　　　)이다. (가)는 (　　　　)을/를 목적으로 하고, (나)
는 (　　　　)을/를 목적으로 하며, (다)는 (　　　　)을/를
목적으로 한다.

2 서술형 훈련하기　◉ 242011-0236

㉠, ㉡을 각각 쓰고, ㉠과 ㉡의 역할을 자치 법규와 지역 예산 측면에서 비교하여 각각 서술하시오.

> 각 지방 자치 단체는 의결 기관으로 ┌㉠┐을/를 두고 있고, 집행 기관으로 ┌㉡┐을/를 두고 있다. 이때, ┌㉠┐을/를 구성하고 있는 ┌㉠┐ 의원과 ┌㉡┐은/는 지역 주민이 지방 선거를 통해 직접 선출한다.

3 논술형 도전하기　◉ 242011-0237

그림은 지방 자치 단체의 구성을 나타낸 것이다. 지역 사회의 문제를 해결하기 위한 ㉠의 참여 방법을 300자 내외로 논술하시오.

지방 자치 단체	
의결 기관	집행 기관

↑ 지방 선거 ↑

(　　㉠　　)

핵심 개념 **지방 자치와 시민 참여**

(1) 지역 사회의 문제 해결을 위한 시민 참여 방법: 지방 선거, 주민 투표, 주민 발안, 주민 소환, 주민 감사 청구제, 주민 참여 예산제, 주민 청원제

1 법의 의미와 목적

1. 법의 의미
① **일상생활과 법**: 우리의 일상생활은 수많은 법과 밀접하게 관련되어 있음.
② **사회 규범으로서의 법**
- 사회 규범: 사람들이 사회생활을 하면서 따라야 할 행동의 기준
- 사회 규범의 종류

관습	한 사회에서 오랫동안 지켜져 내려온 행동 양식이나 풍습 ⓔ 돌잔치, 장례식 등
종교 규범	특정 종교에서 지키도록 정해 놓은 교리나 계율 ⓔ 십계명, 불교 교리 등
도덕	인간이 마땅히 지켜야 할 바람직한 행동의 기준 ⓔ 효도, 어른 공경 등
법	사회 구성원들의 합의에 따라 국가가 제정한 사회 규범 ⓔ 식품 위생법, 동물 보호법 등

구분	도덕	법
규율 대상	행위의 동기	행위의 결과
준수 방식	개인의 자율성	국가의 강제성
위반 시	양심의 가책, 사회적 비난	국가에 의한 제재

▲ 도덕과 법 비교

2. 법의 특징
① **강제성**: 다른 사회 규범과 달리 법을 위반할 경우 국가로부터 공식적인 제재를 받음.
② **명확성**: 사회 구성원들이 지켜야 할 규범을 구체적이고 명확하게 규정하고 있음.

3. 법의 역할과 목적
① **법의 역할**
- 분쟁의 예방 및 해결: 공정하고 객관적인 판단 기준을 제시하여 분쟁을 예방하거나 해결함.
- 개인의 권리 보호: 개인이 어떤 권리를 갖는지 명시하고, 권리를 침해하는 행위를 제재함.
② **법의 목적**: 모든 사람에게 각자 받아야 할 정당한 몫을 주어 정의를 실현함.

자료 분석 정의의 여신상과 해태상

▲ 정의의 여신상   ▲ 해태상

정의를 나타내는 대표적인 상징물로는 정의의 여신상과 해태상이 있다. 정의의 여신상은 눈을 가리거나 감고 있으며, 한 손에는 양팔 저울을, 다른 한 손에는 양날 검을 들고 있다. 두 눈을 가리거나 감는 것은 법에 따라 공정하게 판단을 내리겠다는 의미이다. 양팔 저울은 모든 사람에게 공평하게 판결하겠다는 것이며, 양날 검은 법을 엄격하게 집행하겠다는 뜻이다.

해태는 중국 고대 전설 속에서 시비와 선악을 판단한다고 알려진 상상의 동물이다. 머리에 갈기가 있어서 사자와 비슷하지만 머리 가운데 뿔이 있으며, 몸 전체는 비늘로 덮여 있다. 해태는 죄를 지은 사람을 만나면 머리의 뿔로 들이받아 벌을 준다고 알려져 있다. 이에 동양에서는 법에 따른 공정한 판단과 집행을 상징하는 대표적인 동물이 되었다.

2 생활 속의 다양한 법

1. 공법과 사법
① **공법**
- 의미: 국가와 개인 또는 국가 기관 상호 간의 공적인 생활 관계를 규율하는 법 ⓔ 헌법, 형법 등
- 종류

헌법	국민의 권리와 의무, 국가의 통치 구조와 운영 원리 등을 규정한 우리나라의 최고법
형법	범죄의 종류와 그에 따른 형벌의 내용과 정도를 규정한 법

② **사법**
- 의미: 개인 간의 사적인 생활 관계를 규율하는 법 ⓔ 민법, 상법 등
- 종류

민법	개인의 재산 관계 및 가족 관계에 관한 권리와 의무 등을 규정한 법
상법	기업의 설립과 활동 등 기업에 관한 사항 및 상거래와 관련된 경제생활 관계를 규정한 법

2. 사회법

① 의미: 사회적 · 경제적 약자를 보호하고, 모든 국민의 최소한의 인간다운 생활을 보장하기 위한 법

② 특징: 국가가 개인 간의 사적인 생활 영역에 개입하여 사법과 공법의 중간적인 성격을 가짐.

③ 내용

노동법	근로자의 권리와 근로 조건을 규정하고, 근로자와 사용자 간의 이해관계를 조정하기 위한 법 예 근로 기준법, 최저 임금법 등
경제법	기업 간의 공정하고 자유로운 경쟁을 보장하고 소비자의 권리와 이익을 보호하기 위한 법 예 소비자 기본법, 독점 규제 및 공정 거래에 관한 법률 등
사회 보장법	질병, 실업, 장애, 빈곤 등으로 어려움을 겪는 사람들을 돕고 최소한의 인간다운 생활을 보장하기 위한 법 예 국민 기초 생활 보장법, 국민 연금법 등

3 재판의 의미와 공정한 재판

1. 재판의 의미와 종류

① 의미: 구체적 분쟁 사건에 관하여 법원이 법을 적용하여 옳고 그름을 판단하는 과정

② 기능: 분쟁 해결, 사회 질서 유지, 개인의 권리 보호 등

③ 종류: 민사 재판, 형사 재판, 가사 재판, 행정 재판, 선거 재판, 소년 보호 재판 등

2. 민사 재판

① 의미: 개인 간에 발생한 분쟁을 해결하기 위한 재판

② 절차: 원고의 소장 제출 → 피고의 답변서 제출 → 원고와 피고의 변론 → 판사의 판결 선고

3. 형사 재판

① 의미: 범죄가 발생했을 때 범죄 유무를 판단하고 형벌의 종류와 정도를 결정하는 재판

② 절차: 고소 또는 고발 등 → 수사 및 검사의 기소 → 검사의 신문, 변호인의 변론 → 판사의 판결 선고

▲ 민사 재판정

▲ 형사 재판정

4. 공정한 재판을 위한 제도

① 사법권의 독립

- 의미: 재판이 다른 국가 기관이나 여론 등 외부의 영향을 받지 않고 공정하게 이루어지도록 하는 것
- 실현 방법: 법원의 독립, 법관의 신분 보장

② 공개 재판주의와 증거 재판주의

공개 재판주의	재판의 심리와 판결은 소송 당사자뿐만 아니라 일반 시민에게도 공개해야 함.
증거 재판주의	재판은 구체적이고 명확하며 적법하게 수집된 증거를 바탕으로 진행되어야 함.

③ 심급 제도

- 의미: 한 사건에 대하여 급이 다른 법원에서 여러 번 재판을 받을 수 있게 한 제도
- 목적: 법관이 잘못된 판결을 내릴 가능성 최소화, 공정한 재판을 통한 국민의 기본권 보장
- 상소: 재판 당사자가 하급 법원의 판결에 불만이 있을 경우 상급 법원에 재판을 다시 청구하는 것

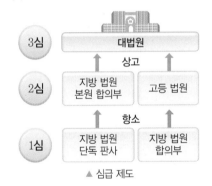

▲ 심급 제도

자료 분석 국민 참여 재판

국민 참여 재판이란 일반 국민이 형사 재판에 배심원으로 참여할 수 있도록 하는 제도를 말한다. 이 제도는 국민의 사법 참여를 확대하고 재판의 공정성과 투명성을 높이는 데 기여한다. 국민 참여 재판은 살인, 강도 등 죄가 무거운 형사 사건을 대상으로 이루어지며, 피고인이 원할 경우에만 시행된다. 또한 만 20세 이상의 국민이라면 누구나 무작위 추첨을 통해 배심원이 될 수 있다. 배심원단은 재판에 참여하여 토의를 통해 피고인의 유무죄 및 형벌의 정도를 판단하여 판사에게 의견을 전달한다. 판사가 배심원의 판단을 의무적으로 반영해야 하는 것은 아니지만 그 의견을 참고하여 판결을 내린다.

산업	최소 고용 연령(세)	일일 평균 노동 시간(시간)	총노동자 대비 16세 미만 노동자 비율(%)
면직	8	13	35
레이스	4	12~13	40
모직	6	12~13	40
견직	6	12~14	46
아마	6	12~13	40
탄광	4	8~18	22

▲ 산업화 시기의 아동 노동자와 광산 노동자

▲ 영국 각 산업의 고용 상황(1833~1834년)

근대 시민 사회에서는 개인의 경제적인 자유를 최대한 보장하기 위해 국가의 간섭을 최소화할 것을 강조했습니다. 당시에는 사적인 생활 영역과 공적인 생활 영역을 엄격하게 구분하였기 때문에 법도 사법과 공법으로만 구별하여 각각의 생활 영역에 적용하였습니다. 그러나 산업 혁명 이후 자본주의가 발달하는 과정에서 빈부 격차, 노동 착취 등의 여러 가지 사회 문제가 발생하였고, 최소한의 인간다운 생활조차 누리기 어려운 사람들이 많아졌습니다. 심지어 학교에 다녀야 할 아이들이 열악한 환경의 공장이나 광산, 굴뚝 등에서 일하며 비참한 생활을 해야 했습니다. 산업 혁명으로 기계를 이용한 대량 생산이 가능해지자 공장주들은 숙련된 성인 노동자에 비해 임금이 매우 낮았던 아동 노동자를 선호하게 되었습니다.

비좁은 탄광이나 굴뚝에서 작업하는 일에는 몸집이 작은 어린이일수록 환영을 받았습니다. 그러한 산업에서는 4살의 아이들도 고용되어 8~18시간 일을 했습니다. 모직이나 면직 산업에서도 6~8살의 아동들이 하루 12~13시간이나 노동을 해야 했습니다. 아동 노동자들은 비위생적이고 위험한 근로 환경에서 장시간의 노동에 시달리면서 다치거나 목숨을 잃기도 했습니다. 공장의 열악한 노동 환경과 아동 노동 실태는 영국의 사회 문제로 떠오르게 되었습니다. 이에 1833년 영국 의회에서는 노동 시간을 규제하는 내용의 공장법을 제정하였습니다. 공장법은 '9세 미만 아동의 고용 금지', '9~13세 아동의 노동 시간은 하루 9시간으로 제한', '13~18세 아동의 노동 시간은 하루 12시간으로 제한' 등을 주된 내용으로 하였습니다. 영국의 공장법을 시작으로 다른 나라에서도 빈곤, 질병, 장애 등으로 어려움을 겪고 있는 사회적·경제적 약자를 보호하고, 모든 국민의 최소한의 인간다운 생활을 보장하기 위한 사회법이 등장하게 되었습니다. 이처럼 자본주의의 발달에 따른 사회 문제를 해결하기 위해 사적인 생활 영역에 국가가 개입하여 나타난 것이 사회법입니다.

Q&A

1 사회법은 어떤 배경에서 등장하게 되었을까?

산업 혁명 이후 자본주의의 발달에 따라 빈부 격차, 노동 착취 등과 같은 여러 가지 사회 문제가 발생하였다. 이에 국가가 적극적으로 개입하여 사회 문제를 해결해야 할 필요성이 제기되면서 사회법이 등장하게 되었다.

2 사회법이 추구하는 목적은 무엇일까?

사회법은 빈곤, 질병, 장애 등으로 어려움을 겪고 있는 사회적·경제적 약자를 보호하고, 모든 국민의 최소한의 인간다운 생활을 보장하는 것을 목적으로 한다.

▲ 민사 재판정

▲ 형사 재판정

민사 재판은 개인과 개인 사이의 권리와 의무에 관한 분쟁을 해결하는 재판입니다. 민사 재판은 분쟁에서 피해를 입었다고 생각하는 사람, 즉 원고가 법원에 소장을 제출하면서 시작됩니다. 법원은 이 사실을 상대방인 피고에게 소장 복사본을 전달하여 알리고 그에 대한 답변서를 받습니다. 법정에서 원고와 피고는 각자의 주장을 펴고, 자신의 주장을 입증할 증거를 제출합니다. 이 과정에서 필요한 경우에는 소송 대리인인 변호사의 도움을 받을 수 있습니다. 판사는 양측의 주장과 증거, 법률 규정 등을 토대로 누구의 주장이 옳은지, 책임이 누구에게 있는지 판결을 내립니다. 원고와 피고는 법원의 판결에 따라야 하며, 이를 따르지 않을 경우에는 국가가 강제로 집행하게 됩니다.

형사 재판은 범죄가 발생했을 때 범죄 유무를 판단하고 형벌의 종류와 정도를 결정하는 재판입니다. 형사 재판은 고소 또는 고발 등에 의해 범죄 사건에 대한 수사가 이루어진 뒤에 검사가 법원에 기소(공소 제기)를 하면서 시작됩니다. 검사의 기소(공소 제기) 이후에는 피의자를 피고인이라고 부르게 됩니다. 범죄로 피해를 입은 사람은 재판의 직접 당사자는 아니지만, 증인으로 재판에 참여할 수 있습니다. 법정에서 검사는 증거를 통해 피고인의 범죄 사실을 밝히고, 피고인은 변호인의 도움을 받아 자신의 주장을 변론합니다. 판사는 진술과 증거를 토대로 피고인의 범죄 유무와 형벌의 정도에 대한 판결을 내립니다.

우리나라는 심급 제도에 따라 한 사건에 대해 급이 다른 법원에서 여러 번 재판을 받을 수 있습니다. 따라서 민사 재판과 형사 재판의 당사자가 판사의 판결에 불만이 있을 경우에는 상급 법원에 다시 재판을 청구할 수 있는데, 이를 상소라고 합니다. 상소에는 1심 법원의 판결에 불복하여 2심 재판을 청구하는 항소와 2심 법원의 판결에 불복하여 3심 재판을 청구하는 상고가 있습니다. 우리나라에서는 3심제를 원칙으로 하고 있기 때문에 일반적으로 한 사건에 대해 세 번까지 재판을 받을 수 있습니다. 이러한 심급 제도는 법관의 잘못된 판결로 인한 국민의 피해를 최소화하고 공정한 재판을 실현하여 국민의 기본권을 보장하고자 하는 것입니다.

Q&A

1 민사 재판과 형사 재판은 어떻게 시작될까?

민사 재판은 분쟁에서 피해를 입었다고 생각하는 사람이 원고가 되어 법원에 소장을 제출하면서 시작되고, 형사 재판은 검사가 피의자를 대상으로 공소를 제기하면서 시작된다.

2 재판의 당사자가 판결에 불만이 있을 경우 어떤 제도의 도움을 받을 수 있을까?

한 사건에 대해 급이 다른 법원에서 여러 번 재판을 받을 수 있게 하는 심급 제도에 따라서 재판 당사자는 법원의 판결에 불만이 있을 경우 상급 법원에 다시 재판을 청구할 수 있다.

1 법의 의미와 목적

01 빈칸 ㉠~㉣에 들어갈 사회 규범을 쓰시오.

구분	의미
㉠	인간이 마땅히 지켜야 할 바람직한 행동의 기준
㉡	특정 종교에서 지키도록 정해 놓은 교리나 계율
㉢	사회 구성원의 합의에 따라 국가가 제정한 사회 규범
㉣	한 사회에서 오랫동안 지켜져 내려온 행동 양식이나 풍습

02 다음 내용이 옳으면 ○표, 틀리면 ×표 하시오.

(1) 다른 사회 규범과 달리 법을 위반할 경우 국가로부터 제재를 받는다. (   )

(2) 법은 도덕과 달리 인간 내면의 양심이나 동기를 중요시한다. (   )

(3) 사회에 존재하는 다양한 법은 정의 실현을 목적으로 한다는 공통점이 있다. (   )

2 생활 속의 다양한 법

03 다음 설명이 공법에 해당하면 '공', 사법에 해당하면 '사'라고 쓰시오.

(1) 국가 생활과 관련된다. (   )

(2) 대표적으로 헌법, 형법 등이 속한다. (   )

(3) 개인과 개인 사이의 생활 관계를 규율한다. (   )

04 다음 설명에 해당하는 법을 〈보기〉에서 고르시오.

> **보기**
> ㄱ. 민법   ㄴ. 상법   ㄷ. 헌법   ㄹ. 형법

(1) 범죄의 종류와 그에 따른 형벌의 내용과 정도를 규정한 법이다. (   )

(2) 개인의 재산 관계 및 가족 관계에 관한 권리와 의무 등을 규정한 법이다. (   )

(3) 국민의 권리와 의무, 국가의 통치 구조와 운영 원리 등을 규정한 우리나라의 최고법이다. (   )

(4) 기업의 설립과 활동 등 기업에 관한 사항 및 상거래와 관련된 경제생활 관계를 규정한 법이다. (   )

05 사회법의 내용과 그 사례를 바르게 연결하시오.

(1) 노동법　　·　　·㉠ 국민 연금법

(2) 경제법　　·　　·㉡ 최저 임금법

(3) 사회 보장법　·　　·㉢ 소비자 기본법

3 재판의 의미와 공정한 재판

06 빈칸에 들어갈 재판을 쓰시오.

(   )은 사회 질서를 위협하는 범죄 사건에 적용되는 재판으로, 절도나 폭행 등이 발생했을 때 범죄 유무를 판단하고 형벌의 종류와 정도를 결정한다.

07 괄호 안의 내용 중 알맞은 말에 ○표 하시오.

(1) (민사 재판, 형사 재판)은 개인 간의 분쟁을 해결하기 위한 재판이다.

(2) 민사 재판은 (원고, 피고)가 법원에 소장을 제출함으로써 시작된다.

(3) (공개 재판주의, 증거 재판주의)에 따라 재판의 과정과 결과를 일반 시민이 방청할 수 있다.

(4) 국민 참여 재판은 국민이 (민사 재판, 형사 재판)에서 배심원으로 참여할 수 있게 한 제도이다.

08 빈칸에 들어갈 사법 제도를 쓰시오.

(   )은/는 한 사건에 대해 급을 달리하는 법원에서 여러 번 재판을 받을 수 있게 하는 제도를 말한다. 우리나라는 3심제를 원칙으로 하고 있기 때문에 일반적으로 한 사건에 대해 세 번까지 재판을 받을 수 있다.

◉ 242011-0238

01 (가), (나)에 해당하는 사회 규범으로 옳은 것은?

> (가) 인간이 마땅히 지켜야 할 행동의 기준이다.
> (나) 한 사회에서 오랫동안 지켜져 내려온 행동 양식이나
> 풍습이다.

	(가)	(나)		(가)	(나)
①	법	도덕	②	법	관습
③	도덕	법	④	도덕	관습
⑤	관습	도덕			

◉ 242011-0239

02 빈칸에 공통적으로 들어갈 사회 규범을 쓰시오.

> 우리의 일상생활은 (   )와/과 매우 밀접하게 관련
> 을 맺고 있다. (   )에 따라 아기가 태어나면 출생 신
> 고를 하고, 일정한 나이가 되면 학교에서 교육을 받는다.
> 직장에서 일을 하거나 물건을 사고파는 등의 경제 활동도
> (   )의 영향을 받는다.

☆ 중요

◉ 242011-0240

03 (가), (나)의 사회 규범에 대한 옳은 설명만을 〈보기〉에서 고른 것은?

> (가) 버스나 지하철에서 어르신들에게 자리를 양보해야
> 한다.
> (나) 보행자는 보도와 차도가 구분된 도로에서는 언제나
> 보도로 통행하여야 한다.

─ 보기 ─

> ㄱ. (가)를 위반할 경우 국가의 제재를 받는다.
> ㄴ. (나)의 준수 여부는 개인의 자율성에 따른다.
> ㄷ. (가)는 (나)에 비해 인간의 양심이나 동기를 중시한다.
> ㄹ. (나)는 (가)에 비해 구체적이고 명확하게 내용을 규정
> 한다.

① ㄱ, ㄴ   ② ㄱ, ㄷ   ③ ㄴ, ㄷ
④ ㄴ, ㄹ   ⑤ ㄷ, ㄹ

◉ 242011-0241

04 빈칸 ㉠에 들어갈 법으로 옳은 것은?

> **일상생활 속의 법**
>
> | ○○○돈가스 | |
> |---|---|
> | 소비기한(년, 월, 일, 시간) | 제조일 |
> | 24년 10월 11일 02시 까지 | 24년 10월 0 |
>
> (㉠   )에 따라 모든 식품의 포장지에는 반드시 소비 기한이 표시되어 있다. 만약 제조업자가 이 법을 어길 경우에는 영업 정지 등의 처벌을 받을 수 있다.

① 학교 급식법   ② 교육 기본법
③ 청소년 보호법   ④ 산업 안전 보건법
⑤ 식품 표시 광고법

◉ 242011-0242

05 그림에 나타난 법의 기능으로 가장 적절한 것은?

① 공권력을 강화한다.
② 개인의 자유를 보장한다.
③ 다툼이나 분쟁을 해결한다.
④ 범죄를 저지른 사람을 처벌한다.
⑤ 사회적 약자의 권리를 보호한다.

◉ 242011-0243

06 빈칸 ㉠에 들어갈 개념을 쓰시오.

발표 주제는 '법의 목적'입니다. 먼저 (㉠   )을/를 나타내는 대표적인 상징물을 소개할게요.

☆ 중요 ○ 242011-0244

07 (가)에 들어갈 법에 대한 옳은 설명만을 〈보기〉에서 고른 것은?

▲ 생활 영역에 따른 법의 구분

● 보기 ●
ㄱ. 헌법, 형법 등이 해당된다.
ㄴ. 공권력 행사와 관련된 내용을 규정한다.
ㄷ. 사적인 생활 영역에 국가가 개입하여 나타났다.
ㄹ. 사회적 · 경제적 약자를 보호하는 것을 목적으로 한다.

① ㄱ, ㄴ   ② ㄱ, ㄷ   ③ ㄴ, ㄷ
④ ㄴ, ㄹ   ⑤ ㄷ, ㄹ

○ 242011-0245

08 다음 내용에 해당하는 법으로 옳은 것은?

• 범죄의 종류와 그에 따른 형벌의 내용과 정도를 규정한 법이다.
• 범죄자를 처벌함으로써 사회 질서를 유지하고 국민의 권리를 보호한다.

① 민법   ② 헌법   ③ 형법
④ 근로 기준법   ⑤ 공정 거래법

○ 242011-0246

09 자료는 인터넷 검색 결과를 나타낸다. 검색창 (가)에 들어갈 법을 쓰시오.

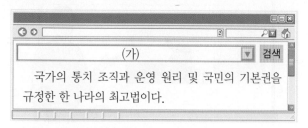

○ 242011-0247

10 사법의 적용을 받는 사례로 가장 적절한 것은?

① 국회 의원 선거에서 투표한다.
② 소득에 대한 세금을 납부한다.
③ 집을 구매하기 위해 계약서를 쓴다.
④ 불량한 상품에 대해 환불을 요구한다.
⑤ 최저 임금액 이상의 시급을 지급받는다.

☆ 중요 ○ 242011-0248

11 A, B에 대한 옳은 설명만을 〈보기〉에서 고른 것은?

법은 규율하는 생활 영역에 따라 A와 B, 그리고 사회법으로 구분할 수 있다. A는 B와 달리 개인과 개인 간의 사적인 관계를 다룬다.

● 보기 ●
ㄱ. A는 공법, B는 사법이다.
ㄴ. 범죄와 형벌을 다루는 형법은 A에 속한다.
ㄷ. A에 해당하는 대표적인 법으로는 민법과 상법을 들 수 있다.
ㄹ. B는 국가와 개인 간 또는 국가 기관 상호 간의 관계를 다룬다.

① ㄱ, ㄴ   ② ㄱ, ㄷ   ③ ㄴ, ㄷ
④ ㄴ, ㄹ   ⑤ ㄷ, ㄹ

○ 242011-0249

12 빈칸 ㉠, ㉡에 들어갈 법으로 옳은 것은?

교사: 사법 영역에 속하는 법에는 어떤 것이 있는지 발표해 볼까요?
갑: 개인의 재산 관계 및 가족 관계에 관한 권리와 의무 등을 규정하는 (㉠)이 있어요.
을: 기업의 설립과 활동, 상거래와 관련된 경제생활 관계를 규정한 (㉡)도 사법에 해당해요.

	㉠	㉡		㉠	㉡
①	상법	민법	②	상법	헌법
③	민법	상법	④	민법	형법
⑤	형법	헌법			

☆ 중요
▶ 242011-0250

13 사회법에 대한 설명으로 옳지 **않은** 것은?

① 공법과 사법의 중간적 성격을 가진다.
② 현대 복지 국가에서 그 중요성이 더욱 커지고 있다.
③ 산업화에 따른 여러 문제점을 해결하기 위해 등장하였다.
④ 사적인 생활 영역에 국가의 개입을 최소화하는 것을 목적으로 한다.
⑤ 사회적 또는 경제적으로 불리한 위치에 놓인 사람들의 권리를 보장하고자 한다.

▶ 242011-0251

14 (가)에 속하는 법의 종류로 옳은 것은?

학습 주제: 사회법의 내용	
(가)	노동자의 권리와 근로 조건 규정, 노사 간 이해관계 조정
경제법	기업의 자유로운 경쟁 보장, 소비자의 권익 보호
사회 보장법	사회적·경제적 약자 보호, 모든 국민의 인간다운 생활 보장

① 근로 기준법
② 전자 상거래법
③ 소비자 기본법
④ 장애인 복지법
⑤ 국민 건강 보험법

▶ 242011-0252

15 자료에 나타난 법의 적용을 받는 생활 영역으로 가장 적절한 것은?

- 사적 생활 영역에 국가가 개입하기 때문에 사법과 공법의 중간적 성격을 가진다.
- 사회적·경제적 약자를 보호하고, 모든 국민의 인간다운 생활을 보장하기 위한 법이다.

① 토지에 부과된 재산세를 납부하였다.
② 지갑을 소매치기 당하여 경찰에 신고하였다.
③ 집을 구입한 후에 소유권 이전 등기를 하였다.
④ 부모님이 돌아가신 후에 상속자가 되어 유산을 상속받았다.
⑤ 장애로 인하여 일상생활이 어려워 활동 지원사의 도움을 받았다.

▶ 242011-0253

16 재판에 대한 옳은 설명만을 〈보기〉에서 고른 것은?

── 보기 ──
ㄱ. 재판의 과정과 결과는 비공개로 한다.
ㄴ. 대표적으로 민사 재판과 형사 재판이 있다.
ㄷ. 법을 적용하여 옳고 그름을 판단하는 과정이다.
ㄹ. 개인 간의 분쟁을 시간과 비용의 부담 없이 해결한다.

① ㄱ, ㄴ
② ㄱ, ㄷ
③ ㄴ, ㄷ
④ ㄴ, ㄹ
⑤ ㄷ, ㄹ

▶ 242011-0254

17 자료에 나타난 재판의 종류로 옳은 것은?

이혼, 상속 등과 관련하여 가족이나 친족 간의 다툼을 해결하기 위한 재판이다.

① 가사 재판
② 선거 재판
③ 행정 재판
④ 형사 재판
⑤ 소년 보호 재판

☆ 중요
▶ 242011-0255

18 밑줄 친 '재판'에 대한 설명으로 옳지 **않은** 것은?

갑은 해외에서 휴가를 보내기 위해서 A 항공사에서 비행기 표를 구입하였다. 비행기가 출발하는 시간에 맞춰 공항에 도착하였지만 어떠한 통보도 받지 못하고 비행 출발 시간이 12시간이나 지연되었다. 이에 공항에서 긴 시간을 대기해야 했고, 여행 계획이 모두 틀어져 버렸다. 이에 갑은 A 항공사에 손해 배상을 요구하였지만 거절당하였고, 법원에 재판을 청구하였다.

① 3심제의 적용을 받는다.
② 원고는 갑, 피고는 A 항공사이다.
③ 판사는 범죄의 유무와 형벌 정도를 결정한다.
④ 갑과 A 항공사는 변호사의 도움을 받아 변론할 수 있다.
⑤ 갑은 비행 출발 시간 지연에 따른 피해 상황을 입증해야 한다.

☆ 중요　　　　　　　　　⊙ 242011-0256

19 (가)~(라)에 나타난 민사 재판의 절차를 순서대로 옳게 나열한 것은?

(가)
돈을 빌려 준 것을 증빙하는 차용증입니다.
저는 돈을 빌린 적이 없습니다.

(나)
피고는 5,000만 원과 1년 동안의 이자를 원고에게 지급하세요.
판결문

(다)
소장
이웃에게 빌려준 돈과 이자를 받고 싶어요.

(라)
답변서

① (나)-(다)-(라)-(가)　② (다)-(가)-(나)-(라)
③ (다)-(라)-(가)-(나)　④ (라)-(가)-(다)-(나)
⑤ (라)-(나)-(다)-(가)

☆ 중요　　　　　　　　　⊙ 242011-0257

20 그림에 나타난 재판에 대한 옳은 설명만을 〈보기〉에서 고른 것은?

판사
서기
검사
증인
변호인
피고인
방청석

〈보기〉
ㄱ. 방청석에는 배심원이 자리한다.
ㄴ. 손해 배상 청구 사건을 다룬다.
ㄷ. 범죄 사실을 밝히고 형벌 정도를 결정한다.
ㄹ. 증거 재판주의와 공개 재판주의에 따라 진행된다.

① ㄱ, ㄴ　　② ㄱ, ㄷ　　③ ㄴ, ㄷ
④ ㄴ, ㄹ　　⑤ ㄷ, ㄹ

⊙ 242011-0258

21 빈칸에 들어갈 재판의 원칙을 쓰시오.

(　　　)은/는 어떤 사실을 증명할 수 있는 구체적이고 명확한 근거를 바탕으로 재판이 진행되어야 한다는 원칙이다. 이러한 원칙에 따르지 않고 형사 재판에서 피고인의 자백만으로 유죄가 판결된다면, 죄 없는 사람이 억울한 누명을 쓸 수도 있다.

⊙ 242011-0259

22 우리나라의 국민 참여 재판 제도에 대한 설명으로 옳지 않은 것은?

① 피고인의 신청이 있어야 시행될 수 있다.
② 재판의 공정성과 투명성을 높이는 데 기여한다.
③ 살인, 강도 등의 형사 사건을 대상으로 이루어진다.
④ 배심원은 유무죄 여부, 형량에 대한 의견을 제시할 수 있다.
⑤ 법에 대한 전문적인 지식을 갖춘 국민이 배심원으로 선정된다.

☆ 중요　　　　　　　　　⊙ 242011-0260

23 그림에 나타난 사법 제도에 대한 옳은 설명만을 〈보기〉에서 고른 것은?

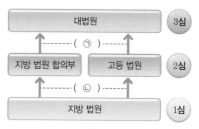

대법원　3심
지방 법원 합의부　고등 법원　2심
지방 법원　1심

〈보기〉
ㄱ. ㉠은 항소, ㉡은 상고이다.
ㄴ. 민사 재판과 형사 재판 모두에 적용된다.
ㄷ. 법관이 잘못된 판결을 내릴 가능성을 줄여준다.
ㄹ. 신속한 판결을 통한 재판의 효율성 증대를 목적으로 한다.

① ㄱ, ㄴ　　② ㄱ, ㄷ　　③ ㄴ, ㄷ
④ ㄴ, ㄹ　　⑤ ㄷ, ㄹ

1 서술형 연습하기 ◐ 242011-0261

(가), (나)에 나타난 사회 규범을 각각 쓰고, 그 특징을 비교하여 서술하시오.

(가) 아기가 태어났으니 출생 신고를 해야겠군.

(나) 아기가 태어난 지 일 년이 되어가니 돌잔치를 해야겠지?

Tip 사회 규범의 종류와 특징을 묻는 문제로, 발문에서 요구한 요소를 파악하여 답안을 작성해야 합니다. 발문을 뜯어보면 "**❶**(가), (나)에 나타난 사회 규범을 각각 쓰고, **❷**그 특징을 비교하여 서술하시오."이니, 답안에 **❶**과 **❷**가 모두 들어가야 만점!

답 완성하기

(가)에는 (　　　), (나)에는 (　　　)이/가 나타나 있다.

(가)의 사회 규범은 (나)의 사회 규범과 달리 (　　　)이/가 있기 때문에 이를 위반할 경우 (　　　)에 의해 제재를

받을 수 있다.

2 서술형 훈련하기 ◐ 242011-0262

빈칸에 들어갈 법을 쓰고, 그 내용과 목적을 서술하시오.

　　근대 사회에서는 사적인 생활 영역과 공적인 생활 영역을 엄격하게 구분하였기 때문에 법도 사법과 공법으로만 구별하여 각각의 생활 영역에 적용하였다. 그러나 산업화에 따라 빈부 격차, 노동 착취 등의 각종 사회 문제가 나타나면서 최소한의 인간다운 생활조차도 누리지 못하는 사람들이 생겨나게 되었다. 이에 이러한 문제를 해결하기 위해서 개인의 사적 생활 영역이라 할지라도 국가가 개입해야 한다는 요구가 높아지면서 (　　　　　)이 등장하게 되었다.

3 논술형 도전하기 ◐ 242011-0263

(가), (나)에 해당하는 재판을 각각 쓰고, 각 재판의 절차를 500자 이내로 논술하시오.

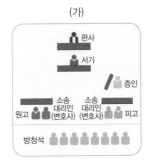

(가) 판사 / 서기 / 증인 / 원고 소송 대리인(변호사) / 소송 대리인(변호사) 피고 / 방청석

(나) 판사 / 서기 / 검사 / 증인 / 변호인 / 피고인 / 방청석

핵심 개념 **재판의 종류와 절차**

(1) 민사 재판　(2) 형사 재판　(3) 분쟁 해결　(4) 범죄 여부 및 형량 결정

XII 인권과 기본권

1 인권 보장과 헌법

1. 인권의 의미와 특징
① 의미: 인간이 인간답게 살아가기 위해 마땅히 누려야 할 기본적인 권리
② 특징

천부 인권	인간이 태어나면서부터 당연히 가지는 것으로 하늘이 준 권리
자연권	국가가 법으로 보장하기 이전에 이미 인간에게 주어진 자연법상의 권리
보편적 권리	성별, 인종, 나이 등에 관계없이 모든 사람이 누구나 동등하게 누리는 권리
불가침의 권리	국가나 다른 사람에 의해 함부로 침해될 수 없는 권리

2. 인권의 중요성과 발전 과정
① 인권의 중요성: 모든 사람의 인권은 존중되어야 하며, 이는 인간의 존엄성을 실현하는 토대가 됨.
② 인권의 발전 과정
• 과거에 노예, 흑인, 여성 등은 인간으로서 존중받지 못하고 부당한 대우를 받았음.
• 절대 군주의 억압에 맞선 시민 혁명 이후 인권이 제도적으로 보장되기 시작함.
• 국제 연합(UN)은 전 인류가 누려야 할 인권의 기준을 제시한 세계 인권 선언을 발표함.

> **자료 분석** 세계 인권 선언
>
>
>
> 두 차례의 세계 대전을 겪으며 전쟁으로 많은 사람이 사망, 부상 등으로 인권을 심각하게 침해받게 되자 1948년 국제 연합(UN) 총회에서는 세계 인권 선언을 채택하여 인권의 기준을 제시하였다. 세계 인권 선언은 개인의 자유와 권리를 상세하게 명시하고 있으며, 이러한 인권이 전 세계의 모든 사람에게 똑같이 적용된다는 사실을 세계 최초로 인정하였다. 또한 약 250여 개의 언어로 번역되어 국제적으로 가장 많이 인용된 인권 문서이기도 하다. 이러한 세계 인권 선언은 국제 인권법의 토대가 되었으며, 수많은 국제 조약과 국제 선언의 모범이 되는 규범이기도 하다. 또한 그 이념과 내용이 오늘날 세계 여러 나라의 헌법에 반영되어 있다.

3. 인권 침해와 인권 감수성
① 인권 침해의 의미와 원인

의미	국가 기관 또는 개인이나 단체가 인간으로서 가진 권리에 피해를 주는 것
원인	사회 구성원의 편견, 고정 관념, 사회 관습, 잘못된 법률이나 제도 등

② 인권 감수성의 의미: 일상생활 속에서 어떤 상황이나 문제를 인권과 관련하여 인식하고 민감하게 받아들이려는 태도
③ 인권 침해를 막기 위한 방법: 일상생활 속에서 인권 감수성을 높이고 인권 침해 상황을 주의 깊게 살피며 인권을 보장하기 위해 노력하는 자세가 필요함.

4. 헌법이 보장하는 기본권
① 헌법: 민주 국가를 운영하는 모든 법과 제도의 기초가 되는 최고법
② 기본권: 헌법에 규정하여 보장하는 기본적 인권
③ 기본권의 종류

인간의 존엄과 가치 및 행복 추구권	모든 인간이 인간이라는 이유만으로 그 가치를 존중받고 행복을 추구할 수 있는 권리 → 헌법에 보장된 기본권의 토대이자 모든 기본권이 추구하는 궁극적 가치
평등권	부당하게 차별받지 않고 동등하게 대우받을 권리 예 성별, 종교, 사회적 신분 등에 의해 부당한 차별을 받지 않을 권리 등
자유권	국가의 간섭을 받지 않고 자유롭게 생활할 수 있는 권리 예 신체의 자유, 표현의 자유, 재산권 등
참정권	국가의 정치적 의사 형성 과정 및 국가 기관의 형성에 참여할 수 있는 권리 예 선거권, 공무 담임권, 국민 투표권 등
청구권	기본권이 침해되거나 침해될 우려가 있을 때 국가에 대해 일정한 행위를 요구할 수 있는 권리 예 재판 청구권, 청원권, 국가 배상 청구권 등
사회권	국가에 대해 인간다운 생활의 보장을 요구할 수 있는 권리 예 교육을 받을 권리, 근로의 권리, 사회 보장을 받을 권리 등

2 기본권 제한과 침해 시 구제 방법

1. 기본권 제한의 요건과 한계
① 요건: 국가 안전 보장, 질서 유지, 공공복리를 위해 필요한 경우에 한하여 법률로써 제한할 수 있음.
② 한계: 기본권을 제한하더라도 자유와 권리의 본질적인 내용은 침해할 수 없음.
③ 헌법에 요건과 한계를 명시한 이유: 국민의 기본권이 함부로 국가에 의해 침해당하지 않도록 하기 위함.

2. 기본권 침해 시 구제 방법
① 법원을 통한 구제
• 법원: 다양한 재판을 통해 개인의 침해된 기본권을 구제하는 기관
• 구제 방법

민사 재판	다른 사람에 의해 권리를 침해당하였을 경우 분쟁을 해결하고 손해 배상을 받을 수 있음.
형사 재판	범죄 행위로 권리가 침해되었을 때 기본권을 침해한 사람을 처벌할 수 있음.
행정 재판	행정 기관이 국민의 권리를 침해하였을 때 권리를 구제받을 수 있음.

② 헌법 재판소를 통한 구제
• 헌법 재판소: 헌법 질서를 수호하고 국민의 기본권을 보장하는 국가 기관
• 구제 방법: 공권력에 의해 기본권을 침해당한 국민이 직접 헌법 재판소에 헌법 소원을 제기함.
③ 국가 인권 위원회를 통한 구제
• 국가 인권 위원회: 인권 침해를 조사하고 법이나 제도 등의 문제점을 찾아 개선을 권고하는 기관 → 어떤 특정 국가 기관에 속하지 않은 독립적인 기구
• 구제 방법: 인권을 침해당한 국민이 국가 인권 위원회에 진정을 제기함.
④ 기타
• 국민 권익 위원회: 행정 기관의 잘못된 법 집행 등으로 침해된 권리를 구제함.
• 언론 중재 위원회: 잘못된 언론 보도로 분쟁이나 피해가 발생하였을 경우 이를 조정하거나 중재함.
• 한국 소비자원: 물건을 구입한 소비자가 피해를 입어 소비자의 권리가 침해되었을 경우 피해를 구제하거나 분쟁을 조정함.

3 근로자의 권리와 노동권 보장

1. 근로자와 근로자의 권리
① 근로자: 사용자에게 노동을 제공하고 임금을 받는 사람
② 근로자의 권리
• 근로의 권리: 우리 헌법에서는 모든 국민이 근로의 권리를 가지며, 국가는 근로자의 고용 증진과 적정한 임금을 보장하기 위해 노력해야 한다고 명시하고 있음.
→ 근로자의 최소한의 인간다운 생활을 보장하기 위해 근로 조건의 최저 기준을 법으로 정하고, 최저 임금제를 시행하고 있음.
• 노동 3권: 근로자가 사용자와 대등한 위치에서 근로 조건을 협의하고 결정할 수 있도록 보장함.

단결권	근로자가 근로 조건의 유지 및 개선을 위하여 노동조합과 같은 단체를 만들어 활동할 수 있는 권리
단체 교섭권	노동조합을 통해 사용자와 근로 조건에 관해 협상할 수 있는 권리
단체 행동권	단체 교섭이 원만하게 이루어지지 않을 경우 일정한 절차를 거쳐 쟁의 행위를 할 수 있는 권리

2. 노동권의 침해와 구제
① 노동권의 침해 유형
• 부당 해고: 정당한 이유 없이 근로자를 해고하는 행위
• 부당 노동 행위

의미	근로자의 노동 3권을 침해하는 행위
사례	• 근로자가 노동조합에 가입했다는 이유로 불이익을 주는 행위 • 노동조합과의 단체 교섭을 정당한 이유 없이 거부하는 행위

• 기타: 근로 계약서를 작성하지 않는 것, 근로자가 임금을 제때 받지 못하거나 최저 임금보다 낮은 임금을 받는 것, 초과 근무를 강요받는 것 등
② 노동권 침해의 구제 방법: 고용 노동부에 신고, 노동 위원회나 법원에 구제 요청 등
③ 노동권 침해의 대처 방안
• 국가: 근로자의 권리 침해를 방지하는 제도를 마련하여 노동권 침해 문제를 개선하기 위해 노력함.
• 시민: 노동권 침해 상황이 발생하거나 침해가 예상될 경우 국가에 법이나 제도 보완을 요구함.

　　우리는 도로, 지하철, 화장실 등에서 수많은 픽토그램을 접할 수 있습니다. 픽토그램(Pictogram)이란 어떤 사물이나 시설, 개념 등을 알아보기 쉽게 만든 그림 문자를 말합니다. 우리가 말이 통하지 않는 외국에 나가서도 화장실, 승강기 등을 쉽게 찾을 수 있는 이유는 바로 픽토그램만으로도 그 의미를 이해할 수 있기 때문입니다.

▲ 기저귀 교환대 픽토그램

▲ 엘리베이터 픽토그램

　　픽토그램은 단순하고 명료한 그림 문자를 통해 정보를 전달하지만, 한편으로는 사람들에게 어떤 내용에 대해서 편견을 심어주기도 합니다. 예를 들어볼까요? 왼쪽의 기저귀 교환대 픽토그램은 육아는 여성이 전담해야 한다는 고정 관념을 은연중에 나타내고 있습니다. 또한 엘리베이터 픽토그램은 부모와 아이로 구성된 가족만이 정상 가족에 해당한다는 편견이 숨어 있습니다.

　　오른쪽의 기존의 장애인을 나타내는 픽토그램을 살펴봅시다. 1968년에 만들어져 50년 넘게 사용하고 있는 이 픽토그램은 장애인을 휠체어에 몸을 의지한 사람으로 표현하고 있습니다. 하지만 이러한 픽토그램은 장애인이 수동적이며 의존적인 존재라는 편견을 담고 있습니다. 그런데 오른쪽의 뉴욕시 장애인 픽토그램은 장애인을 적극적이며 능동적인 모습으로

▲ 기존 장애인 픽토그램

▲ 뉴욕시 장애인 픽토그램

나타내고 있습니다. 이렇게 장애인 픽토그램을 바꾼 사람은 인권 감수성이 높은 사라 헨드렌이었습니다. 디자이너이자 다운 증후군을 앓는 아이의 엄마이기도 한 사라 헨드렌은 뉴욕 시내를 돌아다니며 새로 만든 장애인 픽토그램을 기존의 장애인 표지판 위에 붙이기 시작하였습니다. 뉴욕시는 사라 헨드렌이 공공 시설물을 파손하는 불법을 저질렀다면서 비난을 했습니다. 하지만 그녀의 행동은 시민들의 공감을 얻어 많은 지지를 받았고, 결국 뉴욕시는 장애인을 나타내는 새로운 픽토그램을 공식적으로 채택하게 되었습니다. 사라 헨드렌으로부터 시작된 사소하지만 대단한 아이디어가 장애인에 대한 세상의 편견과 고정 관념을 없애고, 장애인의 인권에 관심을 높일 수 있는 계기가 되었습니다. 사람들이 무심코 지나쳤던 장애인 픽토그램을 당연한 것으로 받아들이지 않았던 사라 헨드렌처럼 우리도 인권 감수성을 가지고 일상생활 속의 상황이나 문제를 바라보는 것은 어떨까요?

Q&A

1　위의 '기존 장애인 픽토그램'에 나타난 편견은 무엇일까?

기존 장애인 픽토그램은 장애인을 휠체어에 몸을 의지하는 모습으로 표현하여 장애인이 수동적이며 의존적인 존재라는 편견을 담고 있다.

2　픽토그램에 나타난 편견과 선입견을 없애기 위해서는 어떻게 해야 할까?

일상생활 속에서 마주치는 여러 가지 상황이나 문제를 인권과 관련지어 인식하고 민감하게 받아들이려는 인권 감수성을 가지고 인권 보장을 지향하는 관점으로 바라보아야 한다.

청소년 근로자에게 특별히 보장되는 권리는 무엇일까?

15세 이상 18세 미만의 청소년 근로자도 성인 근로자와 같이 근로 기준법, 최저 임금법 등에서 보장하고 있는 모든 권리를 누릴 수 있습니다. 청소년 근로자는 성인에 비해 사회적·경제적 약자인 동시에 신체적 약자이기 때문에 특별한 권리를 보장받고 있지만, 미성년자라는 이유로 근로 현장에서 기본적인 노동 인권을 보장받지 못하거나 행사하지 못할 가능성이 높기 때문에 국가는 청소년 근로자를 보호하기 위한 다양한 제도를 마련하고 있습니다.

〈청소년 근로자에게 보장되는 권리〉

15세 미만의 청소년은 원칙적으로 근로자로 일을 할 수 없어요.

성인 근로자와 동일한 최저 임금을 보장받아요.

하루 7시간, 일주일에 35시간 이내로 일을 할 수 있어요.

휴일에 일하거나 초과 근무를 한 경우 50%의 가산 임금을 받을 수 있어요.

1주일 15시간 이상 근무, 1주일 개근하면 하루 유급 휴일을 보장받아요.

노래방, 성인 오락실 등과 같이 유해한 업소에서 일을 할 수 없어요.

Q&A

1 청소년 근로자가 성인 근로자와 똑같이 보장받고 있는 권리에는 어떤 것이 있을까?

청소년 근로자는 성인 근로자와 같이 근로 기준법, 최저 임금법 등에서 보장된 모든 권리를 누릴 수 있다.

2 청소년 근로자가 특별한 권리를 보장받고 있는 이유는 무엇일까?

청소년 근로자는 성인에 비해 사회적·경제적 약자인 동시에 신체적 약자이기 때문에 특별한 권리를 보장받는다.

1 인권 보장과 헌법

01 빈칸에 들어갈 알맞은 말을 쓰시오.

(1) ( )(이)란 인간이 인간답게 살아가기 위해 마땅히 누려야 할 기본적인 권리이다.

(2) 국제 연합에서는 전 인류가 누려야 할 인권의 기준을 제시한 ( )을/를 발표하였다.

(3) 오늘날 민주주의 국가에서는 최고법인 ( )에 기본권을 규정하여 보장하고 있다.

(4) 인간의 존엄과 가치 및 ( )은/는 모든 기본권이 지향하는 궁극적인 가치이다.

02 표의 ㉠~㉤에 해당하는 기본권의 종류를 쓰시오.

구분	의미
㉠	국가의 간섭을 받지 않고 자유롭게 생활할 수 있는 권리
㉡	기본권이 침해되었을 때 국가에 구제를 요청할 수 있는 권리
㉢	국가에 대해 인간다운 생활의 보장을 요구할 수 있는 권리
㉣	국가의 정치적 의사 결정 및 국가 기관의 형성 과정에 참여할 수 있는 권리
㉤	성별, 종교, 사회적 신분 등에 의해 부당하게 차별받지 않고 동등하게 대우받을 권리

03 다음 내용이 옳으면 ○표, 틀리면 ×표 하시오.

(1) 인권은 하늘이 준 권리라는 의미에서 천부 인권이라고도 한다. ( )

(2) 인권 침해를 막기 위해서는 인권 감수성을 높여야 한다. ( )

(3) 참정권에는 청원권, 재판 청구권, 국가 배상 청구권 등이 있다. ( )

(4) 사회권은 다른 기본권을 구제하기 위한 수단적 성격의 권리이다. ( )

2 기본권 제한과 침해 시 구제 방법

04 자료는 우리 헌법 제37조 제②항이다. 빈칸 ㉠, ㉡에 들어갈 알맞은 말을 쓰시오.

> 국민의 모든 자유와 권리는 국가 안전 보장, 질서 유지 또는 (㉠)을/를 위하여 필요한 경우에 한하여 (㉡)(으)로써 제한할 수 있으며, 제한하는 경우에도 자유와 권리의 본질적인 내용을 침해할 수 없다.

05 다음 설명에 해당하는 국가 기관을 쓰시오.

> 어느 국가 기관에도 소속되지 않은 독립적인 기구로 인권 침해를 조사하고 법이나 제도 등의 문제점을 찾아 개선을 권고하는 기관이다.

3 근로자의 권리와 노동권 보장

06 빈칸에 들어갈 알맞은 말을 쓰시오.

(1) ( )(이)란 임금을 받으려고 사용자에게 노동을 제공하는 사람을 말한다.

(2) 헌법으로 보장된 노동 3권을 침해 또는 방해하는 행위를 ( )(이)라고 한다.

(3) 노동 3권에는 단결권, ( ), 단체 행동권이 있다.

(4) 노동권이 침해될 경우에는 ( )에 소송을 제기하여 피해를 구제받을 수 있다.

07 괄호 안의 내용 중 알맞은 말에 ○표 하시오.

(1) 우리나라는 근로 조건의 (최저, 최고) 기준을 법으로 정하여 근로자의 권리를 보장한다.

(2) (단결권, 단체 행동권)은 노동조합을 만들거나 가입하여 활동할 수 있는 권리이다.

(3) 부당 해고로 인해 노동권이 침해된 경우 (노동 위원회, 중앙 선거 관리 위원회)에 구제를 신청할 수 있다.

☆ 중요

242011-0264

01 인권에 대한 설명으로 옳지 <u>않은</u> 것은?

① 무제한적으로 누릴 수 있는 권리이다.
② 모든 사람이 동등하게 갖는 권리이다.
③ 다른 사람이 함부로 침해할 수 없는 권리이다.
④ 인간이 태어나면서부터 당연히 가지는 권리이다.
⑤ 국가의 법으로 보장하기 이전에 자연적으로 주어진다.

242011-0265

02 다음 역사적 사건들이 인권 발달 과정에 끼친 영향으로 옳은 내용만을 〈보기〉에서 고른 것은?

• 미국 독립 혁명   • 프랑스 혁명

━ 보기 ━
ㄱ. 절대 왕정을 무너뜨렸다.
ㄴ. 보통 선거 제도의 확립에 기여하였다.
ㄷ. 인권이 제도적으로 보장되기 시작하였다.
ㄹ. 세계 인권 선언이 발표되는 데 영향을 끼쳤다.

① ㄱ, ㄴ   ② ㄱ, ㄷ   ③ ㄴ, ㄷ
④ ㄴ, ㄹ   ⑤ ㄷ, ㄹ

242011-0266

03 다음 내용에 해당하는 사례만을 〈보기〉에서 고른 것은?

국가 기관 또는 개인이나 단체가 인간으로서 가진 권리에 피해를 주는 것을 말한다.

━ 보기 ━
ㄱ. 휠체어를 탄 장애인의 버스 탑승을 거부하였다.
ㄴ. 허락을 받지 않고 학급 친구의 휴대 전화를 보았다.
ㄷ. 안전을 위해 키가 작은 어린이가 놀이기구를 타는 것을 제한하였다.
ㄹ. 자격시험에서 합격하지 못한 지원자에게 자격증을 발급하지 않았다.

① ㄱ, ㄴ   ② ㄱ, ㄷ   ③ ㄴ, ㄷ
④ ㄴ, ㄹ   ⑤ ㄷ, ㄹ

242011-0267

04 ㉠에 들어갈 알맞은 개념을 쓰시오.

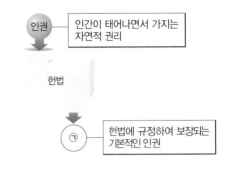

인권 → 인간이 태어나면서 가지는 자연적 권리

헌법

㉠ → 헌법에 규정하여 보장되는 기본적인 인권

☆ 중요

242011-0268

05 자료에서 설명하는 기본권으로 옳은 것은?

성별, 종교, 사회적 신분에 의하여 정치적·경제적·사회적·문화적 생활의 모든 영역에 있어서 차별을 받지 않을 권리를 말한다.

① 사회권   ② 자유권   ③ 참정권
④ 청구권   ⑤ 평등권

242011-0269

06 자유권에 대한 설명으로 옳은 것은?

① 재산권이 속한다.
② 모든 기본권이 추구하는 궁극적인 가치이다.
③ 국가의 필요에 따라 언제든지 제한될 수 있다.
④ 개인의 침해된 기본권을 구제하기 위한 수단이 된다.
⑤ 국가에 인간다운 생활을 요구할 수 있는 적극적인 권리이다.

07 자료는 학습을 위한 기본권 카드이다. 빈칸 ㉠에 들어갈 기본권을 쓰시오.

○ 242011-0270

〈앞면〉

(㉠)

국가의 정치적 의사 형성 과정 및 국가 기관의 형성에 참여할 수 있는 권리이다.

〈뒷면〉

선거권, 공무 담임권, 국민 투표권 등이 있다.

기표소

투표함

☆ 중요

08 자료에 나타난 기본권을 보장하고 있는 헌법 조항으로 옳은 것은?

○ 242011-0271

국가에 대해 인간다운 생활의 보장을 요구할 수 있는 적극적인 권리이다.

① 모든 국민은 법 앞에 평등하다.
② 모든 국민은 직업 선택의 자유를 가진다.
③ 모든 국민은 법률이 정하는 바에 의하여 선거권을 가진다.
④ 모든 국민은 능력에 따라 균등하게 교육을 받을 권리를 가진다.
⑤ 모든 국민은 헌법과 법률이 정한 법관에 의하여 법률에 의한 재판을 받을 권리를 가진다.

09 청구권에 해당하는 권리로 옳은 것은?

○ 242011-0272

① 근로의 권리
② 교육을 받을 권리
③ 인간다운 생활을 할 권리
④ 쾌적한 환경에서 살 권리
⑤ 국가 기관에 문서로 청원할 권리

10 (가)~(라)는 우리나라 헌법 조항의 일부이다. 이에 대한 옳은 설명만을 〈보기〉에서 고른 것은?

○ 242011-0273

(가) 제10조 모든 국민은 인간으로서의 존엄과 가치를 가지며, 행복을 추구할 권리를 가진다.
(나) 제23조 ① 모든 국민의 재산권은 보장된다.
(다) 제26조 ① 모든 국민은 법률이 정하는 바에 의하여 국가 기관에 문서로 청원할 권리를 가진다.
(라) 제32조 ① 모든 국민은 근로의 권리를 가진다.

보기
ㄱ. (가)는 헌법에 보장된 기본권의 토대가 된다.
ㄴ. (나)는 참정권에 속하는 기본권을 규정한다.
ㄷ. (다)는 다른 기본권을 구제하기 위한 수단적 권리를 나타낸다.
ㄹ. (라)는 국가의 간섭을 받지 않을 소극적인 권리와 관련이 깊다.

① ㄱ, ㄴ   ② ㄱ, ㄷ   ③ ㄴ, ㄷ
④ ㄴ, ㄹ   ⑤ ㄷ, ㄹ

☆ 중요

11 그림의 ㉠에 해당하는 권리만을 〈보기〉에서 고른 것은?

○ 242011-0274

인간의 존엄과 가치 및 행복 추구권

평등권 | 자유권 | ㉠ | 청구권 | 사회권

보기
ㄱ. 재산권   ㄴ. 선거권
ㄷ. 청원권   ㄹ. 공무 담임권

① ㄱ, ㄴ   ② ㄱ, ㄷ   ③ ㄴ, ㄷ
④ ㄴ, ㄹ   ⑤ ㄷ, ㄹ

12 빈칸 ㉠, ㉡에 들어갈 내용으로 적절한 것은?

> 242011-0275

> 갑: 이번에 유행하는 전염병은 전염성이 매우 강력하고 사망률이 높대. 그래서 정부는 (㉠)을/를 위해서 전염병에 걸린 환자들을 격리시키고 있어.
> 을: 국민의 기본권 중에서 (㉡)를 제한하고 있는 것이구나!

	㉠	㉡
①	공공복리	신체의 자유
②	공공복리	거주 · 이전의 자유
③	질서 유지	사생활의 비밀과 자유
④	국가 안전 보장	신체의 자유
⑤	국가 안전 보장	거주 · 이전의 자유

☆ 중요

13 그림에서 군인이 침해당하고 있는 기본권으로 가장 적절한 것은?

> 242011-0276

> 훈련소에서 종교 행사에 참석해야 한다고 강요받았습니다.

① 자유권   ② 사회권   ③ 청구권
④ 참정권   ⑤ 평등권

14 다음에서 설명하고 있는 국가 기관으로 옳은 것은?

> 242011-0277

> 민사 재판, 형사 재판 등의 다양한 재판을 통해 개인의 침해된 기본권을 구제한다.

① 법원
② 고용 노동부
③ 헌법 재판소
④ 한국 소비자원
⑤ 국가 인권 위원회

15 밑줄 친 내용의 사례에 해당하는 것은?

> 242011-0278

> 헌법 제37조 ② 국민의 모든 자유와 권리는 국가 안전 보장, 질서 유지 또는 공공복리를 위하여 필요한 경우에 한하여 법률로써 제한할 수 있으며, 제한하는 경우에도 자유와 권리의 본질적인 내용을 침해할 수 없다.

① 도로에서 자동차가 과속하는 것을 단속한다.
② 집회나 시위를 위해 사람들이 모이는 것을 제한한다.
③ 개발 제한 구역에서 새로운 건축물을 지을 수 없게 한다.
④ 학교 주변에서 청소년 유해 업소가 영업하는 것을 금지한다.
⑤ 군사 보호 시설 구역에서 사진 촬영하는 것을 허가하지 않는다.

[16-17] 다음 글을 읽고 물음에 답하시오.

> 항공사 승무원을 꿈꾸고 있던 고등학생 A 군은 한 전문 대학 항공운항과에 지원하려고 하였지만, 모집 요강에 여성만 지원할 수 있다는 사실을 알게 되었다. 이에 A 군은 성별을 이유로 남성의 지원을 막는 것은 헌법 제11조에 보장된 (㉠)을 침해하는 것이라며 ㉡ 국가 인권 위원회에 진정을 제기하였다.

> 242011-0279

16 빈칸 ㉠에 들어갈 기본권으로 옳은 것은?

① 평등권   ② 자유권   ③ 참정권
④ 청구권   ⑤ 사회권

> 242011-0280

17 밑줄 친 ㉡에 대한 설명으로 옳은 것은?

① 사법부에 속한 기관이다.
② 헌법 소원 심판을 담당한다.
③ 재판을 통해 문제를 해결한다.
④ 인권 침해 행위를 조사 · 구제한다.
⑤ 강제성을 가지고 가해자를 처벌한다.

● 242011-0281

18 밑줄 친 부분에 해당하는 내용으로 가장 적절한 것은?

○○ 회사 여직원 A 씨는 남자 직원과 똑같은 업무를 맡고 있는데도 월급을 적게 받고 있다는 사실을 알았다. 이에 A 씨는 여성이라는 이유로 불합리한 차별을 받고 있다고 생각하여 회사로부터 침해된 인권을 구제받기 위한 방법을 찾고 있다.

① 검찰에 고소장을 제출한다.
② 지방 법원에 민사 소송을 청구한다.
③ 고등 법원에 형사 재판을 제기한다.
④ 행정 법원에 행정 재판을 신청한다.
⑤ 국민 권익 위원회에 진정서를 낸다.

● 242011-0282

19 근로자에 해당하는 사람만을 〈보기〉에서 고른 것은?

보기
ㄱ. 아르바이트하는 학생
ㄴ. 기업에 출퇴근하는 회사원
ㄷ. 가사 노동을 하는 전업 주부
ㄹ. 커피 전문점을 운영하는 자영업자

① ㄱ, ㄴ   ② ㄱ, ㄷ   ③ ㄴ, ㄷ
④ ㄴ, ㄹ   ⑤ ㄷ, ㄹ

● 242011-0283

20 근로자에게 보장된 권리로 적절하지 <u>않은</u> 것은?

① 최저 임금 이상의 임금을 지급받는다.
② 근로의 권리를 국가에 요구할 수 있다.
③ 단결권, 단체 교섭권, 단체 행동권을 갖는다.
④ 근로 기준법에 따라 기본적인 생활을 보장받는다.
⑤ 사용자보다 유리한 위치에서 근로 조건을 협상할 수 있다.

[21-22] 다음 글을 읽고 물음에 답하시오.

(㉠)은/는 헌법으로 보장된 노동 3권, 즉 단결권, 단체 교섭권, 단체 행동권을 침해하거나 방해하는 행위를 말한다.

● 242011-0284

21 빈칸 ㉠에 들어갈 개념을 쓰시오.

☆ 중요   ● 242011-0285

22 ㉠에 해당하는 사례만을 〈보기〉에서 고른 것은?

보기
ㄱ. 정당한 이유 없이 단체 교섭을 거부하는 행위
ㄴ. 쾌적하지 않은 근로 환경에서 일하도록 하는 행위
ㄷ. 노동조합에 가입하지 않는 것을 조건으로 근로 계약을 하는 행위
ㄹ. 회사의 경제적 사정이 좋지 않다는 이유로 임금을 지불하지 않는 행위

① ㄱ, ㄴ   ② ㄱ, ㄷ   ③ ㄴ, ㄷ
④ ㄴ, ㄹ   ⑤ ㄷ, ㄹ

● 242011-0286

23 밑줄 친 (가)에 들어갈 내용으로 가장 적절한 것은?

갑: 아르바이트가 끝났는데도 회사 사정이 좋지 않다면서 월급을 주지 않고 있어요. 밀린 월급을 달라고 사장님께 여러 번 요구했는데도 받지 못하고 있습니다. 어떻게 해야 하죠?
을: 사용자가 임금을 지급하지 않으면 _____(가)_____ 하여 구제받을 수 있어요.

① 고용 노동부에 신고
② 경찰이나 검찰에 고소
③ 법원에 행정 소송을 청구
④ 최저 임금 위원회에 심의를 요청
⑤ 헌법 재판소에 헌법 소원을 청구

1 서술형 연습하기 ◐ 242011-0287

빈칸 ㉠에 들어갈 국가 기관을 쓰고, 그 역할과 특징을 서술하시오.

> A 씨(66세)는 지방 자치 단체에서 운영하는 '교통 도우미' 모집에 지원하려고 하였으나 모집 나이를 55~65세로 제한하고 있어 지원하지 못하였다. 이에 A 씨는 개인의 건강 상태를 고려하지 않은 일률적인 나이 제한은 합리적이지 않다고 생각하여 (㉠)에 진정을 제기하였다. (㉠)은/는 '교통 도우미'를 채용하면서 응시 연령을 65세 이하로 제한하는 것은 차별이라고 판단하여 해당 지방 자치 단체에 '교통 도우미' 채용의 연령을 상향할 것을 권고하였다.

Tip 기본권 침해 시 구제 방법을 묻는 문제로, 발문에서 요구한 요소를 파악하여 답안을 작성해야 합니다. 발문을 뜯어보면 "❶빈칸 ㉠에 들어갈 국가 기관을 쓰고, ❷그 역할과 특징을 서술하시오." 이니, 답안에 ❶과 ❷가 모두 들어가야 만점!

답 완성하기

㉠에 들어갈 국가 기관은 ( )이다. ( )은/는

( ) 침해나 차별 행위를 조사하여 잘못된 법이나 제

도의 개선을 ( )하는 기관으로, 입법부, ( ),

행정부의 어디에도 소속되지 않은 ( )된 기구이다.

2 서술형 훈련하기 ◐ 242011-0288

자료에서 근로자 갑이 침해당한 권리를 쓰고, 그 구제 방안을 두 가지만 서술하시오.

이번 파업에 참여했으니 성과급은 지급되지 않습니다.

말도 안돼요! 부당합니다.

갑

3 논술형 도전하기 ◐ 242011-0289

밑줄 친 ㉠에 해당하는 기본권을 모두 쓰고, 그 의미와 종류를 400자 내외로 논술하시오.

> 현대 민주주의 국가에서는 헌법을 통해 국민의 기본적인 인권을 보장한다. 이렇게 한 나라의 최고법인 헌법에 규정하여 보장하는 인권을 기본권이라고 한다. 우리 헌법은 모든 국민이 인간으로서의 존엄과 가치 및 행복 추구권을 가진다고 명시하고, 이를 바탕으로 ㉠ 다양한 기본권을 보장하고 있다.

핵심 개념 기본권의 종류
(1) 평등권 (2) 자유권 (3) 참정권 (4) 청구권 (5) 사회권

MEMO

판매로 증명된
EBS 중학 영어
베스트셀러

MY COACH

중학 내신 영어 해결사

GOOD DAY!

문법, 독해부터 단어, 쓰기까지
내신 시험도 대비하는 중학 영어 특화 시리즈

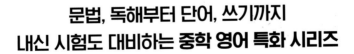

GRAMMAR | GRAMMAR 내신기출 N제 | READING | WRITING 내신서술형 | VOCA

중 | 학 | 도 | 역 | 시 **EBS**

2022 개정 교육과정 적용

2025년 중1 적용

EBS

예비 중1을 위한 내신 대비서

중학 신입생
예비과정

정답과 해설

사회

중학
신입생
예비과정

사회

정답과 해설

I 세계화 시대, 지리의 힘

개념 확인 문제

본문 10쪽

01 (1) ⓒ (2) ⓐ (3) ⓑ   **02** (1) × (2) ○ (3) ○
03 (1) 낮아 (2) 시간대 (3) 180
04 ⓐ 열대, ⓑ 한대, ⓒ 냉대, ⓓ 온대, ⓔ 건조
05 (1) 작은 (2) 항공 노선망 (3) 선진국
06 (1) × (2) ○ (3) ×   **07** (1) ㄱ (2) ㄹ (3) ㄷ
08 (1) 약화 (2) 커지고 (3) 증가   **09** (1) × (2) ○ (3) ×

개념 다지기 문제

본문 11~14쪽

01 ⑤	**02** ①	**03** ⑤	**04** ③	**05** ②	**06** ②
07 ④	**08** ⑤	**09** ⑤	**10** ①	**11** ①	**12** ②
13 ①	**14** ④	**15** ①	**16** ⑤	**17** ⑤	**18** ②
19 ②	**20** ②	**21** ③			

01 위도는 적도를 기준으로 남북으로 90°씩 설정되며, 지역의 기후 특성을 결정하는 주된 요인이다. 경도는 본초 자오선을 기준으로 동서로 180°씩 설정되며, 지역의 시간대를 결정한다. 동경에 위치한 지역(0°~180°E)은 서경에 위치한 지역(180°W~0°)보다 시간대가 이르다.

02 지역이 대륙의 영향을 많이 받는지, 아니면 해양의 영향을 많이 받는지에 따라 지역 특성이 달라진다. 이는 지리적 위치에 해당한다. 반도국인 이탈리아는 대륙과 해양의 영향을 동시에 받는다. 몽골은 아시아의 내륙에 위치하여 해양보다는 대륙의 영향을 강하게 받는다.
ㄷ, ㄹ. 수리적 위치(위도, 경도)와 관련된 사례이다.

03 제시된 유럽 지도를 보면 스위스는 영국보다 저위도에 위치한다. 그리고 영국은 섬나라이므로 내륙에 위치한 체코보다 해양의 영향을 크게 받는 기후가 나타난다.
ㄱ. 아일랜드는 섬나라이다.
ㄴ. 포르투갈은 프랑스와 국경을 접하고 있지 않다.

04 지도는 세계의 기후 분포를 나타낸 것이다. (가) 기후는 적도와 그 주변 지역에 분포하므로 (가)에는 '열대'가 들어간다. (나) 기후는 중위도 지역에 주로 분포하므로 (나)에는 '온대'가 들어간다. (다) 기후는 남극 대륙 및 북극해 주변 지역과 그린란드에 분포하므로 (다)에는 '한대'가 들어간다.

05 세계 최대의 사막인 사하라 사막이 자리잡고 있는 북부 아프리카는 건조 기후가 넓게 나타난다.
① 냉대 기후는 주로 북반구에서 나타난다.
③ 북극해 연안은 일부 냉대 기후가 나타나는 지역을 제외하면 대부분 한대 기후가 나타난다.
④ 아프리카 동부의 경우 적도가 지나는 지역인데 건조 기후가 나타남을 알 수 있다.
⑤ 건조 기후는 북아메리카보다 아시아에서 넓게 나타난다.

06 건조 기후가 나타나는 리야드는 냉대 기후가 나타나는 모스크바보다 연 강수량이 적다.
① 고산 기후가 나타나는 라파스는 온대 기후가 나타나는 상하이보다 해발 고도가 높다.
③ 열대 기후가 나타나는 싱가포르는 리야드보다 가장 추운 달의 평균 기온이 높다.
④ 우트키아빅(배로)은 한대 기후가 나타난다. 따라서 가장 따뜻한 달의 평균 기온이 10℃ 미만이다.
⑤ 연 강수량보다 연 증발량이 많은 기후는 건조 기후이다. 우트키아빅(배로)과 모스크바 두 도시 모두 건조 기후가 나타나지 않는다.

07 제시된 자료는 일 년 내내 고온 다습한 열대 기후 지역의 기후 그래프이다. 열대 기후 지역의 전통 가옥으로는 강한 일사에 의한 지열과 많은 강수에 의한 지면의 습기 등을 피하기 위한 고상 가옥이 있다.
① 월평균 기온의 변화로 보아 계절의 변화가 뚜렷하지 않다.
② 건조 기후에 대한 설명이다.
③ 침엽수는 주로 냉대 및 온대 기후 지역에 서식한다. 열대 기후 지역은 침엽수보다는 활엽수가 넓게 분포한다.
⑤ 열대 기후 지역의 주민들은 더위를 견디기 위해 주로 얇고 가벼운 옷을 입는다.

08 제시된 두 지역은 모두 건조 기후가 나타난다. (가)는 전통 가옥으로 흙집이 발달한 사막, (나)는 전통 가옥으로 이동

식 천막집이 발달한 초원이다. (가), (나)는 모두 연 강수량보다 연 증발량이 많다.
① (가)는 건조 기후 지역이므로 여름에 고온 다습한 기후가 나타날 수 없다.
② 한대 기후 지역에 대한 설명이다.
③ 고산 기후 지역에 대한 설명이다. 건조 기후 지역의 초원에서는 주민들이 주로 양, 염소, 말 등을 사육하며 유목 생활을 한다.
④ 열대 기후 지역에 대한 설명이다.

09 공간적 상호 작용은 지역 간 인구 이동, 물자 이동의 통계 자료라든지 인터넷 전송량, 전화 통화량 등을 통해 탐구할 수 있다. 국가 간 천연가스 수출입량은 물자 이동에 관한 것이므로 공간적 상호 작용을 탐구할 수 있는 조사 자료가 된다.

10 해저 광케이블은 인터넷을 포함한 정보 통신 신호를 전송하는 역할을 한다. 세계적으로 인터넷과 국제 전화의 이용이 증가하면서 해저 광케이블의 증설이 많아졌다.

11 세계 각국에서 생산된 재료가 들어가는 청바지는 국가별로 서로 다른 제작 단계를 거쳐 하나의 완성된 생산품이 된다. 따라서 이를 통해 제품의 생산 과정이 어떠한 공간적 연결 과정을 통해 이루어지는지를 파악할 수 있으므로, '지역 간 공간적 상호 작용'이 가장 적절한 탐구 주제이다.

12 그래프는 우리나라의 해외 온라인 쇼핑 직접 구매액의 변화를 나타낸 것이다. 연도별 구매액이 꾸준히 증가하였는데, 이는 인터넷 이용 증가, 항공 및 해상 교통의 발달과 관련이 깊다.

13 지역 간 공간적 상호 작용을 통해 생산 활동과 소비 활동이 국제적으로 나타나고 있다. 외국인 관광객의 소비 활동은 외화의 국내 유입 효과로 이어진다. 햄버거의 세계화로 육류 소비량이 늘면서 세계 각 지역에서 목초지 면적이 확대되고 있다. 노동력의 국제 이동은 주로 개발 도상국에서 선진국으로 나타난다. 해양 기름 유출 사고 증가는 국가 간 선박 교통량이 증가하는 것과 관련이 깊다.
① 인구와 물자의 이동 과정에서 외래 생물종이 유입되면 기존의 생태계 먹이 사슬이 교란되면서 생물종의 분포와 개체 수가 달라진다. 이는 지역의 생태 환경 안정성이 악화되는 것을 의미한다.

14 팜유 생산을 위해 기름야자 재배가 활발해지면서 열대림 파괴 문제가 나타나고 있다. 지도에서 열대림 지역이 기름야자 재배를 위한 농장으로 활발히 개발되고 있는 국가는 열대 기후가 나타나는 D(말레이시아)이다. 지도의 A는 사우디아라비아, B는 네팔, C는 몽골, E는 일본이다.

15 두 국가에서 동일한 영화가 상영되는 것은 문화의 세계화 사례에 해당한다. 문화의 세계화란 국경의 제약이 완화되면서 음식, 의복, 음악, 미술, 영화, 언어, 주거 양식 등과 같은 문화 요소가 널리 전파 및 공유되어 마치 세계가 하나의 지역처럼 인식되는 것을 말한다.

16 교통과 통신의 발달로 세계 여러 지역 간 상호 의존성이 확대되고 있다. 이러한 세계화의 흐름은 각 지역이 활발히 교류하고 영향을 주고받는 관계를 형성시킨다. 그 결과 세계는 각 지역이 상호 연결된 네트워크로서의 모습으로 나타난다.
① 농업 중심 사회가 공업 중심 사회로 변화하는 것을 의미한다.
② 지식과 정보가 사회의 핵심 가치이자 생산 요소가 되는 시대를 의미한다.
③ 지역의 가치가 세계적으로 널리 부각되는 것을 의미한다.
④ 어떤 사소한 변화가 시간이 지나면서 예상하지 못한 큰 영향력을 미치는 것을 의미한다.

17 B 인형은 세계적으로 널리 판매되고 있으면서도 각 지역의 고유한 전통 의상을 입은 형태로 판매되고 있다. B 인형의 사례는 세계화 과정에서 지역의 고유한 특성이 부각되는 모습을 보여 준다.

18 제시된 자료의 티셔츠에는 미국 뉴욕의 지역 슬로건이 새겨져 있다. 이렇게 지역을 상징하는 상품이 제작, 판매되면 지역 경제가 활성화되고 관광 수입 확대에 도움이 된다. 그리고 상품을 통해 지역의 이름과 특성이 널리 알려지므로 세계화 과정에서 지역이 부각되는 효과가 있다.

19 세계화의 대표적인 상품으로 언급되는 식료품의 원료인 커피는 아프리카 에티오피아의 고원에서 발견된 후 유럽으로 전래되었다. 주로 열대 기후 지역에서 생산되는 커피는 상품으로서의 가치가 크게 부각되면서 세계 각지로 빠르게 전파되었으며, 소비량이 크게 증가하였다.

20 제시된 글은 지리적 표시제 상품인 다르질링 차(茶)에 대한 것이다. 다르질링이 아시아의 산맥인 히말라야산맥 자락에 위치한다는 점, 다르질링이 위치한 국가가 영국의 식민 지배를 받았다는 점 등을 고려할 때 (가)는 인도임을 알 수 있다.

21 경제적인 측면에서 세계화가 진행됨에 따라 세계 각 지역에서 같은 종류의 상품을 소비하는 경우가 늘고 있다. 지역의 변화가 세계를 주도하는 흐름이 나타나면 해당 지역의 이미지와 위상이 제고되면서 정체성이 강화되는 효과가 나타난다. 지리적 표시제는 특정 지역 상품의 독자성과 고유성을 인정하고, 상품의 지적 재산권을 보장해 준다.

미리보는 서술형·논술형 본문 15쪽

1 서술형 연습하기

답 완성하기

이 지역은 (열대) 기후가 나타난다. 전통 가옥의 바닥이 지면에서 띄워진 이유는 많은 비로 인한 (습기)와 강한 일사로 인한 (지열)을 차단하고 (해충)의 유입으로 인한 피해를 줄이기 위함이다.

| 필수 키워드 | 열대 기후, 고상 가옥

평가 기준

상	기후의 명칭을 정확히 쓰고, 가옥의 바닥이 지면에서 띄워진 이유를 정확히 서술한 경우
중	기후의 명칭을 정확히 쓰고, 가옥의 바닥이 지면에서 띄워진 이유는 다소 미흡하게 서술한 경우
하	기후의 명칭만을 정확히 쓴 경우

2 서술형 훈련하기

예시 답안

해발 고도가 높아서 기온이 낮아 연중 우리나라의 봄과 같이 온화한 기후가 나타나기 때문이다.

| 필수 키워드 | 고산 기후, 해발 고도

평가 기준

상	해발 고도에 따른 기온 분포 원리와 함께 기후 특성이 인간 거주에 적합함을 정확히 서술한 경우
중	해발 고도에 따른 기온 분포 원리를 정확히 쓰고, 기후 특성이 인간 거주에 적합함을 다소 미흡하게 서술한 경우
하	해발 고도에 따른 기온 분포 원리만을 정확히 쓴 경우

3 논술형 도전하기

예시 답안

(가)의 ㉠ 사례로는 전통 의복인 한복을 입는 경우가 거의 없고, 청바지나 양복을 입는 경우를 들 수 있다. (나)에서 지역의 고유성이 반영되어 햄버거 메뉴가 다양해지면 소비자 입장에서는 지역의 지리적 특성과 음식 문화가 반영된 상품을 구매할 수 있게 되어 만족도가 높아질 수 있다.

논리적 전개 예시

특정 국가의 전통문화가 거의 사라진 사례를 찾는다. → 세계화 과정에서 지역의 고유성이 반영되는 햄버거의 사례를 살펴본다. → 소비자 입장에서는 어떤 점이 좋을지를 생각한다.

평가 기준

평가 충실도	정해진 분량 기준을 충족시킴. (단, 제시된 질문과 전혀 상관없는 내용으로 답변했을 시에는 분량 기준을 충족시키지 못한 것으로 간주함.)
사례 인용의 적합성	제시된 사례에서 자국의 전통문화가 거의 사라지고 보편적인 문화의 공유가 나타나고 있음을 명확하게 설명하고 있음.
글의 타당성	현지의 고유한 지리적 특성이 반영되는 이유가 타당하게 제시되어 있음.
글의 논리성	전체적인 글의 구성과 짜임새가 매끄러우며, 의견의 근거와 연결이 자연스러움.

Ⅱ 아시아

본문 22쪽

개념 확인 문제

01 (1) ㉠ (2) ㉢ (3) ㉣ (4) ㉡　　**02** ㉠ 열대, ㉡ 건조

03 ㉠ 불교, ㉡ 힌두교, ㉢ 이슬람교, ㉣ 크리스트교

04 (1) ㄷ (2) ㄱ (3) ㄴ　　**05** (1) 아시아 (2) 유입

06 (1) ○ (2) × (3) ○　　**07** (1) ㄷ (2) ㄹ (3) ㄱ (4) ㄴ

08 (1) 강화 (2) 석유

개념 다지기 문제

본문 23~26쪽

01 ④　**02** ④　**03** 히말라야산맥　**04** ①　**05** ③

06 ②　**07** ⑤　**08** ⑤　**09** ③　**10** ④　**11** ②

12 4개　**13** ④　**14** ②　**15** ②　**16** ①　**17** ③

18 ⑤　**19** ①　**20** ①

01 지도의 A는 사우디아라비아, 이라크, 이란, 아랍 에미리트 등이 포함된 서남아시아이며, B는 대한민국, 중국, 일본 등이 포함된 동아시아이다. C는 타이, 베트남, 인도네시아, 미얀마, 캄보디아, 필리핀 등이 포함된 동남아시아이다.

02 지도의 D는 중국이며, 중국의 수도는 베이징이다.
① A는 사우디아라비아이다.
② B는 카자흐스탄이며, 국토의 대부분이 건조 기후에 속한다.
③ C는 인도이다. 룹알할리 사막은 사우디아라비아(A)에 있다.
⑤ E는 일본이다. 국민 대부분이 이슬람교를 믿는 국가는 사우디아라비아(A)이다.

03 두 개의 대륙판이 충돌하여 형성되었으며, 세계에서 가장 높은 산인 에베레스트산이 위치하고, 중국과 인도의 국경을 이루는 산맥은 히말라야산맥이다.

04 (가)는 건조 기후 지역의 게르이다. 건조 기후 지역은 가축을 먹일 풀을 찾아 유목 생활을 하기 때문에 빠르게 해체하고 설치할 수 있는 이동식 가옥을 짓고 사는데, 몽골의 게

르가 대표적이다. (나)는 열대 기후 지역의 고상 가옥이다. 열대 기후 지역은 습기와 해충을 피하기 위해 고상 가옥을 짓고 살아간다. 지붕의 경사가 급한 이유는 많은 비가 내릴 때 빗물이 빨리 흘러내리게 하기 위해서이다. 지도의 A는 건조 기후 지역, B는 열대 기후 지역, C는 온대 기후 지역이다.

05 (가)는 사계절이 뚜렷하고 여름에 고온 다습하며 겨울에 건조한 대한민국의 서울이다. 서울은 온대 기후가 나타난다. (나)는 연 강수량이 매우 적고 여름에 고온 건조한 사우디아라비아의 리야드이다. 사우디아라비아는 건조 기후가 나타난다. (다)는 일 년 내내 고온 다습한 말레이시아의 쿠알라룸푸르이다. 쿠알라룸푸르는 열대 기후가 나타난다. (가)는 여름철에 고온 다습한 기후가 나타나 건조 기후가 나타나는 (나)보다 벼농사에 유리하다.
① (가)는 온대 기후가 나타나는 서울이며, 동아시아에 위치한다.
② (나)는 건조 기후가 나타나는 사우디아라비아의 리야드이며, 리야드와 그 주변에는 사막이 넓게 나타난다.
④ 건조 기후가 나타나는 (나)는 열대 기후가 나타나는 (다)보다 연 강수량이 적다.
⑤ 열대 기후가 나타나는 (다)는 온대 기후가 나타나는 (가)보다 연평균 기온이 높다.

06 미얀마의 쉐다곤 파고다 사원에서는 중앙의 큰 탑과 그 주변의 불상을 볼 수 있으므로 (가)는 불교, 인도의 스리미낙시 사원에서는 사원 외벽과 내부에서 다양한 신의 조각을 볼 수 있으므로 (나)는 힌두교이다. 불교는 석가모니의 가르침을 따르며, 힌두교의 신자들은 소를 신성시하여 소고기를 먹지 않는다.
ㄴ. 신자들이 성지 순례와 같은 신앙의 다섯 가지 의무를 실천하는 종교는 이슬람교이다.
ㄹ. 성경의 가르침을 따르고 예수를 구원자로 믿는 종교는 크리스트교이다.

07 A는 사우디아라비아, 이란, 이라크, 파키스탄, 방글라데시, 인도네시아 등에 주로 분포하는 이슬람교, B는 인도와 네팔 등에 주로 분포하는 힌두교이다. C는 미얀마, 타이, 캄보디아, 라오스 등에 주로 분포하는 불교이다.

08 크리스트교도가 다수를 이루는 필리핀에서 이슬람교도인 모로족이 분리 독립을 요구하는 (가) 지역은 민다나오섬

(E)이다. 지도의 A는 유대교와 이슬람교 간 갈등이 발생하는 이스라엘-팔레스타인, B는 이슬람교와 힌두교 간 갈등이 발생하는 카슈미르, C는 힌두교와 불교 간 갈등이 발생하는 스리랑카, D는 불교와 이슬람교 간 갈등이 발생하는 미얀마의 라카인주이다.

09 영화 제목에 들어갈 (가)는 카슈미르이다. 카슈미르는 힌두교를 주로 믿는 인도와 이슬람교를 주로 믿는 파키스탄 간 국경을 둘러싼 분쟁이 나타나는 지역이다.
① 미얀마의 라카인주는 불교도가 많은 미얀마와 이슬람교를 믿는 이주민 간 갈등이 발생하는 지역이다.
② 스리랑카는 불교를 믿는 민족과 힌두교를 믿는 민족 간 갈등이 발생한 국가이다.
④ 필리핀의 민다나오섬은 크리스트교와 이슬람교 간 갈등이 발생하는 지역이다.
⑤ 팔레스타인은 유대교와 이슬람교의 갈등이 발생하는 지역이다.

10 주민의 약 60%가 이슬람교를 믿고 있으며, 종교의 자유를 헌법에 명시하고, 다양한 종교 관련 공휴일을 지정하고 있는 국가는 말레이시아이다. 말레이시아는 이슬람교, 불교, 크리스트교, 힌두교 등을 믿는 주민들이 함께 거주하며, 다양한 종교가 큰 갈등 없이 공존하는 대표적인 국가 중 하나이다.

11 여러 대륙 중 인구가 가장 많은 대륙은 아시아(B)이다. 그래프의 A는 아프리카, C는 남아메리카, D는 북아메리카, E는 유럽이다. 2024년 기준 인구가 가장 많으며, 2050년에도 인구가 가장 많을 것으로 예상되는 대륙은 아시아이다.

12 세계 인구 상위 7개국에는 인도, 중국, 미국, 인도네시아, 파키스탄, 브라질, 나이지리아이며, 이 중에서 아시아에 속한 국가는 인도, 중국, 인도네시아, 파키스탄이다. 나이지리아는 아프리카, 미국은 북아메리카, 브라질은 남아메리카에 속한다.

13 B는 갠지스강 하류 지역, D는 황허강 및 창장강의 하류 지역이다. 두 지역은 넓은 평야가 발달하였고 여름에 고온 다습한 기후로 벼농사에 유리하여 인구 밀도가 높다.
② A는 룹알할리 사막, C는 고비 사막이 위치한 지역으로 인구 밀도가 낮다.

14 (가)는 출생률이 높아 유소년층 인구 비율이 높고 노년층 인구 비율이 낮은 인도, (나)는 출생률이 낮아 유소년층 인구 비율이 낮고 노년층 인구 비율이 높은 일본이다. 일본은 자녀와 결혼에 대한 가치관의 변화, 자녀 양육 부담 증가 등으로 저출산이 나타나며, 노년층 인구 비율이 높아지는 고령화도 나타나고 있다.
① (가) 인도는 노년층 인구가 유소년층 인구보다 적다.
③ (가) 인도는 (나) 일본보다 1인당 평균 소득이 낮다.
④ (나) 일본은 (가) 인도보다 유소년층 인구 비율이 낮으며, 유소년층 인구 또한 적다.
⑤ (가) 인도는 남부 아시아, (나) 일본은 동아시아에 위치한다.

15 남성 이주 노동자들의 유입으로 청장년층에서 남초 현상이 나타나며 2022년 월드컵 축구 대회가 개최된 국가는 카타르이다.

16 사우디아라비아, 이라크, 중국에서 생산량이 많은 (가)는 석유이다. 중국, 인도, 인도네시아에서 생산량이 많으며, 특히 중국의 생산량이 세계 생산량의 약 절반을 차지하는 (나)는 석탄이다.

17 지도에 표시된 A는 사우디아라비아, B는 인도, C는 일본이다. (가)는 제조업의 수출액 비율이 가장 높으며, (가)~(다) 중 농업의 수출액 비율이 가장 높은 인도(B)이다. (나)는 연료 및 광물의 수출액 비율이 가장 높은 사우디아라비아(A)이다. 사우디아라비아는 석유 생산량이 많으며, 세계적인 석유 수출국이다. (다)는 제조업의 수출액 비율이 높은 일본(C)이다. 일본은 제조업이 발달하여 제조업의 수출액 비율이 높다.

18 석유 수출을 통해 축적한 자본을 바탕으로 산업 다변화에 힘쓰고 있으며, 메카의 순례자 수를 늘리기 위해 노력하며, 미래형 신도시인 '네옴 프로젝트'를 계획하고 있는 국가는 사우디아라비아이다.

19 일본은 지하자원이 부족하여 원료 수입과 제품 수출에 유리한 해안 지역을 중심으로 제철, 기계 등의 중화학 공업이 발달하였다. 또한 일본은 빠른 경제 성장과 함께 첨단 산업도 발달하였다.

20 아시아의 산업 변화에 대비하여 우리나라는 다양한 국가와의 협력 체계를 구축하고 일부 국가에 치우친 무역 의존도를 낮춰야 한다. 일부 국가에 대한 무역 의존도가 높을 경우 해당 국가의 경제 상황에 따라 우리나라 경제 상황도 함께 달라질 수 있기 때문이다. 또한 한 가지 산업에 치우치지 않고 균형 있는 산업 생태계를 조성하는 등의 노력도 필요하다.

미리보는 서술형·논술형

본문 27쪽

1 서술형 연습하기

답 완성하기

(가)는 (이슬람교), (나)는 (크리스트교)에 해당한다. (가) 종교 건축물에서는 (둥근 모양의 지붕, 높은 첨탑, 아라베스크 문양)을 볼 수 있으며, (나) 종교 건축물에서는 (십자가, 종탑)을 볼 수 있다.

| 필수 키워드 | 이슬람교, 크리스트교

평가 기준

상	(가)와 (나) 종교의 명칭을 명확히 쓰고, (가)와 (나) 종교 건축물에 나타나는 특징을 정확히 서술한 경우
중	(가)와 (나) 종교의 명칭을 명확히 쓰고, (가)와 (나) 종교 건축물 중 한 가지 건축물의 특징만을 정확히 서술한 경우
하	(가)와 (나) 종교의 명칭만을 명확히 쓴 경우

2 서술형 훈련하기

예시 답안

㉠ 국가들은 ㉡ 국가들보다 유소년층 인구 비율이 높고, 노년층 인구 비율이 낮다. 이로 인해 ㉠ 국가들은 생산 활동이 가능한 청장년층 인구 비율이 높아지고 노동력이 풍부해져 경제 성장 잠재력이 높다.

| 필수 키워드 | 유소년층, 노년층, 청장년층, 경제 성장 잠재력 등

평가 기준

상	㉠과 ㉡의 유소년층 인구 비율과 노년층 인구 비율을 옳게 비교하고, ㉠의 경제 성장 잠재력이 높음을 명확히 서술한 경우
중	㉠과 ㉡의 유소년층 인구 비율과 노년층 인구 비율을 옳게 비교하고, ㉠의 경제 성장 잠재력이 높음을 서술하였으나 그 내용이 다소 미흡한 경우
하	㉠과 ㉡의 유소년층 인구 비율과 노년층 인구 비율만을 옳게 비교한 경우

3 논술형 도전하기

예시 답안

말레이시아와 베트남 등 동남아시아의 국가들은 과거에는 천연자원, 노동 집약적 경공업 등 부가 가치가 낮은 제품을 주로 수출하였다. 하지만 2021년에는 기계류 수출 비중이 높아지는 등 풍부한 자원과 노동력을 바탕으로 산업화가 빠르게 이루어지고 있다. 이러한 동남아시아 국가들의 산업 변화에 적응하기 위해 우리나라는 연구 개발 및 기술 혁신을 통해 산업 경쟁력을 강화해야 하며, 부가 가치가 높은 첨단 산업과 서비스 산업으로의 진출을 확대하고, 다양한 산업의 발전을 통해 균형 있는 산업 생태계를 조성해야 한다.

논리적 전개 예시

말레이시아와 베트남의 수출 품목 변화를 이해한다. → 동남아시아 국가들의 제조업이 빠르게 성장하고 있음을 이해한다. → 우리나라 산업 경쟁력의 강화, 첨단 산업 육성 등의 노력이 필요함을 이해한다.

평가 기준

평가 충실도	정해진 분량 기준을 충족시킴. (단, 제시된 질문과 전혀 상관없는 내용으로 답변했을 시에는 분량 기준을 충족시키지 못한 것으로 간주함.)
고차적 인지 능력	동남아시아의 산업 구조 변화와 이에 대한 우리나라의 대응 전략을 논리적으로 설명함.
글의 타당성	동남아시아의 산업 구조 변화에 대한 분석과 그에 대한 근거가 타당하게 연결되어 있음.
글의 논리성	전체적인 글의 구성과 짜임새가 매끄러우며, 현상과 사례의 연결이 자연스러움.

III 유럽

본문 32쪽

개념 확인 문제

01 (1) ⓒ (2) ㉠ (3) ⓔ (4) ㉢　02 ㉠ 이탈리아, ⓒ 프랑스
03 ㉠ 아테네, ⓒ 런던, ⓒ 브뤼셀, ㉢ 모스크바
04 (1) 알프스 (2) 노르웨이 (3) 온난 습윤 (4) 수목 농업
05 (1) ㄱ (2) ㄷ (3) ㄴ　06 (1) × (2) ○
07 ㉠ 유럽 연합(EU), ⓒ 유로화　08 (1) ㄱ (2) ㄷ

개념 다지기 문제

본문 33~36쪽

01 ①　02 ①　03 ⑤　04 프랑스, 파리
05 피오르　06 ④　07 ③　08 ④　09 ④
10 수목 농업　11 ①　12 ③　13 ③　14 ④
15 ③　16 ②　17 ②　18 ①　19 ②　20 ⑤

01 지도의 A는 유럽이다. 유럽은 유라시아 대륙 서부에 위치하며 북쪽으로는 북극해, 서쪽으로는 대서양, 남쪽으로는 지중해와 접한다. 지도의 B는 아프리카, C는 오세아니아, D는 북아메리카, E는 남아메리카이다.

02 지도의 A는 영국, B는 독일, C는 이탈리아이다. (가)는 수도가 런던이며, 파운드화를 사용하는 영국(A)이다. (나)는 수도가 베를린이며, 유로화를 사용하고 제조업이 발달한 독일(B)이다. 이탈리아(C)의 수도는 로마이며, 이탈리아 역시 독일과 함께 유럽 연합(EU) 회원국으로 유로화를 사용한다.

03 판의 경계에 위치한 섬나라로 수도는 레이캬비크이며, 화산 활동이 활발하여 지열 에너지로 전력을 생산하는 비율이 높은 국가는 아이슬란드이다.

04 루브르 박물관과 개선문, 샹젤리제 거리, 에펠 탑 등의 경관을 볼 수 있는 도시는 프랑스의 파리이다. 프랑스 파리는 센강이 흐르고, 2024년 하계 올림픽 개최지이기도 하다.

05 빙하의 침식 작용을 받아 형성된 계곡이 바닷물에 잠기면 서 형성된 좁고 긴 만을 피오르라고 한다. 노르웨이 서쪽 해안에는 이러한 피오르가 발달하였으며, '괴물의 혀'라는 뜻을 갖고 있는 '트롤퉁가'와 어우러진 피오르의 모습은 아름답기로 유명하다.

06 지도에 표시된 A는 유럽 남부에 위치하며, 해발 고도가 높은 알프스산맥이다. B는 유럽 북부에 위치한 스칸디나비아산맥이다. C는 유럽 동부에 위치하며 아시아와의 경계를 이루는 우랄산맥이다.

07 (가)는 우리나라보다 여름이 서늘하고 겨울이 따뜻하며 연중 습윤한 서안 해양성 기후가 나타나는 지역이다. (나)는 여름에 고온 건조하고 겨울에 온난 습윤한 지중해성 기후가 나타나는 지역이다. (다)는 겨울 기온이 낮은 냉대 기후가 나타나는 지역이다. 지도의 A는 지중해성 기후가 나타나는 포르투갈의 리스본, B는 서안 해양성 기후가 나타나는 영국의 런던, C는 냉대 기후가 나타나는 핀란드의 헬싱키이다. 따라서 (가)는 B, (나)는 A, (다)는 C이다.

08 대서양 연안의 서부 유럽은 난류가 흐르는 바다에서 불어오는 편서풍의 영향을 받아 서안 해양성 기후가 나타난다. 따라서 (가)에는 해류와 편서풍이 들어갈 수 있다. 서부 유럽은 이러한 기후 특징을 활용하여 전통적으로 혼합 농업이 발달하였으며, 최근에는 대도시 근교나 교통이 편리한 지역을 중심으로 낙농업이 발달하였다.

09 지도의 A 지역에서 나타나는 기후는 대서양 연안의 서부 유럽에서 주로 나타나는 서안 해양성 기후이다. 서안 해양성 기후는 우리나라보다 여름에 서늘하고 겨울에 따뜻하여 기온의 연교차가 작으며 연중 비가 고르게 내려 습윤하다.
ㄱ. 여름이 고온 건조한 기후는 지중해성 기후이다.
ㄷ. 유럽은 북반구에 위치하여 1월은 겨울, 7월은 여름에 해당한다.

10 지중해성 기후가 나타나는 이탈리아, 에스파냐, 프랑스 남부 등지에서는 오렌지, 포도, 올리브 등을 재배하는 수목 농업이 발달하였다. 껍질이 두꺼운 레몬이나 오렌지, 코르크나무, 뿌리가 깊은 포도, 유분을 포함하고 있는 올리브 등은 지중해성 기후의 고온 건조한 여름을 견디기에 유리하다.

11 지도의 A는 영국의 런던, B는 벨기에의 브뤼셀, C는 오스트리아의 빈이다. 세계적인 경제와 금융 중심지이며 빅 벤과 타워 브리지가 유명한 (가)는 영국의 런던(A)이다. 유럽 연합(EU)의 본부가 있는 (나)는 벨기에의 브뤼셀(B)이며, 슈베르트와 베토벤이 머물렀던 음악의 도시로 유명한 (다)는 오스트리아의 빈(C)이다.

12 그리스 아테네에서 아크로폴리스의 파르테논 신전과 디오니소스 극장을 살펴보고, 이탈리아 로마에서 콜로세움과 판테온 등을 살펴보며, 체코 프라하에서 유럽의 시기별 건축 양식을 탐구하는 여행의 주제로는 '오랜 역사를 간직한 문화유산을 찾아가는 여행'이 가장 적절하다.

13 과거 산업 혁명의 중심지로 면직 공업이 발달하였으며, 1970년대 이후 제조업의 쇠퇴로 침체하였으나 최근 금융 및 언론 기관, 연구소 및 각종 기업의 유치를 통해 서비스업 중심 도시로 변모하고 있는 도시는 영국의 맨체스터이다.

14 독일의 프라이부르크는 태양광 에너지 활용을 극대화하고, 일상용품의 재활용률을 높였으며, 덴마크의 코펜하겐은 자전거 이용을 장려하고, 풍력 에너지 활용 비율이 높다. 두 도시 모두 온실가스의 발생을 줄이고 재생 에너지의 비중을 높이기 위해 노력하는 친환경 도시에 해당한다.
① 금융 도시는 금융업이 발달한 도시로 영국의 런던, 독일의 프랑크푸르트 등이 대표적이다.
② 세계 도시는 세계의 정치·경제·문화적 중심지 역할을 하는 도시로 영국의 런던, 프랑스의 파리 등이 대표적이다.
③ 역사 도시는 긴 역사를 바탕으로 다양한 문화유산을 갖춘 도시로 그리스의 아테네, 이탈리아의 로마 등이 대표적이다.
⑤ 첨단 산업 도시는 첨단 산업이 발달한 도시로 프랑스의 소피아 앙티폴리스, 핀란드의 오울루 테크노폴리스, 스웨덴의 시스타 사이언스 시티 등이 대표적이다.

15 유럽은 지속가능한 도시를 만들기 위해 태양광과 풍력, 지열, 수력 등의 재생 에너지를 통한 전력 생산 비중을 높이고자 하며, 공원 조성 등을 통해 녹지 공간을 확대하고자 한다.
ㄱ. 중화학 공업 중심의 산업 구조 개편은 온실가스 발생을 증가시킬 우려가 있다.

ㄹ. 지속가능한 도시를 만들기 위해서는 개인 승용차 보급 대수를 늘리는 정책보다 대중교통이나 자전거 이용 비율을 늘리는 정책이 필요하다.

16 지도를 보면 아이슬란드, 노르웨이, 스위스 등은 유럽 연합 비회원국이라는 것을 알 수 있다. 그리고 서부 유럽에 속하는 프랑스, 벨기에, 독일 등은 동부 유럽에 속한 폴란드, 체코, 헝가리 등보다 유럽 연합 가입 시기가 이르다.
ㄴ. 러시아와 벨라루스, 우크라이나 등은 유럽 연합 비회원국이다.
ㄹ. 스칸디나비아반도에 위치한 북부 유럽의 국가 중 노르웨이는 유럽 연합 비회원국이다.

17 유럽 연합에 지불하는 분담금에 대한 부담과 이주민 유입으로 인한 갈등이 발생하여 2020년 유럽 연합에서 탈퇴한 ㉠은 영국이다. 유럽 연합 가입을 희망하고 있으나 주민 대부분이 이슬람교를 믿고 있다는 이질성이 유럽 연합 가입의 걸림돌 중 하나로 작용하고 있는 ㉡은 튀르키예이다.

18 유럽 연합은 회원국들 간 유럽 의회, 유럽 연합 집행 위원회 등을 구성하고, 많은 회원국이 유로화를 단일 화폐로 사용하는 등 회원국 간 정치·경제적 통합을 추구하고 있다.

19 지도의 A는 영국의 스코틀랜드, B는 벨기에의 플랑드르, C는 에스파냐의 바스크, D는 에스파냐의 카탈루냐, E는 이탈리아의 파다니아이다. 주로 프랑스어를 사용하는 남부의 왈롱 지역과 달리 네덜란드어를 주로 사용하며, 왈롱 지역보다 경제 발달 수준이 높아 분리 독립을 추구하는 ㉠은 벨기에 북부의 플랑드르 지역(B)이다.

20 역사·문화·경제적 이유로 중앙 정부로부터 분리 독립을 추구하고 있으며, 대표적인 도시로 바르셀로나가 위치한 지역은 에스파냐의 카탈루냐 지역이다.

1 서술형 연습하기

답 완성하기

A는 (알프스산맥)이다. (알프스산맥)은 북부 유럽의 스칸디나비아산맥보다 해발 고도가 (높)다.

| 필수 키워드 | 알프스산맥, 해발 고도

평가 기준

상	A 산맥의 명칭을 명확히 쓰고, A 산맥의 해발 고도를 스칸디나비아산맥과 비교하여 옳게 서술한 경우
중	A 산맥의 명칭을 명확히 쓰고, A 산맥의 해발 고도를 스칸디나비아산맥과 비교하여 서술하였으나, 그 내용이 다소 미흡한 경우
하	A 산맥의 명칭만을 명확히 쓴 경우

2 서술형 훈련하기

예시 답안

A 지역은 이탈리아의 파다니아 지역이다. 농업 위주의 산업 구조가 나타나는 이탈리아 남부는 상대적으로 경제 수준이 낮은 반면, 파다니아 지역은 제조업이 발달하여 이탈리아 내에서 경제 수준이 높아 두 지역 간 경제적 격차가 크게 발생한다. 이러한 경제적 격차를 이유로 파다니아 지역은 분리 독립을 추진하고 있다.

| 필수 키워드 | 파다니아, 경제적 격차

평가 기준

상	A 지역의 명칭을 명확히 쓰고, 이 지역이 분리 독립하고자 하는 이유를 명확히 서술한 경우
중	A 지역의 명칭을 명확히 쓰고, 이 지역이 분리 독립하고자 하는 이유를 서술하였으나 그 내용이 다소 미흡한 경우
하	A 지역의 명칭만을 명확히 쓴 경우

3 논술형 도전하기

예시 답안

기후 변화의 가장 큰 원인은 화석 에너지 사용 증가로 온실가스 발생이 증가했기 때문이다. 따라서 유럽에서는 온실가스 배출을 줄이는 방법으로 지속가능한 도시를 만들고자 한다. 이에 유럽의 도시들은 화석 에너지의 사용량을 줄이고 태양광, 풍력 등 재생 에너지 사용량을 늘리고 있다. 또한 개인 승용차 이용을 줄이고 대중교통 및 자전거 등의 교통수단을 확대하는 정책을 시행하고 있다. 더불어 도시 내 녹지 면적을 확대하고, 일상용품의 재활용률을 높여 쓰레기 발생을 최소화하고 있다.

논리적 전개 예시

기후 변화가 나타나는 원인이 화석 에너지 사용 증가에 따른 온실가스 발생 증가임을 이해한다. → 유럽의 지속가능한 도시는 온실가스 발생을 줄이고자 노력함을 이해한다. → 온실가스 발생을 줄이기 위해 어떤 정책을 펼치고 있는지 서술한다.

평가 기준

평가 충실도	정해진 분량 기준을 충족시킴. (단, 제시된 질문과 전혀 상관없는 내용으로 답변했을 시에는 분량 기준을 충족시키지 못한 것으로 간주함.)
고차적 인지 능력	기후 변화의 원인이 되는 온실가스 감축 방안을 논리적으로 설명함.
글의 타당성	지속가능한 도시를 만들기 위한 타당한 방안을 제시함.
글의 논리성	전체적인 글의 구성과 짜임새가 매끄러우며, 현상과 사례의 연결이 자연스러움.

Ⅳ 아프리카

개념 확인 문제

본문 42쪽

01 (1) ⓒ (2) ㉠ (3) ⓒ   02 (1) ㄱ (2) ㄹ (3) ㄷ (4) ㄴ

03 ㉠ 사하라 사막, ⓒ 킬리만자로산   04 (1) 사바나 기후

(2) 많다 (3) 남동부   05 (1) 열대 기후 (2) 이슬람교 (3) 음악

06 (1) ⓒ (2) ⓒ (3) ㉠   07 아프리카 연합(AU)

08 (1) ㄴ (2) ㄷ (3) ㄱ

개념 다지기 문제

본문 43~46쪽

01 ④   02 ④   03 ②   04 ⑤   05 ③   06 ①

07 킬리만자로산   08 ㉠ 사하라 사막, ⓒ 나일강   09 ②

10 ⑤   11 ③   12 ②   13 ④   14 ③   15 ③

16 ②   17 ①   18 아프리카 연합(AU)   19 ②

20 ③

01 아프리카 서쪽에는 대서양이 있으며, 북쪽으로는 지중해를 사이에 두고 유럽과 마주하고 있다.
ㄱ. 아프리카는 동쪽으로 인도양과 홍해를 접하고 있다.
ㄷ. 북극해는 유라시아 대륙과 북아메리카 대륙의 북쪽에 위치한다.

02 아프리카 북동쪽의 나일강 중·하류 연안에 위치하며, 피라미드와 스핑크스 등의 고대 유적으로 유명한 국가는 이집트이다.

03 나이지리아에서 가장 인구 규모가 큰 도시이며, 기니만 연안에 위치한 항구 도시인 (가)는 라고스이다. 에티오피아의 수도이며 고원 지역에 위치하고 아프리카 연합(AU)의 본부가 있는 (나)는 아디스아바바이다. 나이로비는 케냐의 수도이며, 스마트 기업이 모여 있는 '실리콘 사바나'로 유명하다.

04 아프리카 남부에 위치하며 아프리카 최초로 월드컵 축구 대회를 개최하였고 프리토리아, 케이프타운, 요하네스버그 등의 도시가 있는 국가는 남아프리카 공화국(E)이다. 지도

의 A는 알제리, B는 이집트, C는 나이지리아, D는 콩고 민주 공화국이다.

05 지도의 A는 이집트의 카이로, B는 케냐의 나이로비, C는 남아프리카 공화국의 케이프타운이다. 사바나 초원이 발달한 케냐의 수도이며, '실리콘 사바나'라 불리는 (가)는 케냐의 나이로비(B)이다. 나일강 하구에 위치하는 이집트의 수도이며 고대 문명의 유적지로 유명한 (나)는 이집트의 카이로(A)이다. 남아프리카 공화국의 케이프타운에는 희망봉이 위치하며, 지중해성 기후가 나타나는 항구 도시로 유명하다.

06 오아시스의 물을 이용하여 밀, 대추야자 같은 작물을 재배하는 (가)는 건조 기후 지역이며, 고무나무, 카카오 등의 열대 작물을 플랜테이션의 형태로 재배하는 (나)는 열대 기후 지역이다. 넓은 사바나 초원에서 야생 동물을 관찰하는 사파리 관광이 발달한 (다)는 열대 기후 중 사바나 기후 지역이다. 지도의 A는 모로코의 건조 기후 지역, B는 코트디부아르의 열대 기후 지역, C는 탄자니아의 사바나 기후 지역이다.

07 탄자니아 북동부에 위치하며 '빛나는 산, 하얀 산'이라는 뜻에서 비롯되었고 아프리카에서 가장 높아 만년설을 볼 수 있는 산은 킬리만자로산이다. 킬리만자로산의 산 정상에는 만년설이 있지만 최근 지구 온난화로 그 규모가 점차 축소되고 있다.

08 세계에서 가장 면적이 넓은 사막이며, 사막 남쪽에 사헬 지대가 있는 ㉠은 사하라 사막이다. 사하라 사막의 동쪽에 흐르며, 고대 이집트 문명 형성에 영향을 준 ⓒ은 나일강이다.

09 지도를 살펴보면 건조 기후가 나타나는 사하라 사막과 나미브 사막, 칼라하리 사막 일대는 낮음(적음)으로 표현되어 있으며, 열대 기후가 나타나는 적도 주변은 높음(많음)으로 표현되어 있다. 건조 기후가 나타나는 지역은 연 강수량이 적고, 열대 기후가 나타나는 지역은 연 강수량이 많으므로, 지도의 제목에 들어갈 ㉠은 연 강수량이다.

10 사진의 경관은 건조 기후 중 사막 기후 지역의 경관이다. 사막 기후 지역 주민들은 햇빛과 모래바람으로부터 몸을 보호하기 위해 주로 온몸을 감싸는 긴 옷을 입는다. 그리고

집을 지을 때 창문을 작게 만들고 벽을 두껍게 하며, 비가 많이 내리지 않아 지붕을 평평하게 만든다. 또한 오아시스나 하천 주변 지역에서 밀, 대추야자 등을 재배한다.

① 고온 다습한 여름에 벼 재배가 활발한 지역은 아시아의 온대 또는 열대 기후 지역이다.

② 수목 농업을 통해 오렌지, 포도 등을 재배하는 지역은 주로 지중해성 기후 지역이다.

③ 창이 크고 지붕의 경사가 급한 고상 가옥을 짓는 지역은 주로 열대 기후 지역이다.

④ 카사바, 얌 등의 작물을 이동식 화전 농업을 통해 재배하는 지역은 주로 열대 기후 지역이다.

11 아프리카는 다양한 민족(부족)이 고유한 생활 양식을 갖고 살아왔으며 부족 중심으로 토속 신앙(㉠)이 발달하였다. 북부 아프리카에서는 서남아시아에서 전파된 이슬람교(㉡)의 신자 비율이 높으며, 사하라 이남 아프리카에는 유럽에서 전파된 크리스트교(㉢)의 신자 비율이 높다.

12 입체주의 화가 피카소는 아프리카 미술의 형식을 받아들여 자신만의 작품 세계를 펼쳤으며, 미국 뉴올리언스에서 발생한 재즈는 아프리카 음악의 영향을 받아 형성되었다. 이 두 내용을 통해 학습할 수 있는 주제로 가장 적절한 것은 '아프리카 문화가 세계 문화에 미친 영향'이다.

13 아프리카는 아시아 다음으로 인구가 많으며, 합계 출산율이 가장 높아 세계에서 인구가 가장 빠르게 증가하는 대륙이다. 그리고 아프리카는 경제 활동을 하는 청년층의 인구 비율이 높아지고 있어 성장 잠재력 또한 크다.

ㄱ. 아프리카는 노년층 인구 비율이 높지 않아 인구 고령화 현상이 뚜렷한 대륙으로 볼 수 없다. 인구 고령화 현상이 뚜렷한 대륙은 저출산 및 고령화 현상이 나타나는 선진국이 많은 유럽이다.

ㄷ. 아프리카의 청장년층 인구는 좋은 일자리를 찾아 다른 대륙으로 이주하는 경우도 많다. 따라서 아프리카는 청장년층의 인구 유출이 인구 유입보다 많다.

14 동아프리카 지구대의 화산 활동이 활발한 케냐에서 생산에 유리한 ㉠ 에너지는 지열이며, 콩고강과 잠베지강, 나일강 유역에서 생산에 유리한 ㉡ 에너지는 수력이다. 사하라 사막과 칼라하리 사막 등 일사량이 풍부한 지역에서 생산에 유리한 ㉢ 에너지는 태양광(열)이다.

15 리비아를 비롯한 북부 아프리카 일대와 나이지리아를 비롯한 기니만 연안에서 생산량이 많은 (가)는 석유이다. 잠비아, 콩고 민주 공화국 일대에서 생산량이 많은 (나)는 구리이다. 석탄은 남아프리카 공화국의 드라켄즈버그산맥 일대에서 주로 생산된다.

16 오랜 내전을 겪었으나 빠른 속도로 안정을 되찾았으며, 외국 자본 유치와 고부가 가치 산업 육성을 위해 노력한 결과 수도 키갈리가 첨단 산업의 중심지로 발달하고 있는 (가)는 르완다이다. '츠와나족의 땅'이란 뜻을 갖고 있으며, 독립 이후 내전이나 전쟁 없이 민주주의가 발전하였고 다이아몬드를 수출하여 얻은 이익을 바탕으로 성장하고 있는 (나)는 보츠와나이다.

17 아프리카 최대 석유 생산국으로 최근에는 석유 중심 산업 구조에서 벗어나 다양한 산업을 육성하고 있으며, '놀리우드'라 불릴 만큼 영화 산업이 발달한 (가)는 나이지리아(A)이다. 지도의 B는 남수단, C는 소말리아, D는 앙골라, E는 남아프리카 공화국이다.

18 2002년 출범하여 2023년 기준 아프리카 55개국이 가입되어 있으며, 아프리카 국가들의 단결과 경제·사회·문화적 차원에서 지속가능한 발전과 경제 통합을 추구하는 (가)는 아프리카 연합(AU)이다. 아프리카 연합(AU)은 아프리카 대륙 자유 무역 지대(AfCFTA)를 구축하여, 아프리카 내에서 관세나 무역 규제를 없애는 등의 경제 정책을 도입하기도 하였다.

19 2022년 기준 남아프리카 공화국, 나이지리아, 세네갈을 비롯한 아프리카 16개 국가에서는 비닐봉지 사용을 금지하는 제도를 도입하였다. 비닐봉지의 과도한 사용은 환경을 파괴하므로 비닐봉지 사용을 적극 장려하는 제도는 지속가능한 발전을 위한 노력의 사례로 적절하지 않다. 모로코의 태양열 발전소 건설, 에티오피아의 탄소 배출을 감축하는 대중교통 수단 확대, 케냐의 태양광 전기 공급 등은 '모두를 위한 깨끗한 에너지 공급', '기후 변화와 대응'이라는 지속가능한 발전 목표를 추구하는 정책이며, 마다가스카르의 희귀 동식물 보호 정책은 '육상 생태계 보존'이라는 지속가능한 발전 목표를 추구하는 정책이다.

20 아프리카의 지속가능한 발전을 위해 국제 연합(UN)에서는 여러 기구를 두어 식량 보급 및 난민 지원 등의 활동을 하고 있으며, 비정부 기구(NGO)에서는 빈곤 퇴치를 위한 노력, 환경 보호 운동, 의료 서비스 지원 등의 활동을 전개하고 있다.

ㄱ. 공정 무역은 소비자가 생산자에게 정당한 가격을 지급하는 무역 방식으로, 소비자가 공정 무역 제품을 구매하면 아프리카 생산자들의 경제적 독립에 도움을 줄 수 있다. 따라서 공정 무역 제품을 구매하지 않는 불매 운동은 아프리카의 지속가능한 발전을 위한 노력으로 보기 어렵다.

ㄹ. 다국적 기업의 자본으로 대규모의 플랜테이션 농장을 조성하면 열대림이 파괴되며, 이는 지속가능한 발전을 위한 노력으로 보기 어렵다.

미리보는 서술형·논술형

본문 47쪽

1 서술형 연습하기

답 완성하기

(가)는 열대 기후 중 (사바나 기후), (나)는 (건조(사막) 기후)에 해당한다. (가)는 일 년 내내 기온이 높고 (건기와 우기가 뚜렷)하며, (나)는 (연 강수량)이 매우 적다.

| 필수 키워드 | 사바나 기후, 건조(사막) 기후, 건기와 우기, 연 강수량

평가 기준

상	(가)와 (나) 기후의 명칭을 명확히 쓰고, (가)와 (나) 기후의 특징을 정확히 서술한 경우
중	(가)와 (나) 기후의 명칭을 명확히 쓰고, (가)와 (나) 기후 중 한 가지 기후의 특징만을 정확히 서술한 경우
하	(가)와 (나) 기후의 명칭만을 명확히 쓴 경우

2 서술형 훈련하기

예시 답안

아프리카는 아시아나 유럽, 대한민국에 비해 합계 출산율이 높은 편이다. 이로 인해 인구 증가 속도가 빠르고 풍부한 인적 자원을 보유하고 있어 앞으로 큰 성장이 기대된다.

| 필수 키워드 | 합계 출산율, 인적 자원, 성장 가능성

평가 기준

상	아프리카의 합계 출산율을 다른 지역과 옳게 비교하고, 아프리카의 인구 특징과 성장 가능성을 명확히 서술한 경우
중	아프리카의 합계 출산율을 다른 지역과 옳게 비교하고, 아프리카의 인구 특징과 성장 가능성을 서술하였으나 그 내용이 다소 미흡한 경우
하	아프리카와 다른 지역과의 합계 출산율만을 옳게 비교한 경우

3 논술형 도전하기

예시 답안

아프리카는 분쟁이 많으며 가난과 빈곤에 허덕이는 대륙으로 인식하고 있다. 그러나 아프리카는 석유, 구리와 같은 천연자원이 풍부하고 합계 출산율이 높아 인구가 빠르게 성장하는 대륙으로 성장 가능성이 높다. 이러한 아프리카의 지속가능한 발전을 위해서는 다양한 노력이 필요하다. 첫째, 신·재생 에너지의 사용량을 늘려 화석 에너지의 사용을 줄여야 한다. 둘째, 국립 공원 등을 지정하고 관리하여 바오바브나무와 같은 독특하고 다양한 생태계를 잘 보호해야 한다. 셋째, 첨단 산업에 대한 투자를 확대하여 아프리카가 더욱 성장할 수 있도록 해야 한다.

논리적 전개 예시

아프리카에 대해 우리가 가진 인식을 이해한다. → 아프리카가 가지고 있는 지역 잠재력에는 무엇이 있는지 살펴본다. → 아프리카의 지속가능한 발전 방안에 대해 서술한다.

평가 기준

평가 충실도	정해진 분량 기준을 충족시키고 단어 구름 속 단어 중 5개 이상을 잘 활용함. (단, 제시된 질문과 전혀 상관없는 내용으로 답변했을 시에는 분량 기준을 충족시키지 못한 것으로 간주함.)
글의 타당성	아프리카의 지역 잠재력에 대한 분석과 그에 대한 근거가 타당하게 연결되어 있음.
글의 논리성	전체적인 글의 구성과 짜임새가 매끄러우며, 현상과 사례의 연결이 자연스러움.

V 아메리카

본문 52쪽

개념 확인 문제

01 (1) ⓒ (2) ㉠ (3) ⓒ　　02 ㉠ 파나마, ⓒ 라틴
03 (1) ㄱ, ㄷ (2) ㄴ, ㄹ　　04 (1) × (2) × (3) ○
05 (1) 북 (2) 낮다 (3) 환태평양
06 ㉠ 영어, ⓒ 프랑스, ⓒ 에스파냐
07 (1) × (2) ○　　08 (1) 유럽계 (2) 페루 (3) 플랜테이션
09 ㉠ 초국적, ⓒ 공간적　　10 (1) 인건비 (2) 증가

개념 다지기 문제

본문 53~56쪽

01 ②	02 ④	03 ⑤	04 ①	05 ②	06 ④
07 ③	08 ①	09 ⑤	10 ①	11 ⑤	12 ③
13 ②	14 ③	15 ③	16 ⑤	17 ①	18 ③
19 ②	20 ④				

01 아메리카는 적도에 걸쳐 있다. 캐나다는 북아메리카에 속한다. 미국은 앵글로아메리카, 멕시코는 라틴 아메리카에 속한다.
② 아메리카는 동쪽으로는 대서양, 서쪽으로는 태평양과 접해 있다.

02 지도의 A는 캐나다, B는 미국, C는 콜롬비아, E는 브라질이다.
④ D는 칠레이다.

03 지도의 A는 캐나다의 토론토, B는 미국의 뉴욕, C는 멕시코의 멕시코시티이다.
① 토론토(A)는 해당 국가인 캐나다의 수도가 아니다. 캐나다의 수도는 오타와이다.
② 국제 연합(UN) 본부가 위치한 도시는 뉴욕(B)이다.
③ 뉴욕(B)이 멕시코시티(C)보다 세계 경제에 미치는 영향력이 크다.
④ 세 도시 중 고산 도시에 해당하는 것은 멕시코시티(C)이고, 나머지 두 도시는 고산 도시가 아니다.

04 지도의 A 하천은 아마존강이다. 아마존강은 안데스산맥에서 발원한다.
② 아르헨티나와 우루과이를 지나지는 않는다. 아마존강은 대부분 페루, 브라질을 지난다.
③ 대체로 서쪽에서 동쪽으로 흐른다.
④ 유역의 대부분은 열대 기후 지역이다.
⑤ 그랜드 캐니언은 북아메리카의 국가인 미국에 위치하므로, 아마존강과는 거리가 멀다.

05 지도의 A는 로키산맥, B는 애팔래치아산맥, C는 안데스산맥이다. 애팔래치아산맥(B)은 다른 두 산맥보다 형성 시기가 이르고, 오랜 기간 동안 침식 작용을 받아 평균 해발 고도가 낮다.
① 로키산맥(A)은 애팔래치아산맥(B)보다 평균 해발 고도가 높다.
③ 평균 해발 고도가 높은 편인 안데스산맥(C)에 보고타, 키토, 라파스 등의 고산 도시가 분포한다.
④ 환태평양 조산대에 속하는 안데스산맥(C)은 애팔래치아산맥(B)보다 지각이 불안정하다.
⑤ A는 로키산맥, B는 애팔래치아산맥, C는 안데스산맥이다.

06 그래프는 한대 기후가 나타나는 어느 북극해 연안 지역의 기후 자료이다. 월평균 기온을 보면 이 지역은 여름에 0~10℃의 기온 분포를 보이지만 여름을 제외한 대부분의 시기에는 영하의 기온 분포를 보이면서 지표면이 얼어 있음을 추론할 수 있다.
① 연중 대부분 추운 기후가 나타나고 지표면이 얼어 있는 상태이므로 활엽수림이 자라기 어렵다.
② 벼는 생장기에 고온 다습한 기후 환경이 요구된다. 따라서 한대 기후 지역에서는 벼 재배가 이루어지기 어렵다.
③ 건조 기후 지역에 대한 설명이다.
⑤ 열대 기후 지역의 초원에 대한 설명이다.

07 (가)는 열대 기후 지역, (나)는 온대 기후 지역, (다)는 고산 기후 지역에 해당한다. 따라서 열대 기후 지역인 (가)는 적도와 가까운 브라질의 아마존강 유역에 위치한 B와 연결된다. (나)는 기업적 목축업과 밀 재배가 활발히 이루어지므로 아르헨티나 평원에 위치한 C와 연결된다. 나머지 (다)는 안데스산맥에 위치한 A와 연결된다.

08 멕시코는 에스파냐어, 캐나다는 영어와 프랑스어를 공용어로 사용한다.
ㄷ. 히스패닉은 라틴 아메리카에서 미국으로 유입한 이주자를 가리킨다. 따라서 위치상으로는 주로 멕시코와 인접한 미국의 남부 지역에 거주한다.
ㄹ. 프랑스어를 사용하는 지역에서 분리 독립 움직임이 나타나는 국가는 캐나다이다. 퀘벡주는 과거 프랑스계 이주자가 집단 거주하기 시작한 이래 문화적 전통성이 강하게 유지되어 왔다.

09 문화적 기준에 따라 아메리카는 리오그란데강을 경계로 하여 앵글로아메리카와 라틴 아메리카로 구분한다. 리오그란데강은 미국과 멕시코의 국경 일부를 이룬다.

10 라틴 아메리카에서 미국으로 많이 이주하는 이유는 일자리를 얻기 위한 경제적 원인이 대부분이다. 경제 발전 수준이 상대적으로 낮은 라틴 아메리카 국가들에 비해 경제 규모가 큰 선진국인 미국은 일자리가 많고 임금 수준도 높은 편이기 때문에 미국으로의 이주가 활발하다.

11 지도의 A는 캐나다 서부, B는 캐나다 북극해 연안, C는 캐나다 동부(퀘벡주)이다. 북극해 연안(B)은 A보다 지역 내 한대 기후 분포 비율이 높다. 퀘벡주(C)는 다른 두 지역에 비해 분리 독립 움직임이 강하고, 지역 내 프랑스어 사용자 비율이 높다.
ㄱ. 전통적인 의식주 및 문화 생활을 유지하는 이누이트의 주된 거주지인 북극해 연안(B)은 A보다 지역 내 원주민 거주 비율이 높다.

12 지도의 A는 베네수엘라 볼리바르, B는 페루, C는 브라질, D는 칠레, E는 아르헨티나이다. 안데스산맥에 위치한 페루(B)는 브라질(C)보다 국가 내 원주민 비율이 높다.
① 파타고니아 사막은 아르헨티나(E)에 있다.
② 칠레(D)의 수도인 산티아고는 고산 기후가 나타나지 않는다.
④ 유럽의 식민 지배 정책에 따른 플랜테이션의 발달로 아프리카에서 대규모 노동력이 강제 유입된 브라질(C)이 칠레(D)보다 국가 내 아프리카계 비율이 높다.
⑤ 브라질(C)이 포르투갈의 식민 지배를 받았고, 나머지 네 국가는 에스파냐의 식민 지배를 받았다.

13 (가)는 원주민의 비율이 상대적으로 높은 페루이다. (나)는 혼혈의 비율이 상대적으로 높은 멕시코이다. (다)는 아프리카계의 비율이 상대적으로 높은 자메이카이다. 페루(가)는 남아메리카에 위치한 반면 멕시코(나)와 자메이카(다)는 북아메리카에 위치한다. 자메이카(다)는 카리브해의 섬나라이다.
ㄴ. 세 국가 중 안데스산맥에 걸쳐 있는 국가는 페루(가)이다.
ㄹ. 멕시코(나)는 자메이카(다)보다 국토 면적이 넓다.

14 (가)는 과달루페 성모 그림과 조각상이 있는 멕시코이고, (나)는 '탱고의 고장'이라고 알려진 부에노스아이레스가 있는 아르헨티나이다. 제시된 자료의 사례는 모두 아메리카의 문화 혼종성과 관련이 있다.

15 제시된 자료는 초국적 기업의 공간적 분업을 나타낸 것이다. 공간적 분업은 기업의 각 기능(조직)이 공간적으로 분리되어 각각의 역할을 수행하는 것이며, 이를 통해 기업은 경영의 효율성을 높이게 된다. 기업의 본사는 풍부한 자본을 확보하기에 유리한 선진국에 주로 입지한다. 생산 공장은 인건비 수준이 상대적으로 낮은 개발 도상국에 다수 입지한다. 연구소는 고급 전문 기술 인력을 확보하기에 유리한 선진국에 주로 입지한다.

16 초국적 기업은 각 조직 간 수평적이면서 상호 의존적인 관계에 따라 경영 전략을 수립하는 경우가 증가하고 있다. 그 이유는 다른 기업과의 경쟁이 심화됨에 따라 신속하면서도 자율적인 의사 결정이 적절한 때에 이루어지게 함으로써 급변하는 글로벌 경영 환경에 능동적으로 대응할 수 있는 경쟁력을 갖추기 위함이다.

17 제시된 그림에는 미국에 있는 공장을 베트남으로 이전하기로 결정한 상황이 나타나 있다. 이 기업이 미국에서 베트남으로 공장을 이전하기로 한 배경에는 미국보다 베트남의 인건비 수준이 낮아 생산비를 절감할 수 있다는 것이 크게 작용하였을 것이다.

18 신문 기사를 보면 어느 자동차 기업이 미국과 자유 무역 협정을 맺은 국가에 생산 설비 투자를 할 것이라는 내용이 담겨 있다. ㉠에 해당하는 국가는 멕시코이다. 멕시코는 미국과 국경을 접하고 있어 운송비가 비교적 적게 들고, 무역

장벽이 거의 없어 가격 경쟁력 면에서도 유리하므로 기업 입장에서 투자 매력도가 높은 국가이다.

19 제시된 글은 미국 내 첨단 산업 지역인 실리콘 밸리에 관한 것이다. 이 지역은 세계 첨단 산업의 메카이자 혁신 성장을 주도하고 있으며, 지도의 B에 위치한다. 지도의 A에는 시애틀, C에는 시카고, D에는 뉴욕, E에는 휴스턴이 위치한다.

20 국외 생산 공장은 총 24곳 중 제시된 국가만 더하더라도 16곳이 개발 도상국에 위치한다. 국외 영업 지사는 총 50개국에 진출하였다. 국외 생산 공장은 제시된 세 국가(중국, 인도, 멕시코) 외에 8곳의 공장이 각각 다른 국가에 있다고 가정하더라도 최대 11개국에 진출한 셈이 된다. 따라서 국외 영업 지사는 국외 생산 공장보다 진출 국가 수가 많다.
ㄱ. 본사는 북아메리카의 미국 뉴욕에 위치한다.
ㄷ. 국외 지역 본부는 브라질, 중국, 영국의 주요 대도시에 위치한다. 이들 국가 중 선진국에 해당하는 것은 영국뿐이다.

미리보는 서술형·논술형

본문 57쪽

1 서술형 연습하기

답 완성하기
(가)는 (미국), (나)는 (브라질)이다. ㉠의 이유는 열대 기후를 이용한 농업 방식인 (플랜테이션)에 투입될 대규모의 저렴한 (노동력) 확보를 위해서이다.
| 필수 키워드 | 미국, 브라질, 히스패닉, 아프리카계, 플랜테이션
평가 기준

상	(가), (나)의 명칭을 정확히 쓰고, 유럽계에 의한 아프리카계의 강제 이주 원인을 정확히 서술한 경우
중	(가), (나)의 명칭을 정확히 쓰고, 유럽계에 의한 아프리카계의 강제 이주 원인은 다소 미흡하게 서술한 경우
하	(가), (나)의 명칭만을 정확히 쓴 경우

2 서술형 훈련하기

예시 답안
A 지역의 복잡한 해안선으로 이루어진 빙하 지형은 피오르이다. 이 지형은 빙하에 의해 깎여 만들어진 깊은 계곡이 해수면의 상승으로 바닷물에 침수되어 형성된다.
| 필수 키워드 | 피오르, 빙하 침식 지형, 해수면 상승
평가 기준

상	A 지형의 명칭을 정확히 쓰고, 지형의 형성 과정을 정확히 서술한 경우
중	A 지형의 명칭을 정확히 쓰고, 지형의 형성 과정은 다소 미흡하게 서술한 경우
하	A 지형의 명칭만을 정확히 쓴 경우

3 논술형 도전하기

예시 답안
(가)에는 공간적 분업이 들어갈 수 있다. 휴대 전화 생산 기업인 A사의 본사는 경영 관리를 위하여 자본 및 정보 획득이 유리한 선진국인 미국에 입지한다. 반면 생산 공장은 저임금 노동력을 이용함으로써 생산비를 절감하여 제품 가격을 낮출 수 있는 중국에 입지한다.
논리적 전개 예시
기업 조직 간 공간적 분업이 나타나고 있음을 자료에서 파악한다. → 본사와 생산 공장의 입지 국가가 각각 다른 이유를 생각한다. → 미국과 중국의 국가 특성을 고려하여 공간적 분업의 배경을 정리한다.
평가 기준

평가 충실도	정해진 분량 기준을 충족시킴. (단, 제시된 질문과 전혀 상관없는 내용으로 답변했을 시에는 분량 기준을 충족시키지 못한 것으로 간주함.)
개념 이해의 정확성	제시된 사례를 통해 기업의 두 조직, 즉 본사와 생산 공장의 입지 국가가 다름을 개념어로 정확히 나타냄.
글의 타당성	본사와 생산 공장의 입지 특성을 구분하여 타당하게 제시함.
글의 논리성	전체적인 글의 구성과 짜임새가 매끄러우며, 의견의 근거와 연결이 자연스러움.

Ⅵ 오세아니아와 극지방

01 (1) ㄹ (2) ㄴ (3) ㄷ (4) ㄱ   **02** (1) 시드니 (2) 화산 (3) 동부
03 (1) 건조 (2) 온대   **04** (1) ㉠ (2) ㉡ (3) ㉢   **05** (1) ×
(2) ○   **06** ㉠ 플라스틱, ㉡ 화석   **07** (1) 태평양 (2) 축소
(3) 피지   **08** (1) × (2) ○ (3) ○   **09** (1) 에너지 (2) 북극
(3) 환경 보전

01 ⑤	**02** ②	**03** ④	**04** ⑤	**05** ③	**06** ⑤
07 ③	**08** ②	**09** ④	**10** ①	**11** ①	**12** ③
13 ③	**14** ①	**15** ④	**16** ②	**17** ⑤	**18** ④
19 ①	**20** ①	**21** ④	**22** ①		

01 오세아니아 국가들은 대부분 섬나라로 바다와 밀접한 관련이 있다.
① 대부분 남반구에 위치한다.
② 인도양과 태평양에 걸쳐 있는 지역이다.
③ 한대 기후보다 열대 기후가 넓게 나타난다.
④ 키리바시는 세계에서 가장 일찍 해돋이를 볼 수 있는 국가이다.

02 오세아니아의 주요 도시는 대체로 오스트레일리아와 뉴질랜드에 위치한다. 웰링턴은 뉴질랜드의 수도이고, 멜버른과 퍼스는 모두 오스트레일리아에 위치한다.
을. 오클랜드는 뉴질랜드 북섬에 위치한다.
정. 오스트레일리아의 수도 캔버라는 온대 기후가 나타난다.

03 제시된 글은 산호초 해안에 관한 것이다. 산호초는 석회질의 산호충 유해가 퇴적되어 형성되며, 남·북위 30° 사이의 수심이 얕은 해안 지역에 발달한다. 다양한 생물이 서식하고 아름다운 경관을 이루어 관광 자원으로 활용되며, 해일이나 파랑의 침식으로부터 해안을 보호하는 역할도 한다. 지도에서는 저위도에 위치한 D에 산호초 해안이 나타난다.

04 지도의 E는 뉴질랜드 북섬의 일부이다. 이 지역은 환태평양 조산대에 속하며 화산 지형이 발달하였다.
① A는 판이 갈라지는 경계가 아니다.
② B는 지각이 안정적이어서 지진 발생 가능성이 낮다.
③ C는 빙하 침식 지형이 나타나지 않는다. 오세아니아에서 빙하 침식 지형이 발달한 대표적인 국가는 뉴질랜드이다.
④ D는 환태평양 조산대에 속하지 않는다.

05 오스트레일리아 북부는 열대 기후가 나타난다. 오스트레일리아 중부와 서부 대부분은 건조 기후가 나타난다. 오스트레일리아 서남부와 동부 해안 및 뉴질랜드 대부분의 지역은 온대 기후가 나타난다. 따라서 ㉠에는 열대, ㉡에는 건조, ㉢에는 온대가 들어간다.

06 제시된 글의 'A 자원'은 철광석이다. 오스트레일리아는 세계적인 철광석 생산국이자 수출국으로, 오스트레일리아에서 생산된 철광석의 상당량은 동아시아의 중국, 대한민국, 일본 등으로 수출된다.

07 역내포괄적경제동반자협정(RCEP)에 오세아니아 국가로는 오스트레일리아, 뉴질랜드가 가입되어 있고, 아시아 국가로는 동남아시아 10개국(베트남, 라오스, 캄보디아, 미얀마, 타이, 싱가포르, 말레이시아, 인도네시아, 브루나이, 필리핀)과 동아시아 3개국(대한민국, 중국, 일본)이 가입되어 있다.

08 오스트레일리아는 영국의 식민 지배를 받은 경험이 있으며, 과거에는 영국이 최대의 무역 상대국이었다. 최근에는 지리적 인접성과 상호 보완적 경제 관계 측면에서 아시아 국가들과의 무역액이 많아져 주요 무역 상대국에 아시아 국가가 다수 포함되었다. 그래프의 (가)는 1965년 오스트레일리아의 최대 무역 상대국인 영국이고, (나)는 2019년 오스트레일리아의 최대 무역 상대국인 중국이다. 영국(가)은 중국(나)보다 국가 내 영어 사용자 비율이 높다.
① 영국(가)은 중국(나)보다 국토 면적이 좁다.
③ 개발 도상국으로 총인구가 상대적으로 매우 많은 중국(나)은 선진국이면서 총인구가 상대적으로 적은 영국(가)보다 1인당 국내 총생산이 적다. 대체로 1인당 국내 총생산은 선진국이 개발 도상국보다 많다.
④ 인구 대국인 중국(나)은 영국(가)보다 총인구가 많다.
⑤ 영국(가)은 유럽, 중국(나)은 아시아에 위치한다.

09 거대 쓰레기 섬은 해류가 대규모로 순환하는 북태평양에 형성되어 있다. 특히 북태평양 연안에는 일본, 중국, 대한민국, 미국 등 에너지 자원 및 각종 제품 소비가 많은 국가가 위치하므로 해양 쓰레기 배출이 많은 점이 특징이다.

10 해양 쓰레기는 대부분 플라스틱으로 구성되어 있고, 해양 생태계를 파괴함은 물론 미세 플라스틱에 의한 인체 건강에 위협을 초래할 수 있다.
① 해양 쓰레기는 오랜 시간이 지나도 완벽하게 분해·소멸되기 어려우며, 미세 플라스틱 상태로 해양 생물과 인간의 신체로 유입되어 피해를 입힐 가능성이 높다.

11 제시문의 ㉠은 산호의 백화 현상을 의미한다. 이 현상은 산호에 붙어 있던 공생 조류가 떨어져 나가면서 산호가 흰색으로 변하며 죽어 가는 것으로, 지구 온난화에 따른 해수 온도 상승으로 인해 나타나고 있다.

12 자료의 (가)에 들어갈 환경 문제는 '해수면 상승'이다. 지구 온난화에 따른 해수면 상승으로 국토가 물에 잠기고 있는 남태평양의 섬나라 투발루는 이 연설을 통해 해당 국가의 위기는 물론 기후 변화의 심각성을 대내외적으로 알리고자 하였다. 투발루 외에도 키리바시, 나우루와 같은 태평양의 여러 국가가 해수면 상승에 따른 국토 소실의 위기를 맞고 있다.

13 데이터 액침 냉각 기술은 발열량이 많은 전자 기기에 사용됨으로써 에너지 사용을 줄이는 효과가 있다. 데이터 액침 냉각 기술로 에너지 사용이 줄어들면 온실가스 배출량이 감소하는 효과가 나타날 것으로 기대된다.

14 해수면 상승은 화석 에너지의 과다 사용에 따른 온실가스 배출량 증가가 주원인이다. 나무는 광합성 작용을 통해 대기 중에서 이산화 탄소를 흡수한 뒤 산소를 내보내는 역할을 하므로 삼림을 조성하고 보호하는 활동은 해수면 상승 문제의 해결 방안이 된다.
② 자가용보다 자전거나 대중교통을 많이 이용하면 에너지가 크게 절감된다.
③ 에너지 효율 등급이 낮은 가전 제품보다 등급이 높은 가전 제품을 사용하면 투입되는 에너지를 효율적으로 소비하게 되므로 에너지 절약에 도움이 된다.
④ 환경 규제를 완화하기보다는 환경 규제를 적절히 활용

하여 기업의 에너지 사용량 절감을 유도해야 한다. 더 나아가 기업의 에너지 사용량 절감을 평가하여 우수 기업에 대해서는 포상 및 세제 혜택 등의 지원책을 사용하는 것도 필요할 것이다.
⑤ 스마트폰의 불필요한 데이터는 기기 발열량을 높이게 된다. 따라서 사용자는 평소에 데이터를 적절히 삭제하면서 관리하는 것이 에너지의 과다 사용을 줄이는 방법이 된다.

15 먹이 사슬에 의해 미세 플라스틱이 인체에도 유해할 수 있음이 제시문에 나와 있다. 이와 관련된 태평양 지역의 환경 문제는 해양 쓰레기 문제이다.

16 유라시아 대륙, 아메리카 대륙, 그린란드에 둘러싸여 있는 지역은 북극이다. 북극에는 추위에 잘 견딜 수 있는 신체 구조가 발달한 곰과 여우 등 다양한 야생 동물이 서식하고 있다.

17 극지방은 각종 자원이 풍부하게 매장되어 있고, 기후 변화와 생물종 관련 학술적 연구 가치가 뛰어나다. 또한 북극 항로의 개척을 통해 아시아와 유럽 간 선박 통행 시간이 크게 단축될 것으로 예상된다.
⑤ 남극에서는 각국의 영유권 주장 및 군사 행동이 금지되어 있다.

18 지도의 A 지역은 북극을 나타낸 것이다. 이 지역은 북반구가 여름인 7월에 낮 길이가 매우 길어 밤에도 해가 지지 않는 백야 현상이 나타난다. 또한 석유, 천연가스 등의 에너지 자원과 각종 광물 자원이 풍부하게 매장되어 있다.
ㄱ. A 지역은 북위 75° 이상의 지역에 해당하여 저위도에서부터 북상하는 난류가 도달하기 어렵다.
ㄷ. 거대 쓰레기 섬은 A 지역보다 위도가 낮고 해류의 큰 순환이 나타나는 북태평양과 같은 해역에 형성되어 있다.

19 북극과 비교할 때 남극은 1월의 낮 길이가 길다. 그리고 대한민국이 건설한 과학 기지 수가 많다(북극 1개, 남극 2개).
ㄷ. 남극은 연구 조사 활동을 위해 체류 중인 사람들을 제외하면 인간이 거주하기가 어렵다.
ㄹ. 남극에서는 남극 조약에 의거하여 각국의 영유권 주장이 금지되어 있으며 군사 행동도 할 수 없다.

20 제시문은 남극 조약에 관한 것이다. 우리나라도 1986년에 이 조약에 가입하였다.

② 쓰레기 투기로 인한 해양 오염을 막기 위한 협약이다.

③ 유해 폐기물의 국가 간 이동을 금지하는 협약이다.

④ 생태학적 가치가 뛰어난 해안 및 내륙 습지를 보존하기 위한 협약으로, 정식 명칭은 '물새 서식지로서 특히 국제적으로 중요한 습지에 관한 협약'이다.

⑤ 태평양 지역의 방위와 관련한 군사적 협력을 위한 조약이다.

21 북극해의 영유권을 주장하는 국가는 북극해 연안에 위치한 5개국으로 미국, 러시아, 캐나다, 노르웨이, 덴마크가 있다.

22 극지방의 적극적인 개발 입장 측면에서는 자원 탐사와 채취, 관광 자원 개발 등에 따른 경제적 이익을 중시한다.

ㄷ, ㄹ. 기후 환경 변화 연구 자료로서의 가치가 높은 빙하를 보존하고, 생태학적 가치가 높은 생물들을 보호하자는 내용은 모두 "극지방을 보존해야 한다."는 입장에 해당한다.

미리보는 서술형·논술형

1 **서술형** 연습하기

답 완성하기

뉴질랜드는 유제품, 육류의 수출액 비율이 높은 것으로 보아 (목축업)이 발달하였음을 알 수 있다. 뉴질랜드는 여름이 서늘하고 겨울이 온화한 (서안 해양성) 기후가 나타나므로 젖소, 육우, 양 등을 사육하기에 적합하다.

| **필수 키워드** | 뉴질랜드, 목축업, 서안 해양성 기후

평가 기준

상	뉴질랜드에서 발달한 산업을 정확히 쓰고, 이 산업이 발달하게 된 배경을 기후와 연결 지어 정확히 서술한 경우
중	뉴질랜드에서 발달한 산업을 정확히 쓰고, 이 산업이 발달하게 된 배경은 다소 미흡하게 서술한 경우
하	뉴질랜드에서 발달한 산업만 정확히 쓴 경우

2 **서술형** 훈련하기

예시 답안

㉠에 들어갈 환경 문제는 해양 쓰레기 문제이다. ㉡의 이유는 육지에서 버려지는 쓰레기의 상당량이 하천을 통해 바다로 들어가기 때문이다.

| **필수 키워드** | 해양 쓰레기 문제, 미세 플라스틱, 생태계 파괴 등

평가 기준

상	㉠에 들어갈 환경 문제를 정확히 쓰고, ㉡의 이유도 정확히 서술한 경우
중	㉠에 들어갈 환경 문제를 정확히 쓰고, ㉡의 이유는 다소 미흡하게 서술한 경우
하	㉠에 들어갈 환경 문제만 정확히 쓴 경우

3 **논술형** 도전하기

예시 답안

지구 온난화로 인해 북극해의 빙하가 빠른 속도로 녹고 있다. 이에 따라 과거에는 빙하로 인해 접근하기가 어려웠던 북극해를 통과할 수 있는 기간이 늘어났다. 또한 북극 항로는 수에즈 운하를 통과하는 현재 항로에 비해 거리가 짧아 운송비를 크게 절감할 수 있다.

논리적 전개 예시

지구 온난화와 북극 항로의 개척을 연결하여 생각한다. → 지도를 살펴보면서 현재 항로와 북극 항로의 거리를 비교한다. → 항로 거리의 차이가 운송비 측면에서 어떤 차이를 가져올지를 판단한다.

평가 기준

평가 충실도	정해진 분량 기준을 충족시킴. (단, 제시된 질문과 전혀 상관없는 내용으로 답변했을 시에는 분량 기준을 충족시키지 못한 것으로 간주함.)
자료 분석 능력	제시된 자료를 통해 기존 항로와 북극 항로의 거리 차이를 살펴보고 적용함.
글의 타당성	북극 항로 개척의 두 가지 배경이 타당하게 제시되어 있음.
글의 논리성	전체적인 글의 구성과 짜임새가 매끄러우며, 의견의 근거와 연결이 자연스러움.

Ⅶ 인간과 사회생활

개념 확인 문제

01 (1) 사회화 (2) 재사회화 (3) 자아 정체성
02 (1) ㄴ (2) ㄱ (3) ㄷ (4) ㄹ
03 (1) 평생에 걸쳐 (2) 청소년기 (3) 사회의 문화를 공유
(4) 커지고 (5) 청소년기
04 (1) 사회적 지위 (2) 성취 지위 (3) 역할 행동   05 ㄹ
06 역할 갈등   07 ㉠ 차이, ㉡ 차별
08 (1) × (2) × (3) ○ (4) ○

개념 다지기 문제

01 ①   02 ②   03 ④   04 (가) 대중 매체, (나) 또래
집단   05 ④   06 ②   07 ①   08 ①   09 ③
10 ㉠ 귀속 지위, ㉡ 성취 지위   11 ②   12 ④
13 중학생, 아들, 동생 14 ③   15 ②   16 ③   17 ④
18 ②   19 차별   20 ②   21 ③   22 ①   23 ③

01 사회화는 특정 시기에만 한정되는 것이 아니라 평생에 걸
쳐 이루어진다. 인간은 사회화를 통해 자신이 속한 사회의
생활 양식을 학습하여 사회 구성원으로 성장해 가며, 자아
와 개성을 형성한다. 사회화는 개인이 처한 환경에 따라 다
른 결과가 나타날 수 있고, 사회의 문화를 공유하고 다음
세대에 전달함으로써 사회를 유지시킨다.

02 사회화는 인간이 자신이 속한 사회의 언어와 행동 양식, 지
식과 가치관 등을 배워 나가는 과정을 말한다.
ㄴ, ㄹ. 본능적인 현상으로 사회생활에 필요한 행동 양식
을 배운 결과라고 볼 수 없다.

03 제시된 사례 속의 소년은 어른들의 보살핌을 받지 못한 채
새와 함께 자라 인간 사회의 언어와 행동 양식 등을 습득하
지 못하고 새처럼 행동하였다. 인간은 사회화 과정에서 다
른 사람들과의 상호 작용을 통해 자신이 속한 사회의 생활
양식을 학습하여 사회 구성원으로 성장할 수 있다.

04 인간의 사회화에 영향을 미치는 사회화 기관으로는 가정,
또래 집단, 학교, 직장, 대중 매체 등이 있다. (가)는 대중
매체, (나)는 또래 집단에 대한 설명이다.

05 ㉠ 학교는 사회생활에 필요한 지식과 규범 등을 체계적으
로 배우는 사회화 기관이고, ㉡ 가정은 기본적인 생활 습관
과 언어 등을 배우는 가장 기초적인 사회화 기관이다.
ㄱ은 가정, ㄷ은 직장에 대한 설명이다.

06 ㉠은 코로나19로 인한 사회 변화에 적응하기 위해 새로운
지식과 기술을 배우는 재사회화의 사례이다.
ㄴ. 유아기에 주로 이루어지는 사회화에 대한 설명이다.
ㄹ. 개인은 재사회화를 통해 기존의 생활 양식을 새로운 생
활 양식으로 변경할 수 있다.

07 제시된 자료는 청소년의 자아 정체성을 형성하기 위한 프
로그램이다. 건강한 자아 정체성을 형성하기 위해서는 자
신의 고유한 특성에 대해 성찰하는 시간, 미래에 어떤 삶을
살고 싶은지에 대해 고민하는 시간 등이 필요하다.
ㄷ, ㄹ. 자아 정체성은 자신만의 고유한 특성을 깨닫고 자
신이 누구인지 명확히 이해하는 것이므로 다른 사람들에게
자신을 맞추려는 시간은 자아 정체성 형성을 위한 활동 방
법으로 적절하다고 볼 수 없다.

08 인간은 사회화 과정에서 자아 정체성을 형성해 나간다.
② 자아 정체성이 형성되는 가장 중요한 시기는 청소년기
이며, 자아 정체성은 변할 수 있다.
③ 자아 정체성을 형성하는 과정에서 타인이나 사회 환경
의 영향을 받는다.
④ 연령이 동일하다고 같은 자아 정체성을 가지는 것은 아
니며 각 개인에 따라 다르게 형성될 수 있다.
⑤ 자아 정체성은 자신만의 고유한 특성을 알고 자신이 누
구인지 명확하게 이해하는 것이다.

09 사회적 지위란 한 개인이 속한 집단에서 차지하는 위치를
말한다.
① 다양한 사회적 관계에 따라 여러 개의 사회적 지위를 가
질 수 있다.
② 역할 행동에 대한 설명이다.
④ 사회적 지위에는 개인의 의지나 노력과 관계없이 자연적

으로 갖게 되는 귀속 지위도 있다.

⑤ 현대 사회에서는 성취 지위의 중요성이 커지고 있다.

10 딸, 손녀, 여자는 개인의 의지나 노력에 관계없이 갖게 되는 귀속 지위이고, 학생, 반장, 합창부 부원은 개인의 의지나 노력을 통해 후천적으로 얻게 되는 성취 지위이다.

11 귀속 지위는 태어날 때부터 자연적으로 가지게 되는 지위이고, 성취 지위는 개인의 의지나 노력을 통해 후천적으로 얻는 지위이다.

ㄴ. 어머니는 성취 지위에 해당한다.

ㄹ. 신분 제도가 있던 전통 사회에서 중시되었던 지위는 귀속 지위이다.

12 배우는 A 씨가 노력을 통해 얻게 된 성취 지위이다.

① 장남은 귀속 지위이다.

② 아버지는 성취 지위이다. 태어나면서부터 자연적으로 가지게 되는 지위는 귀속 지위이다.

③ 가장 기초적인 사회화 기관은 가정이다.

⑤ 조연상을 받은 것은 A 씨가 배우로서 역할 행동을 잘 수행하여 얻은 보상이다.

13 제시된 사례에 나타난 갑의 사회적 지위로는 중학생, 아들, 동생이 있다.

14 ㄱ. ⊙은 학생 갑의 역할이다.

ㄴ. 공부를 제대로 하지 않은 것은 갑이 실제로 역할을 수행한 방식, 즉 역할 행동이다.

ㄷ. 학생의 역할을 제대로 수행하지 못해 꾸지람이라는 제재를 받았다.

ㄹ. ⊜은 갑의 형이 역할 행동으로 받은 보상이다.

15 자료는 동아리 회원으로서의 역할과 가족 구성원(아들 또는 손자)으로서의 역할이 충돌하여 고민에 빠진 상황을 보여주고 있다. 이와 같이 한 개인이 가지는 여러 지위에 따른 역할이 서로 충돌하여 갈등을 일으킨 상태를 역할 갈등이라 한다.

16 현대 사회에서는 사회가 복잡해짐에 따라 개인이 경험하는 역할 갈등이 증가하고 있다.

17 24시간 어린이집 운영은 맞벌이 부부가 겪는 부모와 직장인

역할 사이의 역할 갈등을 해결하는 데 도움을 줄 수 있다.

① 역할 행동은 역할을 수행하는 개인의 구체적인 행동을 말한다. 24시간 어린이집 운영이 맞벌이 부부가 역할을 수행하기 어렵게 만든다고 보기 어렵다.

② 24시간 어린이집 운영은 역할 갈등 해결에 도움을 주어 심리적 불안감을 해소시킬 수 있다.

③ 여러 개의 역할 간 충돌은 역할 갈등을 의미한다. 24시간 어린이집 운영은 여러 개의 역할 간 충돌을 해결하는 데 도움을 줄 수 있다.

⑤ 부모와 직장인은 모두 성취 지위에 해당하며 24시간 어린이집 운영은 두 지위의 역할을 조화롭게 수행할 수 있도록 돕는다.

18 그림에는 개인이나 집단 사이에 목표나 이해관계가 충돌하는 갈등이 나타나 있다.

① 노사 갈등이 발생하였다.

③ 현대 사회에서는 구성원들의 의견이나 가치가 다양해지면서 여러 갈등이 발생하고 있다.

④ 갈등에 적절히 대처하지 않으면 사회 통합 및 발전에 어려움을 겪을 수 있다.

⑤ 구성원들의 의견이나 가치, 이해관계 등이 충돌하여 나타나는 현상이다.

19 차이를 이유로 부당하게 대우하는 것을 차별이라고 한다.

20 편견과 고정 관념은 차별의 원인이 될 수 있으며, 차별이 반복되면 사회 구성원 간에 갈등과 대립이 발생할 수 있다.

ㄴ. 갈등에 대한 설명이다.

ㄹ. (가), (나) 모두 인권을 침해하는 행위이다.

21 갈등은 이해관계의 차이에 따라 발생하는 자연스러운 현상으로 이를 평화적으로 해결하면 사회 통합이 이루어질 수 있다. 법과 제도의 개선을 통해 차별에 대처할 수 있다.

ㄱ. 차별이 지속되면 사회 구성원 간에 갈등이나 대립을 발생시킬 수 있다.

ㄹ. 차별을 해결하기 위해서는 다양성을 존중하는 태도가 필요하다.

22 제시된 내용은 갈등에 대처하는 방안들이다.

23 인종 차별로 인한 폭동으로 인해 많은 사상자가 발생한 사

례이다. 차별은 사회 구성원 간의 대립과 갈등을 가져와 사회 통합을 어렵게 하므로 서로 간의 차이를 인정하고 다른 사람을 존중하는 자세를 취해야 한다.

ㄱ. 인종 차별은 사회 전체가 함께 해결해야 할 문제이다.

ㄹ. 인종 차별은 정당한 이유로 다르게 대우하는 것이라고 볼 수 없다.

미리보는 서술형·논술형
본문 77쪽

1 서술형 연습하기

답 완성하기

민규는 사회화 기관인 (학교)을/를 통해 사회생활에 필요한 (지식과 규범) 등을 체계적으로 배우고 있고, 그의 동생은 사회화 기관인 (가정)을/를 통해 (언어)와/과 기본적인 생활 습관을 습득하고 있다.

| 필수 키워드 | 학교, 지식과 규범, 가정, 언어

평가 기준

상	민규와 그의 동생이 겪고 있는 사회화의 내용과 관련 사회화 기관을 모두 바르게 서술한 경우
중	민규와 그의 동생이 겪고 있는 사회화의 내용과 관련 사회화 기관 중 세 가지를 바르게 서술한 경우
하	민규와 그의 동생이 겪고 있는 사회화의 내용과 관련 사회화 기관 중 한 가지 혹은 두 가지를 바르게 서술한 경우

2 서술형 훈련하기

예시 답안

A 씨는 회사원(팀장)으로서 신제품 출시 발표를 해야 하는 역할과 자녀(딸)로서 아버지 수술을 앞두고 병원에 가야 하는 역할 간에 갈등을 겪고 있다.

| 필수 키워드 | 회사원(팀장), 발표, 자녀(딸), 병원에 가야 한다 등

평가 기준

상	A 씨의 지위 두 가지와 그에 따른 역할 두 가지를 모두 바르게 서술한 경우
중	A 씨의 지위 두 가지와 그에 따른 역할 두 가지 중 세 가지를 바르게 서술한 경우
하	A 씨의 지위 두 가지와 그에 따른 역할 두 가지 중 한 가지 혹은 두 가지를 바르게 서술한 경우

3 논술형 도전하기

예시 답안

밑줄 친 부분에는 장애인 차별이 나타나 있다. 차별은 다른 사람에 대한 잘못된 편견이나 고정 관념, 불합리한 사회 제도 등으로 인해 나타난다. 차별은 차이를 이유로 어떤 사람이나 집단을 부당하게 대우를 하는 것으로 인간의 존엄성을 침해하고, 차별받는 사람에게 심리적 고통과 소외감을 느끼게 한다. 또한 구성원 간에 대립을 발생시켜 사회 통합과 발전을 저해하기도 한다.

이러한 차별을 해결하기 위해서 개인적으로는 서로 간의 차이를 인정하고 다양성을 존중하는 태도를 가져야 하며, 차별을 해결할 수 있는 방안을 제안하거나 국가에 법과 제도의 개선을 요구할 수 있다. 사회적으로는 관련 법과 제도를 마련하여 차별받는 사회적 약자를 보호해야 한다.

논리적 전개 예시

자료가 차별에 대한 내용임을 파악한다. → 차별의 원인을 제시한다. → 차별이 초래할 수 있는 문제점을 제시한다. → 차별을 해결하기 위한 방안을 개인적 차원과 사회적 차원으로 구분하여 서술한다.

평가 기준

평가 충실도	정해진 분량 기준을 충족시킴. (단, 제시된 질문과 전혀 상관없는 내용으로 답변한 내용은 제외함.)
고차적 인지 능력	제시된 자료가 차별에 대한 내용임을 파악하고, 이를 해결하기 위한 방안을 개인적·사회적 측면으로 구분하여 제시할 수 있음.
비판적 사고력	차별의 원인과 차별이 초래할 문제점을 분석할 수 있음.
논리성 및 타당성	전체적인 글의 구성과 짜임새가 매끄러우며, 주장과 근거가 타당하게 연결되어 있음.

Ⅷ 다양한 문화의 이해

개념 확인 문제

개념 확인 문제

본문 82쪽

01 (1) 좁은 (2) 특수성 (3) 전체성　**02** ㄱ, ㄷ
03 (1) ㉠ (2) ㉢ (3) ㉡　**04** (1) ○ (2) × (3) ○ (4) ○
05 ㄱ, ㄴ, ㄹ　**06** (1) ○ (2) × (3) ○
07 (1) 사 (2) 자 (3) 사 (4) 자　**08** 문화 상대주의

개념 다지기 문제

본문 83~86쪽

01 문화　**02** ④　**03** ④　**04** ②　**05** ②　**06** ⑤
07 ㉠ 학습성, ㉡ 전체성(총체성)　**08** ①　**09** ④　**10** ④
11 ③　**12** ②　**13** ⑤　**14** 미디어 리터러시　**15** ④
16 (가) 문화 상대주의, (나) 자문화 중심주의, (다) 문화 사대주의
17 ④　**18** ④　**19** ①　**20** ⑤

---

01 문화란 한 사회의 구성원들이 주어진 환경에 적응하면서 만들어 낸 공통의 생활 양식이다.

02 ㉠은 좁은 의미의 문화, ㉡은 넓은 의미의 문화에 해당한다. 좁은 의미의 문화는 예술, 공연, 문학 등을 뜻하거나 세련되고 교양 있는 것을, 넓은 의미의 문화는 한 사회의 구성원들이 주어진 환경에 적응하면서 만들어 낸 공통의 생활 양식을 의미한다.
ㄱ. ㉠에서의 '문화'는 좁은 의미로 사용되었다.
ㄷ. '문화인'에서의 '문화'는 세련되고 교양이 있다는 의미로 사용되었으므로 좁은 의미의 문화에 해당된다.

03 문화는 사회 구성원들의 공통된 생활 양식으로 인간의 행동 중 후천적으로 만들어 낸 것이다. 따라서 오케스트라 공연을 관람하는 것이나 사회적 약자를 보호하기 위한 법은 문화에 해당하나 자연 현상, 개인적인 버릇이나 습관, 본능적인 행동은 문화에 해당하지 않는다.
ㄱ. 자연 현상으로 인간이 만들어 낸 것이 아니다.
ㄷ. 개인적인 습관이나 버릇은 문화에 해당하지 않는다.

04 ㉠은 문화의 보편성, ㉡과 ㉢은 문화의 특수성에 해당하는 사례이다. 문화의 보편성이란 어느 사회에서나 공통적으로 나타나는 문화 현상을 말한다. 문화의 보편성이 나타나는 이유는 인간이 신체적 · 심리적으로 비슷한 특성을 지녔기 때문이다. 한편 문화는 각 사회가 처한 환경에 따라 고유한 특징을 가지고 서로 다르게 나타나는데 이를 문화의 특수성이라 한다.
ㄴ. ㉡은 각 문화가 고유한 특징을 가지고 서로 다르게 나타나는 사례를 설명하고 있다.
ㄹ. ㉠은 문화의 보편성, ㉡은 문화의 특수성과 관련된 사례이다.

05 (가)는 문화의 축적성, (나)는 문화의 공유성이다.
ㄴ. 문화의 학습성에 대한 설명이다.
ㄹ. 문화의 전체성(총체성)에 대한 설명이다.

06 자료에는 A 군과 B 씨가 문화를 배워가는 과정이 제시되어 있다. 이를 통해 문화는 선천적으로 타고나는 것이 아니라 후천적으로 학습된 것임을 알 수 있다.
① 문화의 공유성이란 한 사회의 구성원들이 그 사회의 문화를 공유하는 것을 말한다.
② 문화의 변동성이란 문화가 고정되어 있는 것이 아니라 끊임없이 변화하는 것을 말한다.
③ 문화의 전체성이란 문화를 구성하는 다양한 요소들이 서로 밀접하게 연결되어 전체를 이루는 것을 말한다.
④ 문화의 축적성이란 언어와 문자 등을 통해 문화가 다음 세대로 전해지며 새로운 내용이 쌓이고 풍부해지는 것을 말한다.

07 ㉠은 문화의 학습성, ㉡은 문화의 전체성(총체성)이다.

08 (가)에는 문화의 변동성에 대한 내용이 들어가야 한다. 문화의 변동성이란 문화가 고정되어 있는 것이 아니라 끊임없이 변화하는 것을 의미한다.
② 문화는 태어나면서 저절로 갖게 되는 것이 아니라 후천적으로 습득하는 것이다.
③ 문화를 구성하는 다양한 요소들은 서로 밀접하게 연결되어 전체를 이룬다.
④ 문화의 공유성에 대한 설명이다.
⑤ 문화의 축적성에 대한 설명이다.

09 미디어란 책, 텔레비전, 인터넷 등 어떤 정보를 한쪽에서 다른 쪽으로 전달하는 수단을 말한다. 미디어는 다양한 정보와 문화를 많은 사람들에게 전달하는 기능을 한다. 이로 인해 많은 사람들이 문화적 혜택을 누릴 수 있게 되었다.

10 자료는 뉴 미디어의 활용 모습을 나타낸다. 뉴 미디어의 발달로 사람들이 정보의 소비자이자 생산자로서 새로운 정보를 만들고 전달할 수 있게 되었고, 정보 제공자와 수용자 간의 쌍방향 소통이 가능하게 되었다.
ㄱ. 정보 생산자와 소비자의 경계가 불분명해졌다.
ㄷ. 뉴 미디어가 사회에 미치는 영향력은 커지고 있다.

11 자료는 미디어에서 경험한 문화를 따르려는 모습을 나타낸다. 이를 통해 미디어가 사람들의 사고방식과 행동을 획일화할 수 있음을 파악할 수 있다.
① 문화가 소비되는 과정에서 미디어는 상업성을 띠기 쉽다.
②, ④, ⑤ 미디어의 영향으로 볼 수 있으나 제시된 자료와는 관계가 없다.

12 제시된 사례는 한쪽의 입장에 치우친 잘못된 정보로 인해 버스 운전기사가 비난을 받은 사례이다. 미디어를 통해 왜곡된 정보나 특정 관점에 치우친 견해 등이 제공될 수 있으므로 이를 비판적으로 검토하는 태도가 필요하다.
ㄴ. 뉴 미디어를 통해 사람들은 정보의 소비자이자 생산자로서 새로운 정보를 만들고 전달할 수 있게 되었다.
ㄹ. 제시된 사례로는 파악할 수 없다.

13 미디어를 바르게 활용하기 위해서는 미디어를 통해 접하는 다양한 정보를 비판적으로 검토할 수 있어야 한다. 이를 위해 정보의 출처, 정보에 숨겨진 의도가 있는지 여부, 정보가 실제 사실과 같은지 여부, 자료의 조작 여부 등을 확인할 필요가 있다.
⑤ 정보 제공자의 인기 여부를 통해 정보의 정확성이나 신뢰도를 판단할 수 없다.

14 미디어가 제공하는 정보를 비판적으로 이해하고 활용할 수 있는 능력을 미디어 리터러시라고 한다.

15 국내 거주 외국인 주민이 늘어나게 되면 우리 사회에 다양한 문화가 나타나게 된다. 이에 다양한 문화를 이해하는 바람직한 태도가 필요하다.

① 극단적 문화 상대주의는 인간의 존엄성을 해치는 문화까지 문화 상대주의를 적용하여 이해하는 것을 말한다. 제시된 자료만으로는 극단적 문화 상대주의가 나타난다고 판단하기 어렵다.
② 국내에 거주하는 외국인 주민이 늘어나면서 우리 사회에 다문화적 변화가 나타날 것이다.
③ 결혼, 취업, 유학 등의 이유로 국내에 거주하는 외국인이 많아지는 상황에서는 단일 민족이라는 정체성이 강화되기 어렵다.
⑤ 생활 양식이나 가치관의 차이로 인해 갈등이 나타날 수 있다.

16 문화를 이해하는 바람직한 태도인 (가)는 문화 상대주의, 자기 문화가 가장 우수하다고 보는 (나)는 자문화 중심주의이므로 (다)는 문화 사대주의이다.

17 자문화 중심주의는 자신이 속한 사회의 문화만 우수하다고 보고 다른 사회의 문화를 열등하다고 여기는 태도로 인해 다른 문화와의 갈등을 초래할 수 있다. 자문화 중심주의와 문화 사대주의는 모두 문화에 우열이 있다고 본다.
ㄱ. 문화 상대주의는 자신의 문화와 다른 문화를 있는 그대로 이해하고 존중함으로써 다양한 문화가 공존할 수 있도록 한다.
ㄷ. 문화 상대주의에 해당한다.

18 서양의 건축물이 우리나라의 건축물보다 훨씬 뛰어나다고 보는 갑은 문화 사대주의, 이슬람교에서 돼지고기를 먹지 않는 문화를 그 문화가 형성된 상황이나 맥락을 고려하여 이해하려는 을은 문화 상대주의, 티베트의 장례 풍습을 무시하고 우리나라의 장례 방식이 더 우수하다고 보는 병은 자문화 중심주의의 태도를 보이고 있다.

19 밑줄 친 부분에는 자신이 속한 사회의 문화를 낮게 평가하고 다른 사회의 문화를 우수한 것으로 여기는 문화 사대주의적 태도가 나타나 있다. 문화 사대주의는 자기 문화의 정체성을 잃어버릴 우려가 있다.
②, ③, ④ 자문화 중심주의에 해당한다.
⑤ 문화 상대주의에 해당한다.

20 밑줄 친 부분에는 생명 존중, 자유, 평등과 같은 인간의 보편적 가치를 무시하는 문화까지 인정하는 극단적 문화 상

대주의 태도가 나타나 있다. 문화를 있는 그대로 이해하고 존중하려는 문화 상대주의 태도가 필요하지만 인간의 존엄성과 같은 보편적 가치를 무시하는 문화까지 인정하는 것은 바람직하지 않다.

미리보는 서술형·논술형

본문 87쪽

1 서술형 연습하기

답 완성하기

밑줄 친 부분에는 문화의 (공유성)이 부각되어 있다. 이를 통해 한 사회의 구성원은 특정 상황에서 상대방의 행동을 (예측)할 수 있다.

| **필수 키워드** | 공유성, 예측

평가 기준

상	공유성을 정확히 쓰고, 공유성의 기능을 바르게 서술한 경우
중	공유성의 기능을 바르게 서술했으나 공유성을 정확히 쓰지 못한 경우
하	공유성만 정확히 쓴 경우

2 서술형 훈련하기

예시 답안

을이 지닌 문화 이해 태도는 자문화 중심주의이다. 자문화 중심주의는 자기 문화의 우수성만을 강조하여 다른 문화와 갈등을 일으킬 수 있다. 또는 다른 문화를 배척하다가 국제적으로 고립될 우려가 있다.

| **필수 키워드** | 자문화 중심주의, 다른 문화와의 갈등, 국제적 고립

평가 기준

상	자문화 중심주의를 정확히 쓰고, 해당 태도가 지닌 문제점을 바르게 서술한 경우
중	해당 태도가 지닌 문제점을 바르게 서술했으나 자문화 중심주의를 정확히 쓰지 못한 경우
하	자문화 중심주의만 정확히 쓴 경우

3 논술형 도전하기

예시 답안

제시된 자료에는 미디어를 통해 잘못된 정보가 생산·확대되어 누군가가 막대한 손해를 입는 문제가 나타나 있다. 최근에는 누구나 미디어를 통해 콘텐츠를 생산할 수 있게 되면서 한쪽의 입장에 치우치거나 왜곡된 정보가 쉽게 만들어질 수 있다. 이러한 정보를 사람들이 그대로 수용하게 된다면 누군가가 비난받거나 공격당할 수 있으며 사회 혼란이 발생할 수 있다. 그러므로 미디어가 제공하는 정보를 비판적으로 이해하고 활용할 수 있으며, 나아가 창조적으로 표현하고 소통할 수 있는 능력인 미디어 리터러시를 함양하여 정보의 사실 여부와 숨겨진 의도, 영향력 등 판단 기준을 설정하고 평가할 수 있어야 한다.

정보의 사실 여부를 확인할 때는 정보의 출처와 근거의 타당성, 최신 자료 여부 등을 살피고 다른 기관에서 제공하는 정보와 비교해 보는 작업 등이 필요하다. 한편 온라인 플랫폼의 경우 개인 정보를 바탕으로 사용자가 선호할 만한 콘텐츠 위주로 제공하므로 편향된 생각을 가지지 않도록 다양한 생각을 가진 사람들과도 적극적으로 소통하려고 노력해야 한다.

논리적 전개 예시

제시된 글을 통해 미디어의 부작용을 파악한다. → 미디어의 부작용을 극복할 수 있는 방안을 정리한다. → 제시된 글을 통해 미디어의 부작용과 미디어를 비판적으로 활용하기 위한 방법을 서술한다.

평가 기준

평가 충실도	정해진 분량 기준을 충족시킴. (단, 제시된 질문과 전혀 상관없는 내용으로 답변한 내용은 제외함.)
고차적 인지 능력	제시된 글을 통해 미디어의 부작용을 파악할 수 있음.
문제 해결력	미디어의 부작용을 극복할 수 있는 적절한 방법을 제시할 수 있음.
논리성 및 타당성	전체적인 글의 구성과 짜임새가 매끄러우며, 주장과 근거가 타당하게 연결되어 있음.

IX 민주주의와 시민

01 갑의 관점은 정치를 좁은 의미로 이해한다. 국회 본회의에서 법률안을 의결하는 것이나 국무 회의에서 정부의 정책을 심의하는 것은 좁은 의미의 정치에 해당한다.
ㄷ, ㄹ. 가족회의에서 여름 휴가 장소를 결정하는 것이나 학급 회의에서 축제 운영 수익금의 사용처를 결정하는 것은 넓은 의미의 정치에 해당한다.

02 갑의 관점은 정치를 좁은 의미로 이해하고, 을의 관점은 정치를 넓은 의미로 이해한다. 급훈을 결정하기 위한 학급 회의를 정치로 보는 것은 넓은 의미의 정치이다.
② 마을 회관을 고치기 위한 주민 회의를 정치로 보는 것은 넓은 의미의 정치이다.
④ 넓은 의미의 정치는 좁은 의미의 정치를 포함한다. 따라서 넓은 의미의 정치는 정치권력을 획득하고 행사하는 활동을 정치로 본다.
⑤ 좁은 의미의 정치와 넓은 의미의 정치 모두 정치인들이 국가와 관련된 일을 하는 활동을 정치로 본다.

03 정치는 사회 질서를 유지하고 사회 통합 및 발전에 이바지

한다. 또한 구성원 간의 이해관계를 조정하며, 구성원 간의 대립과 갈등을 해결하는 역할을 한다.

04 ① 생활 양식으로서의 민주주의에 대한 설명으로 제시문과 부합하지 않는다.

05 (가)는 생활 양식으로서의 민주주의이다. 생활 양식으로서의 민주주의에 해당하는 사례는 대화와 타협, 배려와 관용, 비판적 태도, 다수결의 원칙, 소수 의견 존중이다.
④ 소수결의 원칙은 생활 양식으로서의 민주주의에 해당하지 않는다.

06 고대 아테네는 영토가 작고 인구가 적은 도시 국가였으며 노예가 대부분의 노동을 담당하였다. 이는 고대 아테네 민주주의의 발달 배경에 해당한다.
ㄱ. 보통 선거 제도의 확립은 현대 민주주의의 발달 배경에 해당한다.
ㄴ. 자유와 평등의 이념 확립은 근대 민주주의의 발달 배경에 해당한다.

07 (가)는 프랑스 혁명 중 선포된 프랑스 인권 선언의 일부이다. 이는 국민 주권의 원리를 내포하고 있으며, 자유와 평등의 이념이 확립되는 데에 크게 영향을 주었다.
ㄴ, ㄹ. 차티스트 운동, 여성 참정권 운동과 같은 참정권 확대 운동은 보통 선거 제도가 확립되는 데에, 또 시민의 범위가 모든 사회 구성원으로 확대되는 데에 크게 영향을 주었다.

08 참정권 확대 운동의 결과로, 일정한 나이 이상의 모든 사회 구성원에게 선거권을 부여하는 보통 선거 제도가 확립되었다.
ㄷ, ㄹ, ㅁ. 현대 민주주의에서는 시민이 정치 참여에 부정적이고 정치적 문제와 현상에 관심을 보이지 않는 현상인 정치적 무관심과 대표자가 시민의 의사를 충실히 반영하지 못해 시민의 의사가 왜곡되는 현상인 대표성의 한계가 발생할 수 있다. 이와 같은 한계를 보완하기 위해 현대 민주 국가에서는 국민 투표, 국민 발안, 국민 소환과 같은 직접 민주주의의 요소를 도입하여 시행하고 있다.

09 A는 고대 아테네 민주주의, B는 근대 민주주의, C는 현대 민주주의이다. 현대 민주주의는 일정한 나이 이상의 모든

사회 구성원에게 선거권을 부여하였다.

① 근대 시민 혁명의 결과로 등장한 것은 근대 민주주의이다.

② 참정권 확대 운동의 결과로 등장한 것은 현대 민주주의이다.

③, ④ 시민들이 민회에 참여하여 국가의 중요한 일을 결정하고, 추첨이나 윤번을 통해 공직을 담당한 것은 고대 아테네 민주주의이다.

10 직접 민주주의는 시민이 국가의 일을 직접 결정하는 방식이고, 간접 민주주의(대의 민주주의)는 시민이 선출한 대표를 통하여 국가의 일을 간접적으로 결정하는 방식이다.

11 A는 고대 아테네 민주주의, B는 근대 민주주의, C는 현대 민주주의이다. 현대 민주주의에서는 근대 민주주의와 달리 보통 선거 제도가 확립되었다.

① 고대 아테네 민주주의에서 여성은 정치에 참여할 수 없었다.

② 고대 아테네에서는 노예가 대부분의 노동을 담당하여 시민이 정치에 참여할 시간과 여유가 있었다.

③ 근대 민주주의에서 시민은 재산이 있는 성인 남성이며, 현대 민주주의에서 시민은 모든 사회 구성원이다.

④ 근대 민주주의에서는 고대 아테네 민주주의와 달리 의회를 중심으로 한 정치가 이루어졌다.

12 A는 직접 민주주의, B는 간접 민주주의이다. 직접 민주주의는 공동체의 규모가 작을 때, 간접 민주주의는 공동체의 규모가 클 때 적합하다. 간접 민주주의는 대표성의 한계가 발생할 가능성이 크며, 직접 민주주의에 비해 정치적 무관심이 발생할 가능성이 크다.

13 고대 아테네 민주주의는 '영토가 작고 인구가 적은 도시 국가'를 발달 배경으로 한다. 고대 아테네 민주주의의 정치 형태는 직접 민주주의이며, 시민은 자유민인 성인 남성이다. 근대 민주주의는 '근대 시민 혁명'을 발달 배경으로 한다. 근대 민주주의의 정치 형태는 간접 민주주의이며, 시민은 재산이 있는 성인 남성이다.

①, ②, ⑤ 현대 민주주의는 '참정권 확대 운동'을 발달 배경으로 한다. 현대 민주주의의 정치 형태는 간접 민주주의이며, 시민은 모든 사회 구성원이다.

14 인간의 존엄성은 민주주의의 근본이념으로, 모든 인간은 인간이라는 이유만으로 존중받을 가치와 권리가 있다는 것을 뜻한다. 인간의 존엄성은 자유와 평등이 보장될 때 실현할 수 있다.

15 국가의 부당한 간섭을 받지 않는 것은 (소극적) 자유에 해당한다.

① 정치 과정에 참여할 수 있는 것은 (적극적) 자유에 해당한다.

③ 국가에 인간다운 삶을 요구할 수 있는 것은 (적극적) 자유에 해당한다.

④ 인간의 존엄성은 자유와 평등을 보장함으로써 실현 가능하다.

⑤ 성별, 종교, 재산 등에 따라 부당하게 차별하지 않고 동등하게 대우하는 것은 (형식적) 평등에 해당한다.

16 정치 과정에 참여할 수 있는 것과 국가에 인간다운 삶을 요구할 수 있는 것은 적극적 자유에 해당한다.

ㄷ. 국가나 다른 사람에게 부당한 간섭을 받지 않는 것은 소극적 자유에 해당한다.

ㄹ. 모든 사람이 부당하게 차별받지 않고 동등하게 대우받는 것은 형식적 평등에 해당한다.

17 제시된 헌법 조항은 국가의 의사를 결정하는 최고의 권력인 주권이 국민에게 있음을 명시하고 있다. 이는 국민 주권의 원리를 나타낸다.

18 (가)는 입헌주의의 원리, (나)는 권력 분립의 원리이다. (가), (나) 모두 국가 권력의 남용을 방지하고, 국민의 자유와 권리를 보장하는 것을 목적으로 한다.

ㄷ. 권력 분립의 원리는 국가 기관 간 상호 견제와 균형을 통해 국가 권력의 남용을 방지하고, 국민의 자유와 권리를 보장한다.

19 간접 민주주의(대의 민주주의)는 시민의 의사가 왜곡되거나, 시민이 정치적 문제와 현상에 관심을 보이지 않을 가능성이 있다는 한계가 있다.

ㄱ. 신분에 따른 참정권의 제한은 고대 아테네 민주주의의 한계에 해당한다.

ㄷ. 재산, 성별에 따른 참정권의 제한은 근대 민주주의의 한계에 해당한다.

20 간접 민주주의(대의 민주주의)의 한계를 보완하기 위한 제

도적 방안으로 국민 투표, 국민 발안, 국민 소환과 같은 직접 민주주의 요소의 도입을 들 수 있다.

21 현대 민주주의의 한계를 보완하기 위해 시민은 선거에 관심을 가지고 참여해야 하고, 정부의 정책 집행 과정을 감시하며, 문제 발생 시 개선을 요구해야 한다. 또한 다양한 공론장에 참여해야 한다.
① 전자 민주주의 축소는 현대 민주주의의 한계를 보완하기 위한 시민의 역할에 해당하지 않는다.

미리보는 서술형·논술형

1 서술형 연습하기

답 완성하기

자료에 나타난 민주주의의 기본 원리는 (권력 분립)의 원리이다. (권력 분립)의 원리는 법을 제정하는 권한은 (입법부(국회))에, 법을 집행하는 권한은 (행정부(정부))에, 법을 적용하는 권한은 (사법부(법원))에 두는 (삼권 분립)(으)로 실현한다. 또한 (국가 권력의 남용)을/를 방지하여 (국민의 자유와 권리)을/를 보장하는 것을 목적으로 한다.

| **필수 키워드** | 권력 분립의 원리, 입법부(국회), 행정부(정부), 사법부(법원), 삼권 분립, 국가 권력의 남용 방지, 국민의 자유와 권리 보장

평가 기준

상	자료에 나타난 민주주의의 기본 원리를 명확히 쓰고, 그 실현 방법과 목적을 정확히 서술한 경우
중	자료에 나타난 민주주의의 기본 원리를 명확히 쓰고, 그 실현 방법과 목적을 서술하였으나 내용이 다소 미흡한 경우
하	자료에 나타난 민주주의의 기본 원리만 명확히 쓴 경우

2 서술형 훈련하기

예시 답안

㉠은 자유민인 성인 남성이며, ㉡은 재산이 있는 성인 남성이다. ㉠을 제외한 여성, 노예, 외국인은 정치에 참여할 수 없었고, ㉡을 제외한 여성, 노동자, 농민, 빈민 또한 정치에 참여할 수 없었다는 것에서 유추해 볼 때, (가), (나) 모두 제한적 민주주의로 모든 사람이 정치에 참여할 수 없었다는 한계가 있다.

| **필수 키워드** | 자유민인 성인 남성, 재산이 있는 성인 남성, 제한적 민주주의

평가 기준

상	㉠, ㉡에 해당하는 사람을 명확히 쓰고, (가)와 (나)의 한계를 정확히 서술한 경우
중	㉠, ㉡에 해당하는 사람을 명확히 쓰고, (가)와 (나)의 한계를 서술하였으나 내용이 다소 미흡한 경우
하	㉠, ㉡에 해당하는 사람만 명확히 쓴 경우

3 논술형 도전하기

예시 답안

현대 민주주의는 시민이 정치적 문제와 현상에 관심을 보이지 않거나, 대표가 시민의 의사를 정책에 충실히 반영하지 못해 시민의 의사가 왜곡될 수 있다는 한계가 있다. 이러한 한계를 보완하기 위한 제도적 방안으로 국민 투표, 국민 발안, 국민 소환과 같은 직접 민주주의 요소의 도입, 공청회와 같은 공론장의 활성화, 시공간의 제약을 넘어 정치에 참여할 수 있는 전자 민주주의의 확대 등을 들 수 있다.

논리적 전개 예시

제시문에 나타난 대의 민주주의(간접 민주주의)의 한계를 분석한다.
→ 대의 민주주의(간접 민주주의)의 발전 과제를 제도적 방안 측면에서 서술한다.

평가 기준

평가 충실도	정해진 분량 기준을 충족시킴. (단, 제시된 질문과 전혀 상관없는 내용으로 답변했을 경우, 분량 기준을 충족하지 못한 것으로 간주함.)
고차적 인지 능력	제시문에 나타난 대의 민주주의(간접 민주주의)의 한계를 분석하여 발전 과제를 도출함.
글의 타당성 및 논리성	주장과 그에 대한 근거가 타당하게 연결되어 있음. 전체적인 글의 구성과 짜임새가 매끄러우며, 주장과 근거의 연결이 자연스러움.

28 중학 신입생 예비과정 사회

Ⅹ 정치 과정과 시민 참여

개념 확인 문제

본문 102쪽

01 선거 **02** (1) ㄷ (2) ㄱ (3) ㄴ **03** (1) 정당 (2) 자기 집단 (3) 언론 **04** (1) 이익 집단 (2) 정당 (3) 시민 단체 **05** (1) ○ (2) × (3) × **06** (1) ㅁ (2) ㄱ (3) ㄴ **07** (1) 조례 (2) 지방 자치 단체장 (3) 지방 의회 **08** (1) × (2) × (3) ○

개념 다지기 문제

본문 103~106쪽

01 ② **02** ③ **03** ④ **04** ⑤ **05** ④ **06** ③ **07** ① **08** 언론 **09** ③ **10** ④ **11** ③ **12** ① **13** (가) 이익 집약, (나) 정책 평가 **14** ③ **15** ① **16** ④ **17** ④ **18** 지방 자치(지방 자치 제도) **19** ④ **20** ①

01 ㉠은 선거이다. 대표는 선거를 통해 국민의 동의와 지지를 얻는다.
① 선거를 통해 국민의 뜻에 따라 국정을 운영할 대표를 선출한다.
③ 국민은 선거를 통해 주권자로서 권리를 행사한다.
④ 대표는 선거를 통해 권력 행사의 정당성을 부여받는다.
⑤ 대표가 맡은 바를 제대로 수행하지 않을 경우 책임을 물어 다음 선거에서 다른 대표로 교체할 수 있다.

02 재외국민의 선거권 제한은 일정한 나이 이상의 모든 국민에게 선거권을 부여해야 한다는 보통 선거의 원칙을 위반한다. 따라서 (가)에 해당하는 원칙은 보통 선거이다.

03 선거 과정에서 정당은 여론을 형성하고 이를 바탕으로 공약을 개발하며, 각종 선거에 후보자를 추천하고 선거에서 후보자가 당선될 수 있도록 노력한다. 또한 각종 홍보물이나 캠페인 등을 통해 투표 참여를 독려한다.
④ 선거 과정에서 유권자는 공약을 비교하여 후보자에게 투표하고, 선거 과정을 감시하고 통제하는 역할을 한다.

04 (가)는 보통 선거의 원칙을 위반한 사례, (나)는 평등 선거의 원칙을 위반한 사례이다. 보통 선거의 원칙은 일정한 나이 이상의 모든 국민에게 선거권을 부여해야 한다는 원칙이고, 평등 선거의 원칙은 유권자가 행사하는 투표권의 개수와 가치가 같아야 한다는 원칙이다.
ㄴ. '한 명씩 앞으로 나와 지지하는 후보 이름 옆에 스티커를 붙이는 방식으로 투표하는 것'은 비밀 선거의 원칙을 위반한 사례이다.

05 A는 평등 선거의 원칙, B는 비밀 선거의 원칙, D는 직접 선거의 원칙을 위반한 사례이고, C는 보통 선거의 원칙을 실현한 사례이다. 따라서 민주 선거의 기본 원칙을 위반한 사례를 찾고, 각 사례에서 위반한 민주 선거의 기본 원칙을 옳게 작성한 학생은 을과 정이다.

06 A는 정당, B는 이익 집단, C는 시민 단체이다. 시민 단체는 사회 문제 해결을 위한 대안을 제시한다.
① 자기 집단의 이익 실현을 목적으로 하는 정치 주체는 이익 집단이다.
② 선거에 후보자를 공천하는 정치 주체는 정당이다.
④ 정당, 이익 집단, 시민 단체 모두 정치적 영향력을 행사한다.
⑤ 정당과 시민 단체 모두 사회의 모든 분야에 관심을 가진다.

07 (가)는 시민 단체, (나)는 이익 집단, (다)는 정당이다. 시민 단체는 사회 문제 해결과 공익 실현을 위해 시민들이 자발적으로 만든 단체이고, 이익 집단은 이해관계를 같이하는 사람들이 자신의 특수한 이익을 실현할 목적으로 만든 단체이며, 정당은 정치적 견해를 같이하는 사람들이 정치권력을 획득할 목적으로 만든 단체이다.
ㄱ. 시민 단체는 국가 기관이 하는 활동을 감시·비판하는 역할을 한다.
ㄴ. 이익 집단은 집단 구성원의 요구를 국가에 제시하거나 압력을 행사한다.
ㄷ. 정당, 이익 집단, 시민 단체 모두 정책의 결정과 집행에 영향력을 행사한다.
ㄹ. 시민 단체와 이익 집단 모두 시민들이 자발적으로 결성한다.

08 (가)는 언론이다. 언론은 대중 매체를 통해 정치 과정 전반

에 관한 정보를 제공하는 주체로, 정책에 대한 해설과 비판을 제시함으로써 여론 형성을 주도하는 역할을 한다.

09 A는 국회, B는 정부이다.

ㄴ, ㄷ. 국회는 법률을 제정하거나 개정하고, 정부는 법률을 바탕으로 정책을 수립한다.

ㄹ. 정책과 관련된 분쟁이 발생했을 때 재판을 통해 해결하는 정치 주체는 법원이다.

10 자료에 나타난 정치 과정의 단계는 정책 집행 단계이다. 정책 집행은 결정된 정책을 정부가 집행하는 단계로, 주로 정부가 담당한다.

11 (가)에 들어갈 이동 경로는 ㉠ → ㉣ → ㉢ → ㉡이다. ㉠은 이익 집약으로, 개인이나 집단이 표출하는 이익을 한데 모아서 합치는 단계이고, ㉣은 정책 결정으로, 집약된 이익을 고려하여 국회 또는 정부가 정책을 결정하는 단계이다. ㉢은 정책 집행으로, 결정한 정책을 정부가 집행하는 단계이고, ㉡은 정책 평가로, 집행된 정책을 시민이 평가하는 단계이다.

12 ㉣은 정책 결정 단계로, 주로 국회, 정부가 담당한다.

13 정치 과정의 단계를 순서대로 나열하면 '이익 표출 → 이익 집약 → 정책 결정 → 정책 집행 → 정책 평가'이다. (가)는 이익 집약으로, 개인이나 집단이 표출하는 이익을 한데 모아서 합치는 단계이고, (나)는 정책 평가로, 집행된 정책을 시민이 평가하는 단계이다.

14 (가)는 이익 집약 단계로, 주로 정당과 언론이 담당하고, (나)는 정책 평가 단계로, 주로 시민이 담당한다.

ㄱ. 개인이나 집단이 다양한 가치와 이익을 표출하는 것은 이익 표출에 해당한다.

ㄴ. '정당이 시민의 다양한 의견을 수렴하는 것'은 이익 집약의 사례이다.

ㄷ. 정책 평가의 결과는 다시 정치 과정에 반영된다.

ㄹ. '국회가 집약된 이익을 고려하여 법률을 제정하는 것'은 정책 결정의 사례이다.

15 갑이 속한 광역 자치 단체는 서울특별시, 광역 자치 단체장은 서울특별시장, 광역 의회는 서울특별시의회, 기초 자치 단체는 영등포구, 기초 자치 단체장은 영등포구청장, 기초 의회는 영등포구의회이다. 을이 속한 광역 자치 단체는 경기도, 광역 자치 단체장은 경기도지사, 광역 의회는 경기도의회, 기초 자치 단체는 수원시, 기초 자치 단체장은 수원시장, 기초 의회는 수원시의회이다.

16 지방 의회는 조례를 제·개정하거나 폐지하고 지역 정책을 결정하며, 지역 예산을 심의·확정한다. 또한 지방 자치 단체의 행정 사무를 감사한다.

①, ②, ③, ⑤ 지방 자치 단체장은 규칙을 제정하고 지역 정책을 집행하며, 지역 예산을 편성·집행한다. 또한 지방 자치 단체의 행정 사무를 관리한다.

17 (가)와 (나) 모두 지역 주민의 대표로 구성된 기관으로, (가)는 지방 자치 단체장, (나)는 지방 의회이다. 지방 자치 단체장은 규칙을 제정하고 지방 의회는 조례를 제·개정하거나 폐지한다.

② 지방 자치 단체장은 지방 자치 단체의 행정 사무를 집행한다.

③ 지방 의회는 지역 실정에 맞는 각종 정책을 결정한다.

18 (가)는 지방 자치 제도로, 지역 주민과 지역 주민의 대표로 구성된 기관이 그 지역의 사무를 스스로 처리하는 제도를 말한다.

19 지방 자치는 지역 주민이 정치에 참여할 기회를 확대하고, 풀뿌리 민주주의를 실현하며, 민주주의의 학교로 기능한다. 또한 지역 실정에 맞는 정책을 결정하고 집행할 수 있게 한다.

④ 지방 자치는 정치권력이 중앙 정부에 집중되는 것을 막음으로써 중앙 정부와 지방 정부 간의 권력 분립을 실현한다.

20 면사무소 이전지 결정이라는 지역의 중요 사안을 지역 주민이 직접 투표로 결정하고 있으므로 (나)와 관련된 제도는 주민 투표 제도에 해당한다. 주민 투표는 지역의 중요 사안이나 정책에 관하여 주민이 투표로 의사를 표시하는 제도를 말한다.

미리보는 서술형·논술형

1 서술형 연습하기

답 완성하기

(가)는 (정당)이고, (나)는 (시민 단체)이며, (다)는 (이익 집단)이다. (가)는 (정치권력 획득)을/를 목적으로 하고, (나)는 (공익 실현)을/를 목적으로 하며, (다)는 (자기 집단 이익 실현)을/를 목적으로 한다.

| 필수 키워드 | 정당, 시민 단체, 이익 집단, 정치권력 획득, 공익 실현, 자기 집단 이익 실현

평가 기준

상	(가)~(다)에 해당하는 정치 주체를 명확히 쓰고, 그 목적을 정확히 서술한 경우
중	(가)~(다)에 해당하는 정치 주체를 명확히 쓰고, 그 목적을 서술하였으나, 내용이 다소 미흡한 경우
하	(가)~(다)에 해당하는 정치 주체만 명확히 쓴 경우

2 서술형 훈련하기

예시 답안

㉠은 지방 의회이고, ㉡은 지방 자치 단체장이다. 지방 의회는 조례를 제정하고, 지방 자치 단체장은 규칙을 제정한다. 지방 의회는 지역 예산을 심의·확정하고, 지방 자치 단체장은 지역 예산을 편성·집행한다.

| 필수 키워드 | 지방 의회, 지방 자치 단체장, 조례 제정, 규칙 제정, 지역 예산 심의·확정, 지역 예산 편성·집행

평가 기준

상	자료에 나타난 ㉠, ㉡을 명확히 쓰고, 그 역할을 자치 법규와 지역 예산 측면에서 비교하여 각각 정확히 서술한 경우
중	자료에 나타난 ㉠, ㉡을 명확히 쓰고, 그 역할을 자치 법규와 지역 예산 측면에서 비교하여 각각 서술하였으나, 내용이 다소 미흡한 경우
하	자료에 나타난 ㉠, ㉡만 명확히 쓴 경우

3 논술형 도전하기

예시 답안

지역 사회의 문제를 해결하기 위한 지역 주민의 참여 방법은 다음과 같다. 첫째, 주민 투표로, 지역의 중요 사안이나 정책에 관하여 주민이 투표로 의사를 표시하는 것이다. 둘째, 주민 발안으로, 주민이 지방 의회에 조례 제정 및 개정, 폐지를 청구하는 것이다. 셋째, 주민 소환으로, 지역 대표가 직무 수행에 심각한 문제가 있을 때 주민이 투표로 지역 대표의 해임 여부를 결정하는 것이다. 넷째, 주민 감사 청구제로, 지방 자치 단체의 행정 사무와 관련하여 감사를 청구하는 것이다. 다섯째, 주민 참여 예산제로, 지방 자치 단체의 예산 편성 과정에 주민이 직접 참여하여 예산의 우선순위 등을 결정하는 것이다. 여섯째, 주민 청원제로, 지역 행정에 관한 요구 사항을 문서로 직접 제출하는 것이다.

논리적 전개 예시

지방 의회(의결 기관)를 구성하는 지방 의회 의원과 지방 자치 단체장(집행 기관)은 지역 주민이 직접 선거를 통해 선출한다는 사실을 바탕으로 그림을 분석한다. → ㉠(지역 주민)을 도출한다. → 지역 사회의 문제를 해결하기 위한 ㉠(지역 주민)의 참여 방법을 서술한다.

평가 기준

평가 충실도	정해진 분량 기준을 충족시킴. (단, 제시된 질문과 전혀 상관없는 내용으로 답변했을 경우, 분량 기준을 충족하지 못한 것으로 간주함.)
고차적 인지 능력	제시된 그림에 나타난 지방 자치 단체의 구성을 분석하여 ㉠(지역 주민)을 도출함.
글의 타당성 및 논리성	주장과 그에 대한 근거가 타당하게 연결되어 있음. 전체적인 글의 구성과 짜임새가 매끄러우며, 주장과 근거의 연결이 자연스러움.

XI 일상생활과 법

본문 112쪽

개념 확인 문제

01 ㉠ 도덕, ㉡ 종교 규범, ㉢ 법, ㉣ 관습 **02** (1) ○ (2) ×
(3) ○ **03** (1) 공 (2) 공 (3) 사 **04** (1) ㄹ (2) ㄱ (3) ㄷ
(4) ㄴ **05** (1) ㉡ (2) ㉢ (3) ㉠ **06** 형사 재판
07 (1) 민사 재판 (2) 원고 (3) 공개 재판주의 (4) 형사 재판
08 심급 제도

개념 다지기 문제

본문 113~116쪽

01 ④	**02** 법	**03** ⑤	**04** ⑤	**05** ③
06 정의	**07** ①	**08** ③	**09** 헌법	**10** ③	**11** ⑤
12 ③	**13** ④	**14** ①	**15** ⑤	**16** ③	**17** ①
18 ③	**19** ③	**20** ⑤	**21** 증거 재판주의	**22** ⑤
23 ③				

01 (가)는 도덕, (나)는 관습이다. 법은 사회 구성원의 합의에 따라 국가가 제정한 사회 규범을 말한다.

02 「가족 관계의 등록 등에 관한 법률」(가족 관계 등록법)에 따라 아기가 태어나면 1개월 이내에 출생 신고를 하여야 한다. 또한 「교육 기본법」 및 「초·중등 교육법」에 따라 일정한 나이가 되면 학교에서 의무 교육을 받게 된다. 이처럼 우리의 일상생활은 법과 밀접하게 관련을 맺고 있다.

03 (가)는 도덕, (나)는 법에 해당한다. 도덕은 행위의 동기를 규율 대상으로 하며 개인의 자율성에 따르지만, 법은 행위의 결과를 규율 대상으로 하며 국가의 강제성에 따른다.
ㄱ. 법을 위반할 경우 국가에 의해 제재를 받는다.
ㄴ. 도덕의 준수 여부는 개인의 자율성에 따른다.

04 소비 기한이란 소비자가 실제로 식품을 섭취할 수 있는 기한을 말한다. 우리나라에서는 「식품 등의 표시·광고에 관한 법률」(식품 표시 광고법)의 개정에 따라 기존의 유통 기한 표시제 대신 소비 기한 표시제를 도입하였다.

① 학교 급식법은 초·중등학교에서 양질의 안전한 급식 제공에 필요한 사항들을 규정한 법률이다.
② 교육 기본법은 교육과 관련한 국민의 권리와 의무, 교육에 대한 국가 및 지방 자치 단체의 책임을 정하고, 교육 제도와 운영에 관한 기본적인 사항을 규정한 법률이다.
③ 청소년 보호법은 청소년의 건전한 육성과 보호를 위해 제정한 법률이다.
④ 산업 안전 보건법은 산업 안전 및 보건에 관한 기준을 확립하여 산업 재해를 예방하고 쾌적한 작업 환경을 조성함으로써 노동자의 안전과 보건을 증진하기 위한 법률이다.

05 그림은 법이 분쟁을 해결하기 위한 판단 기준을 제시하는 역할을 나타낸 것이다. 법은 관습이나 도덕 등 다른 사회 규범에 비해 내용이 명확하여 누구에게나 일관되게 적용될 수 있기 때문에 분쟁을 해결하는 객관적이고 공정한 기준이 된다.

06 법은 정의 실현을 궁극적인 목적으로 한다. 정의란 모든 사람에게 각자가 받아야 할 정당한 몫을 주는 것이다.

07 (가)는 공법이다. 공법은 국가와 개인 간 또는 국가 기관 간의 공적인 생활 관계를 규율하는 법이다. 공법에는 헌법, 형법 등이 있다.
ㄷ, ㄹ. 사회법에 대한 설명이다.

08 자료는 형법에 대한 설명이다.
① 민법은 개인의 재산 관계 및 가족 관계에 관한 권리와 의무 등을 규정한 법이다.
② 헌법은 국민의 권리와 의무, 국가의 통치 구조와 운영 원리 등을 규정한 최고법이다.
④ 근로 기준법은 근로 조건의 기준을 정하여 놓은 법률이다.
⑤ 공정 거래법은 「독점 규제 및 공정 거래에 관한 법률」을 말하는 것으로, 시장을 지배할 수 있는 기업가의 지위가 남용되거나 과도한 경제력이 집중되는 것을 방지하고, 부당한 공동 행위 및 부정 거래 행위를 규제하기 위해 제정한 법률이다.

09 자료는 헌법을 나타낸 것이다. 헌법은 모든 국가의 법의 체계적 기초로서 국가의 조직, 구성 및 작용에 관한 근본법이며 다른 법률이나 명령으로써 변경할 수 없는 한 국가의 최고 법규이다.

10 사법은 출생 및 혼인, 유산과 상속, 부동산 거래 등과 같은 개인 간의 사적인 생활 관계를 규율한다.
①, ②는 공법, ④, ⑤는 사회법의 적용을 받는다.

11 ㄱ. A는 사법, B는 공법이다.
ㄴ. 형법은 공법에 속하는 대표적인 법이다.

12 ㉠에는 민법, ㉡에는 상법이 들어간다. 사법은 개인과 개인 사이의 사적인 생활 영역을 규율하는 법이다. 헌법, 형법은 공적인 생활 영역을 규율하는 법이므로 공법에 해당한다.

13 사회법은 사적인 생활 영역에 국가가 개입하여 만들어진 법이다.
④ 근대 시민 사회에서 국가가 개인의 자유와 권리를 최대한 보장한 결과 여러 문제점이 발생하였고, 그러한 문제를 해결하기 위해서 국가가 개인의 사적인 생활 영역에 적극적으로 개입함으로써 나타난 법 영역이 사회법이다.

14 (가)에 들어갈 사회법의 내용은 노동법이다. 노동법에는 근로 기준법, 최저 임금법, 남녀 고용 평등법 등이 있다.
②, ③은 경제법, ④, ⑤는 사회 보장법에 속하는 법이다.

15 제시문은 사회법에 대한 설명이다.
①, ②는 공법, ③, ④는 사법의 적용을 받는 생활 영역이다.
⑤ 사회법 중 사회 보장법의 적용을 받는 생활 영역에 해당한다.

16 재판이란 사법부(법원)가 법을 적용하여 공적인 판단을 내리는 과정이다.
ㄱ. 공개 재판주의에 따라 재판의 심리와 판결을 소송 당사자뿐만 아니라 일반 시민에게도 공개하도록 하고 있다.
ㄹ. 재판은 분쟁을 해결하기까지 시간과 비용이 많이 들고 절차가 복잡하다는 단점이 있다.

17 자료에 나타난 재판은 가사 재판이다.
② 선거 재판은 선거와 관련한 위법 사실을 판결한다.
③ 행정 재판은 행정 기관이 국민의 권리를 침해하였는지를 판단하는 재판이다.
④ 형사 재판은 범죄 유무를 판단하고 형벌 정도를 정하는 재판이다.

⑤ 소년 보호 재판은 19세 미만 소년의 범죄나 비행을 다룬다.

18 밑줄 친 재판은 민사 재판에 해당한다.
③ 민사 재판에서 판사는 양측의 주장과 증거, 법률 규정 등을 토대로 누구의 주장이 옳은지, 책임이 누구에게 있는지 판결을 내린다. 범죄의 유무와 형벌 정도를 결정하는 내용의 판결은 형사 재판에서 이루어진다.

19 (가)는 '원고와 피고의 변론', (나)는 '판사의 판결 선고', (다)는 '원고의 소장 제출', (라)는 '피고의 답변서 제출'을 나타낸다. 민사 재판은 '(다) 원고의 소장 제출 → (라) 피고의 답변서 제출 → (가) 원고와 피고의 변론 → (나) 판사의 판결 선고' 순으로 이루어진다.

20 그림에 나타난 재판은 형사 재판이다.
ㄱ. 방청석은 공개 재판주의에 따라 일반 국민이 재판을 방청할 수 있도록 마련된 곳으로, 배심원이 자리하는 곳이 아니다.
ㄴ. 손해 배상 청구 사건은 민사 재판에서 다룬다.

21 빈칸에 들어갈 재판의 원칙은 증거 재판주의이다. 증거 재판주의란 재판은 구체적이고 명확하며 적법하게 수집된 증거를 바탕으로 진행되어야 한다는 원칙이다.

22 국민 참여 재판이란 국민이 형사 재판에 배심원으로 참여할 수 있도록 하는 제도이다.
⑤ 만 20세 이상 대한민국 국민이면 누구나 배심원이 될 수 있다.

23 그림은 한 사건에 대하여 급을 달리하는 법원에서 여러 번 재판을 받을 수 있게 한 심급 제도를 나타낸 것이다.
ㄱ. ㉠은 상고, ㉡은 항소이다.
ㄹ. 심급 제도는 공정하고 신중한 재판을 통해 국민의 자유와 권리를 보장하는 것을 목적으로 한다.

1 서술형 연습하기

답 완성하기

(가)에는 (법), (나)에는 (관습)이/가 나타나 있다. (가)의 사회 규범은 (나)의 사회 규범과 달리 (강제성)이/가 있기 때문에 이를 위반할 경우 (국가)에 의해 제재를 받을 수 있다.

| 필수 키워드 | 법, 관습, 강제성, 국가

평가 기준

상	(가)와 (나)에 나타난 사회 규범을 정확히 쓰고, 그 특징을 비교하여 옳게 서술한 경우
중	(가)와 (나)에 나타난 사회 규범을 정확히 쓰고, 그 특징을 한 가지만 바르게 서술한 경우
하	(가)와 (나)에 나타난 사회 규범만을 정확히 쓴 경우

2 서술형 훈련하기

예시 답안

빈칸에 들어갈 법은 사회법이다. 사회법에는 노동법, 경제법, 사회 보장법이 있으며, 사회법은 사회적·경제적 약자를 보호하고 모든 국민의 최소한의 인간다운 생활을 보장하는 것을 목적으로 한다.

| 필수 키워드 | 사회법, 노동법, 경제법, 사회 보장법, 사회적·경제적 약자 보호, 인간다운 생활 보장

평가 기준

상	빈칸에 들어갈 법을 정확히 쓰고, 그 내용과 목적을 모두 바르게 서술한 경우
중	빈칸에 들어갈 법을 정확히 쓰고, 그 내용 또는 목적 중 하나만을 바르게 서술한 경우
하	빈칸에 들어갈 법만을 정확히 쓴 경우

3 논술형 도전하기

예시 답안

(가)는 민사 재판, (나)는 형사 재판에 해당한다.

민사 재판은 분쟁에서 피해를 입었다고 생각하는 원고가 법원에 소장을 제출하면서 시작된다. 법원은 이 사실을 상대방인 피고에게 알리고 그에 대한 답변서를 받는다. 법정에서 원고와 피고는 각자의 주장을 펴고, 자신의 주장을 입증할 증거를 제출한다. 판사는 양측의 주장과 증거, 법률 규정 등을 토대로 누구의 주장이 옳은지, 책임이 누구에게 있는지 판결을 내린다.

형사 재판은 고소 또는 고발 등에 의해 범죄 사건에 대한 수사가 이루어진 뒤에 검사가 법원에 기소를 하면서 시작된다. 법정에서 검사는 증거를 통해 피고인의 범죄 사실을 밝히고, 피고인은 변호인의 도움을 받아 자신의 주장을 변론한다. 판사는 진술과 증거를 토대로 피고인의 유무죄 여부와 형벌의 정도에 대한 판결을 내린다.

논리적 전개 예시

(가), (나)에 나타난 재판 참가자를 파악한다. → (가), (나)에 해당하는 재판이 각각 어떤 재판인지 쓴다. → 민사 재판과 형사 재판의 절차를 재판 당사자를 중심으로 정리하여 제시한다.

평가 기준

평가 충실도	정해진 분량 기준을 충족시킴. (단, 제시된 질문과 전혀 상관없는 내용으로 답변했을 시에는 분량 기준을 충족시키지 못한 것으로 간주함.)
고차적 인지 능력	(가), (나)에 해당하는 재판을 파악하여 각 재판의 절차를 분석적으로 설명함.
글의 타당성과 논리성	자료에 대한 분석과 그에 대한 내용이 타당하게 연결되고, 전체적인 글의 구성과 짜임새가 매끄러움.

XII 인권과 기본권

개념 확인 문제

본문 122쪽

01 (1) 인권 (2) 세계 인권 선언 (3) 헌법 (4) 행복 추구권
02 ㉠ 자유권, ㉡ 청구권, ㉢ 사회권, ㉣ 참정권, ㉤ 평등권
03 (1) ○ (2) ○ (3) × (4) ×　**04** ㉠ 공공복리, ㉡ 법률
05 국가 인권 위원회　**06** (1) 근로자(노동자)
(2) 부당 노동 행위 (3) 단체 교섭권 (4) 법원
07 (1) 최저 (2) 단결권 (3) 노동 위원회

개념 다지기 문제

본문 123~126쪽

01 ①	**02** ②	**03** ①	**04** 기본권	**05** ⑤	**06** ①
07 참정권	**08** ④	**09** ⑤	**10** ②	**11** ④	**12** ①
13 ①	**14** ①	**15** ②	**16** ①	**17** ④	**18** ②
19 ①	**20** ⑤	**21** 부당 노동 행위	**22** ②	**23** ①	

01 인권은 모든 인간이 태어나면서부터 가지는 기본적 권리이다.
① 인권은 국가나 타인에 의해 함부로 침해될 수 없는 권리이지만 제한 없이 누릴 수 있는 권리가 아니다.

02 제시된 역사적 사건들은 시민들이 절대 군주에 대항하여 일으킨 시민 혁명이다. 근대 시민 혁명 이후에 인권이 제도적으로 보장되기 시작되었다.
ㄴ. 시민 혁명 직후에도 여성, 노동자, 농민 등은 여전히 선거에 참여할 수 없었다. 따라서 일정 연령 이상의 모든 사람이 선거에 참여할 수 있는 보통 선거 제도가 실시되지 않았다.
ㄹ. 세계 인권 선언은 제2차 세계 대전 이후에 발표한 것으로, 근대 시민 혁명이 세계 인권 선언의 발표에 영향을 끼쳤다고 보기 어렵다.

03 제시문은 인권 침해에 대한 설명이다. 인권 침해는 부당한 이유로 개인이 가지는 권리를 침해하는 것을 말한다. 따라서 합당한 이유에 따라 다르게 대우하는 것은 인권 침해라고 할 수 없다.

ㄷ. 키가 작은 어린이의 놀이기구 탑승을 제한하는 것은 안전을 위한 조치이기 때문에 인권 침해의 사례로 볼 수 없다.
ㄹ. 자격시험에 합격하지 못한 지원자는 실력이 충분하지 않아서 자격증을 발급받지 못한 것이므로 합당한 이유에 따른 조치라고 할 수 있다.

04 인권은 국가가 존재하기 이전부터 인간이라면 당연히 가지는 권리이다. 이러한 인권은 헌법을 통해 기본권으로 규정되어 보장된다.

05 자료는 평등권에 대한 설명이다.
① 사회권은 국가에 대해 인간다운 생활의 보장을 요구할 수 있는 권리이다.
② 자유권은 국가의 간섭을 받지 않고 자유롭게 생활할 수 있는 권리이다.
③ 참정권은 국가의 정치적 의사 결정 및 국가 기관의 형성 과정에 참여할 수 있는 권리이다.
④ 청구권은 국가에 대해 일정한 행위를 요구할 수 있는 권리이다.

06 자유권은 국가의 간섭을 받지 않고 자유롭게 생활할 수 있는 권리를 말한다.
②는 인간의 존엄과 가치 및 행복 추구권, ④는 청구권, ⑤는 사회권에 대한 설명이다.
③ 국민의 자유와 권리는 국가 안전 보장, 질서 유지, 공공복리를 위해 필요한 경우에 한하여 법률로써 제한할 수 있다.

07 기본권 카드의 빈칸에 들어갈 기본권은 참정권이다. 선거권은 국민의 대표를 선출할 수 있는 권리, 공무 담임권은 공직을 맡아 공무를 담당할 수 있는 권리, 국민 투표권은 국민이 국정의 중요한 사항에 대하여 투표할 수 있는 권리를 말한다.

08 자료는 사회권에 대한 설명이다.
① 헌법 제11조로 평등권을 규정한 조항이다.
② 헌법 제15조로 자유권을 규정한 조항이다.
③ 헌법 제24조로 참정권을 규정한 조항이다.
⑤ 헌법 제27조로 청구권을 규정한 조항이다.

09 청구권에는 청원권, 재판 청구권, 국가 배상 청구권 등이 있다.

①, ②, ③, ④ 사회권에 해당한다.

10 (가)는 인간의 존엄과 가치 및 행복 추구권, (나)는 자유권, (다)는 청구권, (라)는 사회권을 나타낸다.
　ㄴ. 재산권은 자유권과 관련된다.
　ㄹ. 근로의 권리는 사회권에 해당한다. 국가의 간섭을 받지 않을 소극적인 권리는 자유권에 대한 설명이다.

11 ㉠은 참정권이다. 참정권에는 국민의 대표를 선출할 수 있는 선거권, 공직을 맡을 수 있는 공무 담임권 등이 포함된다.
　ㄱ. 재산권은 자유권에 속한다.
　ㄷ. 청원권은 청구권에 속한다.

12 우리 헌법은 국가 안전 보장, 질서 유지, 공공복리를 위해 필요한 경우에 한하여 법률로써 국민의 자유와 권리를 제한할 수 있도록 하고 있다. 자료는 전염병에 걸린 시민이 자유롭게 활동할 경우 다른 사람들에게 피해를 줄 수 있으므로 공공복리를 위해 정부에서 신체의 자유를 제한하여 격리시키고 있음을 그 내용으로 하고 있다.

13 그림은 종교의 자유가 침해된 사례를 나타낸 것이다. 종교의 자유는 자유권에 해당한다.

14 자료는 법원에 대한 설명이다.
　② 고용 노동부는 중앙 행정 기관의 하나로서 근로 조건의 기준, 노사 관계의 조정, 산업 안전 보건 등에 관한 사무를 맡는 기관이다.
　③ 헌법 재판소는 헌법 소원 심판, 위헌 법률 심판 등과 같은 헌법 재판을 통해 권리를 구제하는 기관이다.
　④ 한국 소비자원은 소비자의 권익을 증진하고 소비 생활을 향상시키기 위하여 설립한 기관이다.
　⑤ 국가 인권 위원회는 인권 침해를 조사하고 법이나 제도 등의 문제점을 찾아 개선을 권고하는 기관이다.

15 국민의 기본권을 제한하더라도 기본권의 의미 자체가 사라질 정도로 제한해서는 안 된다. 예를 들어 질서 유지나 공공복리를 위해 시위나 집회를 할 수 있는 시간이나 장소 등을 제한할 수 있지만 그 제한 정도가 지나치거나 시위나 집회 자체를 못하게 해서는 안 된다.

16 ㉠은 평등권이다. 평등권은 성별, 종교, 사회적 신분 등에 의해 부당하게 차별받지 않을 권리를 말한다.

17 ① 국가 인권 위원회는 입법, 사법, 행정의 어디에도 소속되지 않은 독립된 국가 기구이다.
　② 헌법 재판소에 대한 설명이다.
　③ 법원에 대한 설명이다.
　⑤ 국가 인권 위원회는 법원이나 헌법 재판소와 같은 강제력을 가지고 있지 않기 때문에 인권 개선이 필요한 대상 기관이 개선 권고를 받아들이지 않을 경우에는 대처할 수 있는 방안이 없다는 한계가 있다.

18 제시문에 나타난 인권 차별 행위에 대하여 구제를 받기 위해서는 회사에 근로 조건 개선을 요구하거나 고용 노동부에 신고할 수 있다. 또한 법원을 통해 회사를 상대로 민사 소송을 제기하여 손해 배상을 청구할 수 있다.
　① 범죄로 인한 피해가 아니므로 검찰에 고소할 수 없다.
　③ 형사 재판을 제기할 수 있는 사람은 검사이다. 또한 형사 재판은 범죄 사건을 다루므로 제시된 손해 배상 청구 사건은 다룰 수 없다.
　④ 행정 재판은 행정 기관으로부터 침해된 권리를 구제받고자 할 때 제기할 수 있다.
　⑤ 국민 권익 위원회는 행정 기관의 위법하고 부당한 처분으로부터 국민의 기본권을 보호하는 기관이다.

19 근로자란 직업의 종류와 근로 기간에 상관없이 사용자에게 노동을 제공하고 임금을 받는 사람을 뜻한다. 일정 기간만 일하는 사람도 근로자에 포함된다.
　ㄷ. 전업 주부는 노동력을 제공하지만 임금을 받지 않으므로 근로자에 해당하지 않는다.
　ㄹ. 자영업자는 임금을 받지 않으므로 근로자에 해당하지 않는다.

20 근로자는 사용자보다 불리한 위치에 있기 때문에 우리 헌법은 근로자가 사용자와 대등한 위치에서 근로 조건을 협상할 수 있도록 하고 있다.

21 ㉠은 부당 노동 행위이다. 부당 노동 행위는 노동조합에 가입했다는 이유로 불이익을 주는 행위, 노동조합의 정당한 교섭 제안을 거부하는 행위 등을 말한다.

22 ㄱ. 단체 교섭권을 침해하는 행위로 부당 노동 행위에 해당한다.

ㄷ. 단결권을 침해하는 행위로 부당 노동 행위에 해당한다.

23 임금을 제때 받지 못한 경우 근로자는 고용 노동부에 신고하거나 법원에 민사 소송을 제기하여 구제받을 수 있다.

미리보는 서술형·논술형

1 서술형 연습하기

답 완성하기

㉠에 들어갈 국가 기관은 (국가 인권 위원회)이다. (국가 인권 위원회)은/는 (인권(기본권)) 침해나 차별 행위를 조사하여 잘못된 법이나 제도의 개선을 (권고)하는 기관으로, 입법부, (사법부), 행정부의 어디에도 소속되지 않은 (독립)된 기구이다.

| 필수 키워드 | 국가 인권 위원회, 인권(기본권), 권고, 사법부, 독립

평가 기준

상	㉠에 들어갈 국가 기관을 정확히 쓰고, 그 역할과 특징을 바르게 서술한 경우
중	㉠에 들어갈 국가 기관을 정확히 쓰고, 그 역할 또는 특징 중 하나만을 바르게 서술한 경우
하	㉠에 들어갈 국가 기관만을 정확히 쓴 경우

2 서술형 훈련하기

예시 답안

근로자 갑이 침해당한 권리는 노동 3권(단체 행동권)이다. 헌법에 보장된 노동 3권을 침해하는 행위, 즉 부당 노동 행위로 권리를 침해당한 근로자는 노동 위원회에 구제를 신청할 수 있다. 또한 법원에 소송을 제기할 수도 있다.

| 필수 키워드 | 노동 3권(단체 행동권), 노동 위원회, 법원

평가 기준

상	근로자 갑이 침해당한 권리를 정확히 쓰고, 그 구제 방안을 두 가지 모두 바르게 서술한 경우
중	근로자 갑이 침해당한 권리를 정확히 쓰고, 그 구제 방안을 한 가지만 바르게 서술한 경우
하	근로자 갑이 침해당한 권리만을 정확히 쓴 경우

3 논술형 도전하기

예시 답안

우리 헌법에서 보장하는 기본권으로는 평등권, 자유권, 참정권, 청구권, 사회권이 있다. 평등권은 부당하게 차별받지 않고 동등하게 대우받을 권리로 성별, 종교, 사회적 신분 등에 의해 차별받지 않을 권리 등이 있다. 자유권은 국가의 간섭을 받지 않고 자유롭게 생활할 수 있는 권리로 신체의 자유, 표현의 자유, 재산권 등이 있다. 참정권은 국가의 정치적 의사 형성 과정 및 국가 기관의 형성에 참여할 수 있는 권리로 선거권, 공무 담임권, 국민 투표권 등이 있다. 청구권은 기본권이 침해되거나 침해될 우려가 있을 때 국가에 구제를 요청할 수 있는 권리로 재판 청구권, 청원권, 국가 배상 청구권 등이 있다. 사회권은 국가에 대해 인간다운 생활의 보장을 요구할 수 있는 권리로 교육을 받을 권리, 근로의 권리, 사회 보장을 받을 권리 등이 있다.

논리적 전개 예시

헌법에 보장된 다섯 가지 기본권을 떠올린다. → 각각의 기본권의 의미를 쓴다. → 각각의 기본권에 속하는 구체적인 권리를 중심으로 내용을 정리하여 서술한다.

평가 기준

평가 충실도	정해진 분량 기준을 충족시킴. (단, 제시된 질문과 전혀 상관없는 내용으로 답변했을 시에는 분량 기준을 충족시키지 못한 것으로 간주함.)
고차적 인지 능력	우리 헌법에 보장된 다섯 가지 기본권을 쓰고, 그 의미와 내용을 명확하게 설명함.
글의 타당성과 논리성	자료에 대한 분석과 그에 대한 내용이 타당하게 연결되고, 전체적인 글의 구성과 짜임새가 매끄러움.

MEMO

EBS

중학 신입생
예비과정

사회

EBS와 **교보문고**가 함께하는 듄듄한 스터디메이트!

듄듄한 할인 혜택을 담은 **학습용품**과 **참고서**를 한 번에!

기프트/도서/음반 추가 할인 쿠폰팩

COUPON PACK

+QR코드를 스캔하시면 듄듄문고 쿠폰팩을 다운받을 수 있는 이벤트 페이지로 연결됩니다+

전국 중학생 **4명** 중 **1명**은, 이미

"EBS 중학프리미엄"

EBS 중학프리미엄이면,
기본부터 응용까지 **중학 학습 완벽 해결!** (*2024.7월 기준)

EBS 교재 강좌

☑ EBS 전용 교재로 수준별/단계별 맞춤 학습!
☑ 내신 기본서+과목별 특화 강좌 총 망라!
☑ 기본부터 탄탄하게 다지는 중학 공부!

교과서·참고서 강좌

☑ 교과서별 내신 강좌로 학교 시험 완벽 대비!
☑ 시중 유명 참고서·학습서 해설 강의 제공!
☑ 다양한 주제와 빈틈없는 커리큘럼!

EBS 중학 회원이라면,
누구나 중학프리미엄 0원 프리패스!

☑ **연간 약 710,000원**의 프리패스가 무료!
☑ **중학생의 자기주도학습**이 즐거워진다!

무료 신청하기
버튼 클릭

→

신청을 위한
개인정보 이용동의

→

개인정보 입력
(지역/학년/학교)

→

프리패스 강좌
무료로 이용하기